本书得到教育部人文社会科学重点研究基地重大项目"扭转区域发展不平衡中长三角的角色、任务与机制研究"（项目号15JJD790015）资助

长三角经济研究丛书

缩小区域发展差距

——长三角的使命与作用

孙宁华 周磊／等著

我国的现代化进程是『区域推进』的方式。长三角地区作为当今中国经济现代化程度最高、创新经济最活跃、承接能力最强和参与国际竞争最多的地区，在改革开放以及国家的重要发展战略实施中始终发挥着先行者的作用。作为率先发展的地区，长三角地区在促进区域经济收敛中担当着重要使命。

中国财经出版传媒集团

经济科学出版社

Economic Science Press

目录

区域篇

缩小区域发展差距：长三角的使命与作用

我国幅员辽阔，由于自然和历史形成的不同，东部沿海地区和中西部地区经济发展水平存在着较大的差距。党的十九大报告指出，中国特色社会主义进入新时代，我国社会主要矛盾已经转化为人民日益增长的美好生活需要和不平衡不充分的发展之间的矛盾。扭转区域发展不平衡成为当前经济发展的重要任务。

2008 年国务院下发《关于进一步推进长江三角洲地区改革开放和经济社会发展的指导意见》后，安徽省逐渐被纳入长三角地区的规划和发展中，长三角三省一市的综合实力日益雄厚①。2010 年，国家颁布了《长江三角洲地区区域规划》，规划中长三角的定位是：亚太地区的国际门户和全球服务业及制造业中心。长三角地区三省一市的占地面积为 35.91 万平方公里，2019 年地区常住人口 22 714.04 万人，地区生产总值 237 252.84.52 亿元，分别占全国的 3.74%、16.22% 和 23.94%②。长三角地区作为当今中国经济现代化程度最高、创新活动最活跃、承接能力最强和参与国际竞争最多的地区，在改革开放以及国家的重要发展战略中始终发挥着先行者的作用。2016 年，国家发展和改革委员会发布《长江三角洲城市群发展规划》，指出长三角城市群正处于转型提升的创新发展阶段，目标是将长三角发展为"我国经济社会发展的

---

① 关于长三角地区的地理范围界定，传统的长三角地区包括上海、江苏、浙江一市两省。历史上由于长三角地区产业升级和产业转移的需要，泛长三角地区这一概念应运而生。曾经对泛长三角的范围界定最为广泛的是"1+3"模式，即以上海为龙头，加入江苏、浙江、安徽三省。

② 资料来源：《长三角三省一市统计年鉴》。

重要支撑"。作为率先发展的地区，长三角应当在促进区域经济收敛中发挥作用。长三角的综合实力使得其能够而且也必须在促进经济均衡发展、实现两个一百年奋斗目标和伟大复兴的中国梦的征程中承担应有的责任，这不仅由长三角在全国发展中的地位所决定，也是党和国家发展目标的要求。

我国的经济发展和现代化建设不可能齐步走，这个观点也符合发展经济学中的发展极理论。发展极理论表明，增长的势头往往集中在某些主导部门和有创新能力的行业，这些部门和行业往往集中在大城市中心，这些中心就成为增长极。增长极对广大周围地区有一种辐射扩散效应，把技术、资金、组织、信息等生产要素向周围地区扩散，带动周围地区的发展。区域发展不平衡是我国的基本国情，不同区域的经济发展水平有高有低。东部、中部、西部发展存在着显著的差距。即便是经济较为发达的江苏省，苏南、苏中和苏北也存在很大差距。正如德国发展经济学家赫希曼（Hirschman，1958）所说的那样，"区域间增长的不平衡是增长本身不可避免的伴随情况和条件，而这种不平衡性来自区位差异、聚集经济和经济决策者的空间偏好等因素的影响。"①

我国现实国情决定了现代化进程必然是"区域推进"的方式。长三角地区进行现代化建设的"先行先试""解剖麻雀"，能够为其他地区起到探路作用。长三角地区有着悠久的商业文化传承，是市场经济体制、机制的自发生长和完善最适宜的土壤。在中国向市场经济转型的过程中，这里土生土长出来的"苏南模式"和"温州模式"体现了中国国情和市场体制的高度和谐，创造出扎根中国的商业形态。长三角地区抓住了发展外向型经济的机遇，在利用国外市场、国外资源和国际资本方面均领先全国其他地区。长三角地区较早建立各类开发区，引进外商直接投资。外商直接投资的大量引入，伴随着跨国公司分公司甚至是总部的进入，不仅带来了资金和先进的技术，还带来了国外企业文化和遍及全球的客户与合作伙伴，从此，长三角地区的商业活动与世界各国建立起了这样或那样的联系。长三角地区的企业管理者和员工逐步接触并学习到世界各国风格迥异的企业管理理念和企业文化。长三角地区的企业经营者在追逐成功的过程中紧跟世界各国的消费者和生产伙伴新的需要动向和技术变迁，时刻面对全球性竞争与合作的商机，是我国与世界经济联系最紧密的地区。

总体来看，长三角地区在率先发展的基础上，对缩小区域发展差距的使命和作用突出表现在以下三个方面。

---

① ［美］艾伯特·赫希曼：《经济发展战略》（曹征海、潘照东译），经济科学出版社1991年版。

第一，长三角地区对中西部地区的扩散效应。

诺贝尔经济学奖得主缪尔达尔（Myrdal，1957）研究了发展中国家发达地区与落后地区并存的二元经济结构问题，提出了地理二元经济理论。该理论指出，发展中国家地理上的二元经济结构会产生两种效应：回波效应和扩散效应。所谓回波效应，即区域之间劳动力转移、资本流动、贸易活动有利于发达地区，同时阻碍落后地区的发展。当然，回波效应不会无限扩大，因此，区域经济差距的扩大也是有限的。当区域发展差距达到一定程度后，扩散效应会起主导作用。所谓扩散效应，就是随着发达地区的经济发展，人口和经济密度加大，交通堵塞、环境污染、资本利润率降低等问题不断加剧，土地、自然资源和基础设施不堪重负，引发企业生产成本上升，经济增长势头减弱。发达地区被迫将资本、技术、劳动力等向落后地区扩散，或者将资本、技术等要素转移到落后地区。扩散效应会促进落后地区发展，使得欠发达地区与发达地区的差别不断缩小，最后走向全国范围内的平衡增长。

发达地区在一个国家的经济发展中可以起到发展极的作用。增强发达地区的扩散效应，克服地区间不平衡，需要弱化回波效应，强化扩散效应。发展极对周围地区的经济增长可以产生多方面的有利影响，主要包括为其他地区的产品扩大市场、扩散技术。

长三角地区经济发展起来后，该地区的企业会从自身发展考虑，或者是为了开拓市场，或者是为了获得原材料，主动向中西部地区投资，由此使中西部地区的发展增加了政府以外的新的投资来源，从而带动了我国的经济总量和综合国力迅速提高。

第二，长三角地区产业向中西部地区转移。

产业转移是由于技术、生产要素供求格局、产品市场交易条件的变化所导致的某些产业从一个国家或地区转移到另一个国家或地区的一种经济现象。近年来由于全国范围内生产要素价格上升，低端劳动力市场供不应求，国际市场动荡引发出口受挫，长三角地区的劳动密集型企业不断向劳动力和自然禀赋丰富的中西部地区转移。长三角地区产业转移的动因，既来自长三角地区产业结构的同构性，又来自长三角地区产业与国内其他地区产业结构的互补性。

中西部地区在承接长三角地区产业转移中具有较好的比较优势：中部地区具有丰富的劳动力供给，劳动力工资明显低于东部地区；中西部地区工业化发展远落后于东部地区，土地、水电价格都明显低于东部地区；中西部地区矿产资源丰富，煤炭、金属，石油、天然气资源在全国占有重要比重，生态环境良好。中西部地区承接东部地区产业转移，既能够实现全国范围内的产业协调，又能够促进西部地区的工业化和城市化发展，推动全国的现代化进程。通过承接东部的劳动密集型产业的转移，可以就地利用农村的剩余劳动力，为当地农村的规模化、产业化发展创造条件。对东部而言，如果不能实现这类产业的向外转移，必将导致产业结构臃肿和缺乏效率。对中西部而言，如果每个产业都要"从头做起"，将会面对来自东部和国外同类产业的激烈竞争。长三角地区食品生产产业、肥料和农药制造产业可以向中西部地区的农业大省，比如河南、山东、河北、四川等省份转移。长三角地区的乳制品产业可以向地广人稀、适宜养殖奶牛的黑龙江、内蒙古等省份转移。长三角地区的纺织服装产业应该向劳动力和电力资源富足的江西、四川等省份转移。

在长三角地区积极发展高新技术产业，推动产业结构升级的同时，中西部地区主动承接转移的劳动力、能源、原材料密集型工业，可以实现与长三角地区错位发展，形成产业分工与专业化，从而避免产业同构带来的恶性竞争，实现全国范围的协调发展。

第三，长三角地区率先应对发展中的难题。

中国过去30多年的发展是在"让一部分地区先发展起来、让一部分人先富起来"的非均衡战略中实现的，这一非均衡发展战略使得长三角地区在经济社会发展方面表现出高度的超前性。

随着经济的不断发展，长三角地区首先步入了工业化后期，在先发过程中较早遇到了一系列新的问题，比如劳动力成本不断上升、资源和环境硬约束日益严峻、发展模式亟待创新等问题。与此同时，除了面临自身发展的约束条件之外，东部发达地区的进一步发展还面临着显著的外部竞争压力。因此，长三角地区要继续走在全国发展前列，就必须以率先基本实现现代化引领更高水平的发展，从体制、技术、产品、产业、人才、信息等多方面增强对其他地区的辐射和带动作用，形成更具活力、更加开放的经济体系。

改革开放40多年来，无论是农村联产承包责任制的推行、乡镇企业异军突起、外向型经济迅猛发展、民营经济成长壮大，还是近几年推动创新型经济发展，长三角地区都起到了率先示范作用。综合考虑当前的发展阶段和主要矛盾，扭转区域不平衡发展，引领全国现代化建设，长三角地区无疑责任在肩，也是最合适的地区，理应在"先试先行"中为其他地区继续探索出可供借鉴的发展道路。

本书共分三篇：要素篇、区域篇、综合篇。分别从要素、区域、综合三个研究视角，考察长三角地区在率先发展的基础上，通过辐射带动、溢出效应、产业转移、结对帮扶、示范引领、扩散效应等途径，在缩小区域差距，实现全国高质量发展中的使命和作用。

一、从生产要素溢出效应视角探讨长三角的带动作用

第一，技术空间扩散与长三角地区的辐射带动作用。

我国是处于转型阶段的发展中大国，区域发展差异明显。"十三五"规划提出要促进区域协调、协同、共同发展，努力缩小区域发展差距，支持东部地区更好发挥对全国发展的支撑引领作用，打造具有国际影响力的创新高地。

从国际范围来看，全球80%以上的研发投入和90%以上的专利发明都掌握在发达国家手中，而自20世纪60年代以来，技术进步已逐渐成为经济发展和社会进步的首要驱动力。在科技创新中处于弱势地位的国家和地区为缩小技术差异，除了依靠自主创新，更应充分利用技术空间扩散。我国区域发展的不平衡现状决定了技术空间扩散在缩小地区差异方面具有重要作用。已有研究主要侧重于国际贸易和国际直接投资等国际技术扩散渠道对地区技术进步的积极影响，而本书的着眼点在于以长三角地区为技术扩散地区，研究省际技术扩散对扭转区域发展不平衡的作用。

首先，考虑一个地区技术进步的三大来源：自主创新、国内技术扩散和国际技术扩散。当地自主创新所带来的技术进步与当地人力资本水平、人口结构和政府对科技创新的支持力度等因素紧密相关。国际技术扩散是指技术的辐射源在国外，而国内技术扩散的源头则在国内技术相对发达的地区。国际技术扩散主要通过国际贸易和国际直接投资（FDI）这两个渠道实现。国内技术扩散是指国内技术发达地区向技术相对落后地区的技术扩散，与国际技术扩散不同，其过程复杂，扩散渠道难以清晰界定。本书并不试图划分国内技术扩散的渠道，而是从不同层面分析国内技术扩散的过程，并选择合适的指标代理国内技术扩散过程中的不同状态。不论地区间的技术扩散是以何种渠道发生，一项技术创新（例如，一种知识创新，一项科学发现）的源头总是在知识信息层面，而这项技术创新能够带动其他地区的经济增长必然要投入于产业应用。因此，从知识信息和产业这两个层面可以很好地概括国内技术扩散的过程。知识信息层面的创新往往来源于地区或企业的研发投入，而技术扩散能在知识信息层面发生是因为R&D具有外溢效应。产业层面的技术扩散是由于创新地区产业结构变动及专业化发展，通过两个地区之间劳动力的流动、专利产品的输出和贸易往来中的学习效应，将技术进步扩散到其他地区。

本书选择苏浙皖三省和上海市作为技术扩散地区，从知识信息和产业两个层面来研究我国国内技术空间扩散的规律，知识信息层面对应的是 R&D 外溢效应，产业层面对应的是产业专业化发展。实证结果如下。

首先，无论是从知识信息层面还是产业层面来看，江苏省对我国其他地区的技术进步都具有显著的正向带动作用。江苏省与山东省相距 644.1 公里，江苏省 R&D 投入每增加 1%，山东省当年的综合科技进步水平会提高 0.269%；而江苏省 t 年的产业专业化指数每增加 1，山东省 t + 2 年的综合科技进步水平会提高 0.03%。

其次，浙江省知识信息层面的技术扩散与产业层面的技术扩散具有相反的效果。浙江省的 R&D 投入对长三角以外地区的技术进步具有正向影响，而浙江省的产业专业化对其他地区的技术进步具有负向影响。浙江省与山东省相距 771.71 公里，浙江省的 R&D 投入每增加 1%，山东省当年的综合科技进步水平会提高 0.183%；而浙江省 t 年的产业专业化指数每增加 1，山东省 t + 2 年的综合科技进步水平会降低 0.0176%。

再次，上海市知识信息层面的技术扩散效应为负，而产业层面的技术扩散效应为正。上海市与山东省相距 614.6 公里，上海市的 R&D 投入每增加 1%，山东省当年的综合科技进步水平会降低 0.341%；而上海市 t 年的产业专业化指数每增加 1，山东省 t + 2 年的综合科技进步水平会提高 0.0233%。

最后，安徽省的 R&D 投入对长三角以外地区的技术进步没有显著影响，但其产业层面的技术扩散对我国其他地区的技术进步具有显著的正向带动作用。安徽省与山东省相距 589.25 公里，安徽省 t 年的产业专业化指数每增加 1，山东省 t + 2 年的综合科技进步水平会提高 0.026%。

基于理论和实证分析，我们提出各地应加强国内技术扩散体系的建立与完善，减少技术空间扩散的阻碍，使得技术外溢能够更好地被落后地区吸收，并根据地区特色发展适合的技术扩散渠道，形成多元化的技术扩散模式。

第二，长三角地区金融资源的溢出效应研究。

金融资源禀赋差异拉大将阻碍区域经济协调发展，而空间溢出效应可以有效地缩小区域金融资源差距，促进地区之间平衡发展。本书通过采用空间计量模型，引入空间反距离权重矩阵，研究了长三角地区内部和对外的金融资源溢出效果。

首先，由地理层面来看，随着地理距离的扩大，金融资源对经济增长的溢出效应降低。在本书界定的 D1～D4 区间，也就是长三角地区到成渝地区，其下降速度表现为先快后缓。这也说明，长三角地区对外溢出效应相比对内溢出效应大大减弱，长三角和湖北省间的地理距离虽然较短，但金融资源溢出效果与上海、浙江、安徽和江苏等内部省市而言大幅降低。在本书界定的 D5～D6 区间，随着地理距离再次扩大，溢出效应再次呈现出缓慢下降的趋势。

其次，由经济层面来看，随着经济距离的扩大，经济距离权重系数的变化呈现刚开始断崖式下跌之后稍有回升、然后再次下跌的阶梯形波动趋势。经济距离对外溢现象的影响很大，随着经济距离的增加而下降；同时，一旦其离开了长三角地区，影响能力将大大地减弱，这正好与地理距离获得的结论近似。

最后，由复合距离层面来看，复合权重距离矩阵系数的变化与经济距离有类似的特点，长三角内部的溢出效应远高于长三角的外部。这也说明长三角地区金融资源产生的对外溢出程度有限，现有的外部效应受到了制约。

总体来说，长三角地区内部聚集现象非常明显，有效地整合了内部四省市的金融资源；对外来看，无论从地理层面还是从经济层面，溢出水平相比长三角内部都显著下降。不仅如此，在同时考虑了经济层面以及地理层面的因素后，内外溢出差异仍然很大。因此，打破长三角地区对外的基本屏障是实现金融资源溢出效应最大化的基本路径。

这一研究的政策含义是：长三角地区拥有国内最丰富的金融资源，高度聚集的金融资源有效地促进了长三角地区内部经济的发展，但是长三角地区对外溢出效应没有充分发挥。为了缩小地区之间存在的发展差异，带动其他地区的经济发展，长三角地区担负很大的责任。首先，对于经济距离较小的地区，应该加大金融资源的共享程度，通过互联网金融平台或增设地区金融分支机构的方式，促进其他地区金融资源形成规模，带动经济发展；其次，对于距离较远并且经济水平差异较大的地区，应该采用"一对一"形式的帮扶、加速金融人才流动、提供政策优惠等方式，促进长三角地区和其他地区合作项目的形成，并带动当地金融市场的发展和实体经济的繁荣，有效缩小和其他地区之间的差异。

第三，长三角地区的高失业与高岗位空缺问题。

改革开放以来，作为全国的率先发展区域，长三角地区始终不断地吸纳着中西部地区的过剩劳动力，并以劳动力迁移为媒介，向中西部地区转移工资收入，输入经济管理经验和商业文化理念，引领中西部地区发展。

我们发现，现阶段长三角地区劳动力市场的主要矛盾表现为：高失业率与高岗位空缺并存，同时由于在经济转型和产业结构升级过程中，客观存在的劳动力和劳动力市场的异质性特征对市场均衡的影响愈发明显，加大了失业劳动者和空缺岗位搜寻难度，降低了匹配成功率，加重了劳动市场非均衡现象。本书通过分析发现劳动力供给数量的变化、劳动力质量的变化以及经济转型过程中企业用工需求的变化是造成高失业率和高岗位空缺并存现象的主要影响因素，并通过实证研究印证了这一发现。基于劳动力同质性假设的传统经济学理论对该现象的解释力度已经变得越来越有限。因此，本书基于劳动力和劳动市场均存在着异质性假设为前提，根据受教育水平和户籍状况，将劳动者划分为高技能本地居民、低技能本地居民、高技能外来务工人员、低技能外来务工人员四种类型，通过扩展的搜寻匹配模型研究异质性劳动力流动对劳动市场均衡的具体传导机制，并利用参数校准和模拟分析方法，尝试解释引致劳动市场非均衡的具体原因。

从实证研究和理论分析的结果来看，长三角地区高失业率和高岗位空缺并存的根本原因是劳动力供给的异质性和企业需求的异质性不匹配；劳动市场匹配效率低下使得失业工人与空缺岗位无法实现有效匹配，加剧了劳动力市场非均衡现象；非均衡劳动市场使得异质性劳动力的工资水平的差距持续扩大。

要缓解劳动力市场非均衡的问题，需要从改善劳动力质量、降低错配概率入手。一方面，需要提高潜在劳动力的质量，即从学校教育着手，培养适合经济社会发展需要的人才；另一方面，需要改善现存的劳动力质量，即加强对从业人员的在职培训以及提升失业人员的再就业能力。

人力资源在经济社会发展过程中越来越发挥着举足轻重的作用，企业想仅靠工资留住员工的难度系数不断上升，所以良好的企业内部培训机制对企业长期发展至关重要。良好的企业内部培训机制一方面能够全面提升新入职员工的岗位技能和综合素质，便于他们较快适应岗位并进行高效率的生产；另一方面，能够不断提高在职员工的专业技能，使员工和企业一起发展，同时企业可以内部培养需要的高级技术和管理人才，减少高薪难求高技术人才的"技工荒"现象。

学校教育周期性的特性，可能会出现应届毕业生由于专业不匹配、技能不适用等原因导致就业难的问题，同时企业也难招到合适的劳动者。因此，为了劳动市场长期良性的发展，政府应该发挥好相应的作用，鼓励产学研结合，加强高校与企业的合作，完善人才培养和输送机制；学校应该给予首次求职的应届毕业生指导与引导，帮助其树立正确的就业观、择业观，同时学校应主动利用与政府和企业的合作关系，为应届毕业生提供更多高质量的求职机会和就业信息。与此同时，政府也应该发挥好引导作用，引导国家级和地方性的教育机构制定出与我国经济发展阶段特征相符合的教育规划和教学内容。

吸引外地劳动力是解决当前"用工荒"问题最有效的途径。由于传统户籍制度的存在，外来人口需要承受较大的搜寻成本，因此，改革户籍制度势在必行。要降低劳动力因户籍的不同在就业和其他社会福利方面的差异，减少城乡差异，缩小外地劳动力与本地居民在搜寻工作时的成本差异，促进城乡之间、区域之间劳动市场的融合和转移流通。

由于劳动力供给总量减少和老龄化高峰即将到来的压力①，延迟退休方案应运而生，推迟退休年龄可以短时间缓解劳动市场中"用工荒"的问题，尤其针对我国高技能劳动者的"技工荒"现象，建议考虑差异化退休时间，具体可以根据其行业特征和劳动者自身特征实行退休返聘制度甚至强制性推迟退休时间。

中高技术产业在发展和扩张的时候，会偏向雇佣高技能型劳动力，这使得对应的劳动力需求更集中于职业技术学院、大专、中专及以上的学校的毕业生，能成功避开"民工荒"的困境，帮助解决应届生"就业难"的问题。统一、专业、开放、高效的劳动力资源信息共享平台能够有效降低搜寻过程中的摩擦成本，降低错配率。建设并完善该信息共享平台可以由政府部门主导，企业、学校以及社会各方共同参与。高质量的职业介绍所、猎头公司、职业协会的存在，会很大程度上缩短劳动者再就业的时间，提高劳动市场匹配效率，降低错配概率，弥补劳动市场原有自发匹配不足的缺点。因此，应该加快建设专业、规范的职业介绍体系，鼓励支持企业和社会力量采用多样化形式，建设以公共职业介绍为核心的职业介绍机构。

二、从区域关联视角考察长三角的引领作用

第一，长三角制造业向中西部技术转移效率研究。

长三角制造业向中西部技术转移不仅符合国家中西部大开发战略部署要求，同时也是长三角制造业高技术产业技术创新、成果转化、产品市场化的重要过程。随着西部大开发战略的实施与推进，长三角的电力、蒸汽、热水生产供应业、石油加工及炼焦业、普通机械制造业、专用设备制造业等制造产业向中西部转移的力度和步伐空前加大，为中西部经济的发展注入了活力。

本书从投入产出关系视角建立效率评价体系，并且运用灰色关联分析法对

---

① 国务院印发的《国家人口发展规划（2016～2030年）》指出，到2030年老年人口占比将达到25%左右。

投入指标与产出指标中关联系数较高的指标进行剔除。接下来，利用投入产出指标和相关统计年鉴的数据，在 VES 生产函数模型基础上引入数据包络分析方法中的 CCR 模型，对长三角制造业技术转移效率进行测度。实证结果表明：在评价的 7 年历史数据中，长三角地区均为非 DEA 有效。进而，我们利用投入产出的冗余模型对造成长三角制造业技术转移效率非 DEA 有效的原因进行深入分析，结果表明造成非 DEA 有效的最主要原因在于投入要素存在严重过剩。

中国抓住了第四次国际产业转移的机遇，成为国际产业转移的主要承接梯队。全国范围内逐步形成"沿海地区—东部内陆地区—中西部地区"的产业梯度转移模式。经过 40 年的产业承接发展，长三角地区制造业领先全国发展，基础设施及相关产业链的完善使得长三角经济更具创新活力。我国正在建立健全全国性技术交易和技术转移市场，加快建设健全各大产业转移示范区，推进"国家技术转移促进行动实施方案"，加快长三角地区制造业向中西部地区的技术转移。加强承接转移示范地区建设，打造中西部地区制造业吸收、引进和创新的良好氛围，帮助东部地区，特别是长三角地区"腾笼换鸟"，提高整体产业层次空间，向着高技术高附加值和产业链中高端攀升。

制造业向中西部地区的技术转移仅仅出于转出地迫于产业升级转型的压力是远远不够的，还需要承接地政府、社会等各方面提供具有吸引力和竞争力的优惠条件，吸引东部地区的重点制造业企业将部分或全部生产环节转移至中西部地区，以带动中西部经济、社会和人文发展。

制造业企业应该放眼全国找寻产业发展的突破口，挣脱成本束缚的"瓶颈"，努力实现自身产业的转型与升级。更加重视科研在产业转移进程中的促进作用，加大相关投入和支持力度。在企业战略层面上更加重视核心技术、知识的生产、获取、运用和转移，让技术更好地服务于产业结构转型、优化和更新。

在实施《中国制造 2025》和中国进入工业 4.0 时代后，中国制造业将会遭遇相当程度的人才"瓶颈"，不仅面临高端技术人才匮乏的状况，还要着力解决低端人力过剩而失业率大幅上升的难题。因此，必须加快高端人才队伍的建设，完善科研机构和专业技能学校发展体系，大力引进海外人才、留住本土人才、培育制造业专用的尖端人才和专业人才。

第二，长三角交通基础设施对区域经济的影响。

交通基础设施建设投入作为政府支出的重要部分，是为了促进人、物和信息的流通，也是各地区加强对外联系的基本途径。任何国家或地区都需要一个成熟的交通系统来支撑经济发展。我国长期面临人多地少且资源分布不均的状况，交通运输网分布不均，东部稠密，西部稀疏，东部和西部交通密度差距很大。长三角地区具有优越的地理位置，以其蓬勃发展的交通运输业在国内独占鳌头。本书第五章首先通过相关性分析发现，江浙沪区域经济的总产出与交通基础设施、劳动力、资本存量之间是存在稳定的长期关系的。其次，使用多元线性回归分析表明，江浙沪交通基础设施的建设对区域经济起到正向推进作用。再次，在动态随机一般均衡分析中，我们创造性地构建了一个家庭、企业、交通部门的三部门经济，将交通基础设施冲击作为 DSGE 模型的外生冲击，进行动态研究。在此基础之上，对模型进行求解和校准，并将设定的模型与江浙沪实际经济进行对比，得出研究结论。最后，借鉴巴罗的理论模型，研究了长三角交通基础设施对其他地区经济的影响。

研究发现，江浙沪地区交通网络密集，各省份之间有众多运输线路相连，资本的运输与经济的联系更加紧密。基础设施在促进本地经济发展的同时，也发挥了减少各省份之间运输成本的作用，促进了其他地区的经济发展。中西部地区的交通基础设施对于本地的作用要更加明显，与江浙沪的溢出效应关联较小。

我们的政策建议是，交通基础设施建设的经济效应并不能立刻全部显露出来，这可能导致主政官员或规划者出于个人考虑而对建设交通基础设施持保守态度。交通基础设施建设是一个长期化系统化的工程，可以持续性地为经济发展提供帮助，不在"一朝一夕"，而在"百年基业"。因此，有规划、有布局、有重点地开展交通基础设施建设，可以使交通基础设施投资达到更好的效果。长三角对于周边经济发展确实存在不同程度地溢出作用，在控制相关变量后，要素禀赋相似但与长三角远近有所差异的两个省份依旧保持了显著的经济增速差距。因此，应当充分发挥长三角等经济较好区域的领头作用，真正做到"先富带动后富"，相邻省份之间可以形成产业互补与产业协作，利用便捷的交通和资本流动，实现经济的快速增长。

同时，长三角的溢出效应随着间隔距离的增长而逐渐衰减，单个区域的辐射能力存在天花板，但这种以点带面的形式是可取的。我国幅员辽阔，各区域均存在具有较大经济发展潜力的城市，应当积极塑造一批类似长三角的经济中心区域，辐射周边，带动经济发展。比如我国正在积极建设的粤港澳大湾区，以北京为中心的"首都经济圈"、雄安新区等，这些区域的交通基础设施建设，同样值得政策制定者密切关注。

第三，长三角地区的金融产业集聚与区域经济增长。

长三角地区的金融业发达，聚集了众多金融机构与金融人才。产业转移、区域经济转型升级和创新发展都离不开金融支持。长三角地区金融发展的优势能否辐射带动全国经济协调发展，是一个十分有意义的话题。本书首先通过区位熵和莫兰（Moran）散点图对长三角地区各城市金融业增加值集聚的空间布局进行了分析，较高的金融集聚水平发生在以上海为核心的小部分长三角城市中，并且这种集聚具有地理上的相关性，往往金融业高集聚的城市周围也分布着高集聚的其他城市，而后进地区也扎堆出现。通过分析，本书认为，金融集聚能够通过集聚带来的规模经济、跨地区的金融服务功能以及支持产业转移升级和技术创新促进区域经济的发展，并且通过金融业的知识溢出使得周边地区的金融服务水平得到发展。本书运用空间计量方法对长三角地区金融集聚对区域经济增长的影响进行了研究，选取了江苏、浙江、上海、安徽四省（市）的 41 个城市作为样本，用空间杜宾模型对 2011～2015 年的面板数据进行了实证检验，得出结论：长三角地区金融集聚对人均意义上的区域经济增长有着积极的影响，具体来看，证券市场和信贷市场发展均能促进地区经济的增长，而保险业的影响不显著；而在对周边地区的影响方面，证券市场发展的溢出效应显著，信贷市场的溢出效应不显著。

金融是现代经济的核心，与实体经济有着密不可分的联系，我国的金融发展水平还不高，地区之间金融资源存在着明显差距，金融集聚是金融发展的一个必经过程。研究金融集聚与区域经济的发展，对于从金融的视角探索区域经济协调发展有着重要的意义。利用长三角地区金融集聚的优势，充分发挥金融中心的辐射作用，对于扭转区域发展不平衡的局面，承担"先富带动后富"的责任，能够起到重要的支持作用。实现这一点，需要做到：（1）坚持金融服务实体经济的本质功能，防止金融脱实向虚。金融集聚推动区域经济的发展是通过对实体经济的支持实现的，脱离了这一点，不仅加大了金融风险，也使得金融集聚带动周边地区发展的作用不复存在。（2）健全完善金融市场，推动金融制度和金融产品创新发展，提升金融服务水平，形成与创新驱动发展相适应的多层次金融市场体系。（3）加强区域金融协作，并将金融集聚核心地区的可复制经验推广开来，因地制宜探索"金融小镇"等金融集聚的新模式。

第四，产业关联、结对扶贫与区域协调发展。

改革开放以来，在我国经济高速增长的同时，经济发展不平衡的区域性特征也越来越明显，形成了差距显著的东、中、西三大地带，这与我国全面、协调的发展目标是不相符的。针对我国东部地区和西部地区发展差距较大、贫困人口集中于西部地区的特点，我国于"八七扶贫攻坚计划"时期就提出了东西结对扶贫的构想，并从 1996 年开始正式付诸实施。2016 年 7 月，习近平总书记在银川主持召开东西部地区结对扶贫座谈会时进一步强调，东西部结对扶贫和对口支援，是推动区域协调发展、协同发展、共同发展的大战略。东西部地区结对扶贫自开展以来，取得了丰硕的成果，也积累了一定的经验。但是，东西部地区结对扶贫仍存在与精准扶贫、精准脱贫要求不相适应的问题。充分发挥东部地区产业的带动作用，形成地区间优势互补的协作关系，显然对推动区域协调发展具有一定的积极作用。在已有文献的基础上，本书运用投入产出分析技术，以江浙沪和对应结对帮扶的陕川滇为研究对象，以产业关联为突破口，通过比较分析苏陕、浙川、沪滇相互之间的溢出效应和反馈效应，对结对帮扶地区的交互关系进行实证分析，从而为我国东西部地区精准扶贫，进而为区域协调发展提供决策上的理论支持。

通过实证分析，得到的结果既与已有文献有一致之处，同时又有一些新的发现。与已有文献相一致的结论主要有：江苏、浙江、上海为代表的东部地区各产业的乘数效应均远大于以陕西、四川、云南为代表的西部地区，区域间溢出效应上则是东部省份对西部结对帮扶省份各产业的溢出效应总体上小于后者对前者的溢出效应，而区域间反馈效应又表现出与区域间溢出效应相反的结果。

本书研究新的发现主要有，第一，从区域内乘数效应来看，江、浙、沪均形成了层次分明的产业结构，服务业和制造业成为地方经济增长最主要的推动力；而陕、川、滇的产业结构仍然呈现分散化特征，经济增长的主要推动力仍然以资源型产业为主。第二，对结对地区各产业相互溢出效应而言，存在溢出错位现象，即本地区对另一个地区溢出效应较强的产业未必是本地区的主导产业，而是与另一个地区的主导产业相对应的产业。可以表述为对甲乙两个地区而言，A、B产业为甲地区的主导产业，C、D产业为乙地区的主导产业，甲地区对乙地区溢出效应最强的两个产业为C、D产业，乙地区对甲地区溢出效应最强的两个产业为A、B产业。第三，对结对地区各产业的反馈效应而言，由于发达地区的主导产业本身的集聚效应较强，加上结对地区对本地区主导产业的溢出效应也较强，发达地区产业的反馈效应存在强者恒强的马太效应。

上述结论的政策意义在于，推动区域协调发展，要注意以下几点：第一，促进区域均衡发展，东部地区的带动作用不可或缺，但从目前来看，东部地区对西部地区产业的溢出效应仍然较弱，扶贫必先扶产。针对西部地区产业结构普遍分散的现状，培育有稳定"造血"功能的主导性产业应该是今后结对扶贫的主攻方向。第二，要根据结对扶贫地区间产业关联特征，东西部地区要充分发挥产业间比较优势，创造产业转移的便利条件，通过提高区域间结对扶贫效率，达到东西部协作双赢的局面。第三，东西结对扶贫的形式可以多样化，兼顾结对扶贫的经济效应和社会效应，通过教育、培训、医疗等社会性服务业扶贫，培养专业人才，提高整体素质，最终形成"扶贫"与"扶志"、"扶智"和"扶产"相结合的区域协调发展新格局。

三、从综合作用视角考察长三角的扩散效应

（一）长三角地区经济增长的空间溢出效应

长三角地区是我国经济发展水平最高的区域，2010 年以来国家颁布的历次长三角地区的发展规划赋予该地区全国经济发展的支撑和带动其他地区经济增长的作用。本书关注于长三角地区经济发展的空间溢出效应，度量这种空间溢出效应的大小，进而分析促使空间溢出效应产生的因素之一即金融集聚对这一现象的影响路径。

本书运用描述性统计和 Moran's I 指数两种方法初步衡量了长三角地区 2006 ~ 2015 年的空间溢出效应。Moran's I 指数计算结果显著为正，说明长江三角洲城市群内部经济发展水平确实存在空间相关性。本书运用空间误差模型和空间滞后模型实证分析了经济增长的空间溢出效应、金融集聚在经济增长中的作用和金融集聚对经济增长的影响路径。

实证研究发现，空间滞后回归模型较空间误差模型更适于拟合长三角的现实数据，回归结果表明空间回归系数显著为正，包含金融规模和金融效率的交叉项系数显著，且对经济增长的影响都为正。这说明金融集聚通过居民人均储蓄存款和金融机构存贷比，对地区经济增长有积极作用。

依据这项研究，本书提出了如下启示与政策建议：长三角各城市在制定发展政策时，不仅应考虑本地区的发展现状，还应当统筹兼顾，同时考虑到带动周边地区的经济发展；金融集聚程度高的地区应当在政策制定时合理利用当地的金融资源优势，充分实现资源的合理利用，最大化带动本地及周边地区的经济增长；长江三角洲城市群中的各个城市应当努力从金融规模和金融效率层面提高本地区金融集聚程度。当金融规模达到一定水平后，更应当注重提升金融业的效率，加快资金的流通速度，通过合理化监管，金融工具创新等途径实现金融效率的提升。

（二）长三角对"一轴两翼"的空间溢出效应研究

改革开放以来，我国经济快速发展，国内生产总值年均增长率接近 10%，

但是区域经济发展不平衡不充分的矛盾也比较突出，东强西弱、南高北低的经济发展格局依然存在，这显然与我国全面、协调的发展目标是不相符的。针对这一矛盾，党的十六届三中全会就正式提出区域协调发展战略，党的十六届五中全会要求充分发挥珠江三角洲、长江三角洲、环渤海地区对内地经济发展的带动和辐射作用。长三角既是我国区域发展战略的受益者，也是全国经济发展的引领者。随着长三角一体化发展上升为国家战略，长三角被赋予了更加强烈的使命担当，也面临着更高层次统筹长江经济带和华东地区协调发展的重大机遇。

城市群作为经济发展的引擎，是推动区域融合发展的重要战略之一。长三角如何充分发挥区位带动作用和空间溢出效应，用好独特的资源禀赋和核心竞争力，与其他区域通力协作，融合发展，克服同质化竞争，对促进区域板块之间融合互动发展，进而推动区域高质量一体化发展具有重要的现实意义。在已有文献基础上，本书尝试运用网络分析法，以长三角城市群、长三角两翼区域以及长江经济带轴线区域为研究对象，全面分析长三角与"一轴两翼"之间经济增长的空间关联以及溢出效应，并利用社会网络分析（QAP）方法分析了空间关联的影响因素，进而为形成高质量发展的区域集群提供决策上的理论支持。

本书研究的结论有：

第一，网络关联强度存在地理邻近相关性。长三角城市群虽然综合实力最强，但是内部总体关联强度却低于长三角与"两翼"地区。同时，长三角与"两翼"地区的总体关联和净关联强度也都要高于长三角与"一轴"地区。这也印证了区域间的空间关联规律：不同地区间距离间隔越短，地区间的相关程度越强；随着地区间距离间隔的扩大，地区间的相关性会逐渐减弱。进一步分析发现，长三角城市群的网络等级远高于其他两个网络，同时网络的稳定性也最差。

第二，中心城市的网络关联存在非对称性。从关联总数来看，上海、杭州、南京、苏州、宁波等中心城市在总体网络关联总数都排在前列，但对"一轴两翼"的净空间溢出总体偏低。进一步分析发现，一些长三角城市发挥"桥梁"和"中介"作用并不明显，与其经济地位并不匹配。

第三，板块的溢出效应存在非循环性。不论是在长三角与"一轴"网络中，还是在长三角与"两翼"网络中，大部分长三角城市所在的板块基本相同，扮演了相同的角色。进一步研究发现，两个空间大网络中板块溢出效应存在非循环性，在长三角与"两翼"的网络中呈现出线性溢出的传递特征，而在长三角与"一轴"的网络中则出现溢出传递中断的情况。

第四，从影响区域空间关联的因素来看，地理位置相邻、产业结构相近和人口结构相似是长三角与"一轴两翼"空间关联的重要影响因素。QAP 相关分析发现，上述 3 个自变量矩阵与因变量矩阵之间有显著的正向相关关系。

上述结论的启示在于：第一，在长三角区域一体化发展上升为国家战略的背景下应该进一步加强区域合作协调机制，在长三角区域合作办公室"3 + 1"的基础上，吸纳更多的长江经济带沿线省区市参与，破除行政壁垒，创造更多、更便捷的区域经济溢出通道。第二，在"共抓大保护，不搞大开发"的理念引领下，充分发挥"一个龙头、两个依托、三个城市群、五个都市圈"的联动和引领作用，促进辐射范围进一步延伸。第三，针对影响区域空间关联的因素特点，有针对性地补齐溢出效应短板。充分发挥长三角与"一轴两翼"的区位优势，构建多层次、立体化的交通网络，为产业结构转型升级，以及人力资本、技术资本等生产要素的自由转移和合理流动提供支撑。但在促进产业转型升级和要素流动的过程中，既要避免由于产业布局不合理而产生区域间同质化竞争，又要避免大城市对中小城市的"虹吸效应"。

（三）长三角地区的商业模式创新及其示范效应

长三角地区经济的高速发展离不开活跃的商业模式创新。在互联网、大数据、云计算的冲击下，以往的商业模式被颠覆，传统意义上的进入壁垒被打破。在充满不确定性和企业边界变得模糊的互联网时代，过去需要几十年甚至更久才能实现的行业转型和主导企业更替，现在可能只需要短短数年。甚至有人认为，商业模式创新比产品和服务的创新更为重要。

长三角地区的商业模式创新主要有企业合作的商业模式创新和基于"互联网 +"和云计算的商业模式创新。在企业合作的商业模式创新方面，长三角地区企业为了促进技术创新、广泛开拓市场、降低经营风险，互相合作结成战略联盟成为一种趋势。从商业模式创新的角度来看，企业战略联盟是企业主动整合外部资源，打通价值链上下游或者在技术上构建统一标准的过程。战略联盟的形成不仅可以使企业减少外部的交易成本，而且能够促进隐性和显性知识的溢出，使企业间能够更快地形成某种共识。在基于"互联网 +"和云计算的商业模式创新方面，长三角地区企业在"互联网 +"、云计算领域走在全国创新的最前沿。"互联网 +"、云计算能够显著降低中小企业数据运算、内容存储的成本，降低传统行业的进入壁垒，催生出在过去无法想象的商业模式创新。

　　长三角地区之所以能够产生大量的商业模式创新，主要是因为收入因素、非正式制度因素以及产学研合作因素。在收入因素方面，长三角区域人均可支配收入在全国属于中上水平。较高的人均可支配收入和较快的生活工作节奏是很多商业模式创新在长三角地区萌生成长的土壤。在非正式制度因素方面，历史悠久的商业文化使长三角地区形成了宽容失败、鼓励创新的良好氛围，使得长三角成为中国企业商业模式创新的大本营。在产学研合作因素方面，长三角不断发展的经济与高水平、多层次的大学群紧密结合，前者为后者打开市场，开拓研究领域，后者为前者输送人才和科研成果。大量的高水平大学和科研机构，与领先的产学研合作水平，促进了长三角地区的商业模式创新。

　　长三角地区的商业模式创新不仅促进了自身的经济发展，而且对周边地区形成示范效应，带动起了更广泛的商业模式创新。本书发现，长三角地区的商业模式创新的示范效应主要有创新创业的示范效应、产品创新的示范效应和平台构建的示范效应。创新创业的示范效应是指，个体通过观察"成功榜样"的行为来实现其社会学习的过程，从而积累起创新必需的知识和技能，当知识积累到一定程度时，便会引起个体潜在的创业行为。在互联网高速发展的时代，长三角地区成功的创业创新案例和商业模式创新够便捷地被其他地区的潜在创业者获知，从而产生创新创业的示范效应。产品创新的示范效应主要通过产品的更新换代来体现。产品升级是指通过引进技术含量高的新产品或者提高已有产品的生产效率来提升竞争力，如从生产衬衫到生产西服的转变。长三角地区经济活动比较发达，产品更新换代的速度也比较快。能够适应市场的产品创新往往在资金、途径、技能和时间上能够给客户带来价值。长三角地区的产品创新在适应本地市场后逐渐向其他地区扩散，带动其他地区的商业模式升级。平台构建的示范效应也是长三角地区商业模式创新带动周边地区经济发展的重要方面。通过平台构建的方式，降低了周边地区商业模式升级的进入门槛和成本。平台构建能够带动其他区域的经济主体迅速获取知识和技能，转变赢利模式，是经济发展的"双赢"模式。

　　本书从长三角地区的商业模式创新入手，探索长三角地区商业模式创新的主要方式、长三角地区产生商业模式创新的区域经济环境以及对周边地区的示范效应，对研究长三角地区如何进一步发挥经济发展的辐射带动作用具有一定的参考价值。

（四）长三角极化效应与扩散效应实证研究

　　2019 年的政府工作报告中指出了"将长三角区域一体化发展上升为国家

战略"，随后，中共中央、国务院印发了《长江三角洲区域一体化发展规划纲要》。随着长三角一体化的推进，可以预期该区域内阻碍要素自由流动的制度壁垒将会被逐步破除，经济的均衡发展水平将显著提高，"组内趋同"的趋势将愈发明显。与此同时，长三角的一体化进程将会使该区域更多地作为一个整体对周边地区产生溢出效应。这种整体的溢出效应是否会拉大长三角与周边地区的发展水平差距，导致"组间趋异"？局域的一体化是否会通过空间溢出效应加剧全局发展的不均衡？这些问题对于我国制定区域经济发展战略具有重要的理论和现实意义。

一个不容忽视的事实是，长三角对周边地区同时存在着两种反向的空间溢出效应：一种是极化效应，即长三角凭借自身优势不断"虹吸"周边地区的资源，抑制周边地区经济发展，造成区域经济在空间上的两极分化；另一种是扩散效应，即长三角通过知识溢出、产业转移等渠道辐射带动周边地区，缩小与周边地区的发展水平差异。当扩散效应占据主导地位时，长三角自身的发展将会推动区域经济的均衡发展，反之，则会加剧区域经济发展的不平衡。

为考察长三角对周边地区经济增长的极化扩散效应，我们选取了长三角城市群的 26 个地级市和长江中游城市群的 31 个地级市作为观测区域。2007 ~ 2018 年长三角和长江中游城市群人均 GDP 的时空演化图显示：长三角和长江中游整体的人均 GDP 增长率出现下降，区域间差异缩小，经济增长呈现出一定程度上的"空间趋同"。通过达格姆（Dagum，1997）基尼系数分解，我们了解到，长三角城市群与长江中游城市群的组间基尼系数也在不断缩小，从2007 年的 0.4098 下降至 2018 年的 0.3167，降幅高达 22.7%。由此可知，长三角在区域经济均衡发展的过程中起到了重要推动作用。

在了解上述典型事实后，我们从要素和产业两个层面分析了长三角极化扩散效应的内在机理。我们认为，一方面，在经济发展的初始阶段，长三角与长江中游在地理区位、要素禀赋以及政策支持上存在显著差异，导致两地的要素生产率（进而要素价格）差异，由此驱动了生产要素向长三角的集聚，要素集聚提高了生产的专业化程度，促进了劳动者之间的知识溢出，逐渐形成规模经济，进一步增强了对周边地区劳动力和资本的"虹吸效应"，形成了长三角对周边地区的极化效应。另一方面，要素与产业在长三角的集聚产生了"市场拥挤效应"，使得要素价格进而导致企业生产成本不断攀升，激烈的本地市场竞争也削弱了企业的盈利能力。当集聚给企业带来的收益不足以抵消其产生的成本时，规模经济开始转变为规模不经济。此外，极化效应抑制了周边区域的经济增长和市场需求，损害了长三角地区企业的"市场潜能"。为降低成本和开拓市场，企业开始向周边地区转移，通过投资、技术扩散等渠道，促进周边地区经济增长，从而形成了长三角对周边地区的扩散效应。

在机制分析的基础上，我们借鉴了洛佩兹－巴佐等（López-Bazo et al.，2004）和覃成林等（2012）的经济收敛的空间外部性模型，重点从长三角溢出效应对长江中游 TFP 的影响上构建理论和计量模型，并使用空间滞后计量模型（SAR/SLM）和 2007～2018 年地级市面板数据进行实证检验。实证结果表明，长三角城市群对长江中游城市群的扩散效应大于极化效应，即长三角通过正向的空间溢出带动了长江中游的经济发展，缩小了长三角与长江中游的差距。值得注意的是，如果忽略长江中游内部的空间相关性，则会高估长三角的溢出效应，而这一点通常为现有研究所忽略。分城市规模的实证结果表明，长三角的溢出效应受经济规模和地理距离的双重影响，呈现出非线性特征。进一步的研究表明，长江中游经济增长在空间上的均衡程度会影响长三角的扩散效应，即随着长江中游经济增长的极化水平不断下降，长三角对该地区各城市的扩散效应会显著增强。此外，长三角对长江中游扩散效应主要通过直接扩散和间接扩散两个渠道，随着长江中游内部均衡水平的不断提高，长三角的直接扩散效应呈上升趋势，间接扩散效应呈下降趋势。

上述分析的政策含义是：首先，从要素和产业两个层面全面推进长三角一体化，不断破除阻碍要素流动的政策和制度壁垒，提高劳动、资本、技术等要素在区域内的配置效率，优化产业链布局，推动长三角内部产业结构的转型升级，"形成功能互补的产业竞合机制"，以此促进长三角内部的均衡增长。其次，充分发挥长三角的扩散效应，需要破除周边区域经济增长高低分化集聚的空间格局。长江中游应充分利用长三角的技术扩散、人力资本溢出以及投资带动效应，结合自身的比较优势承接长三角的产业转移，通过"内力"和"外力"协同作用，不断消除长江中游内部经济发展的不平衡。

要素篇

第1章

技术空间扩散与长三角的
辐射带动作用

从国际范围来看，全球80%以上的研发投入和90%以上的专利发明都掌握在发达国家手中，而自20世纪60年代以来，技术进步已逐渐成为经济发展和社会进步的首要驱动力。在科技创新中处于弱势地位的国家和地区为缩小技术差异，除了依靠自主创新，更应充分利用技术空间扩散。我国区域发展的不平衡现状决定了技术空间扩散在缩小地区差异方面具有重要作用。长三角地区作为我国三大增长极之一，拥有领先的经济实力和技术创新能力，在扭转区域发展不平衡方面具有不可替代的作用。本章选择苏浙皖三省和上海市作为技术扩散地区，从知识信息和产业两个层面来研究我国技术空间扩散的规律。

第1节　研究背景

国家"十三五"规划提出要促进区域协调、协同、共同发展，努力缩小区域发展差距，支持东部地区更好发挥对全国发展的支撑引领作用，打造具有国际影响力的创新高地。中国经济是典型的发展中国家经济，区域发展条件差异特征明显，因此，既要促进各区域协调发展，又要选择特定区域，设立重点经济区，发展外向型集聚经济，辐射带动其他地区发展。

长三角地区作为当今中国经济现代化程度最高、创新活动最活跃、承接能力最强和参与国际竞争最多的地区，在改革开放以及国家的重要发展战略中始终发挥着先行者的作用。在2016年《长江三角洲城市群发展规划》中，长三角城市群的总体定位为建设面向全球、辐射亚太、引领全国的世界级城市群。2019 年，长三角三省一市以全国 3.74% 的土地面积、16.22% 的人口，创造了我国 23.94% 的地区生产总值，这为带动周边地区的发展提供了强大的经济基础。而且长三角拥有强大的科技创新能力，众多高校为地区的发展提供了源源不断的人才和技术支撑。2018 年，长三角拥有 458 所高校和独立学院，是珠三角的 3 倍，京津冀的 1.7 倍；2018 年长三角发明专利申请量为 513 419 件，占全国的 33.29%，其中发明专利授权量为 110 746 件，占全国的 25.63%；根据《2015 全国及各地区科技进步统计监测报告》，江浙沪两省一市的综合科技进步水平指数均高于全国平均水平 66.49%，其中上海高居榜首为 84.57%，江苏为 76.21%，浙江为 69.40%。自国务院于 2008 年下发《关于进一步推进长江三角洲地区改革开放和经济社会发展的指导意见》后，安徽省逐渐被纳入长三角地区的规划和发展中①。长三角三省一市的综合实力使得其能够而且也必须在扭转区域发展不平衡、实现两个一百年奋斗目标和伟大复兴的中国梦的征程中承担应有的责任。

第 2 节　文献回顾

一、区域发展文献

国外区域发展理论起始较早，亚当·斯密（Adam Smith，1776）的"绝对优势理论"和大卫·李嘉图（David Ricardo，1817）的"比较优势理论"可以看作是区域发展理论的开端。第二次世界大战之后，国外学术界关于区域发展逐渐形成了系统的理论，主要的有索罗（Solow，1956）的新古典经济增长理论、赫希曼（Hirschman，1958）的不平衡增长理论、米达尔（Myrdal，1957）的地理二元结构理论、弗里德曼（Friedman，1966）的核心—外围理论以及威廉姆森（Williamson，1965）的倒"U"型理论。相对于国外，我国在区域经济研究中起步较晚，但随着中国区域发展战略的逐步调整，相关理论与研究也逐渐兴起并完善起来。

国内关于区域发展不平衡和某个地区带动全局经济发展的研究主要有：潘文卿和李子奈（2008）通过多区域投入产出模型，从最终产品对总产品的影

---

① 资料来源：根据《长三角三省一市统计年鉴》计算得出。

响角度分析了长三角以及环渤海、珠三角对中国内陆地区经济发展的带动作用
发现,三大增长极对内陆地区的增长效应只有 10.9%,且主要集中在中部地
区,就三大增长极外溢效应的比较来看,长三角最大,其次是珠三角与环渤
海。覃成林、张华等(2011)根据四个区域战略所划分的东部地区、中部地
区、西部地区和东北地区,使用人口加权变异系数探究了我国区域发展不平衡
的成因和趋势,得出影响中国区域发展不平衡的最主要原因是四大区域之间的
产业发展差异,并且区域间的发展差异大于区域内的发展差异。宫义飞、彭欢
等(2012)基于非参数方法研究了影响区域经济增长的因素,发现中国经济
的增长主要由位于沿海的或者拥有丰富自然资源以及高经济效率的富裕地区推
动;技术变革和人力资本积累分别是中国富裕和贫穷区域增长的最主要动力,
而且富裕地区的增长比贫穷地区更依赖技术变革,而贫穷地区则需要通过人力
资本积累来追赶富裕地区,但是这种收敛不足以扭转日益扩大的由技术变革造
成的发展不平衡。孙宁华、洪银兴(2013)以发展极的扩散效应、率先进行
产业转移、率先解决发展中的难题为主线,并以江苏为例,探索了东部地区如
何在现代化过程中发挥先导作用。覃成林、杨霞(2017)根据"先富地区带
动其他地区共同富裕"的战略,以 1999 年为时点确定先富地区,研究得出先
富地区可通过经济增长的空间外溢带动部分邻近地区的共同富裕。

综上,国内关于区域发展的研究主要有以下三种划分方式:一是简单根据
地理位置划分为东、中、西部;二是按照区域战略划分为东部地区、中部地
区、西部地区和东北地区;三是划分为三大增长极区域与内陆区域。三大增长
极中,长三角具有更为雄厚的经济实力和技术创新能力,其外溢效应要强于珠
三角和京津冀,并且随着安徽的加入,长三角地区的扩容是否会影响其辐射带
动能力也值得探究,因此本章主要选取长三角地区作为研究的重点。已有文献
主要从产业发展和转移的角度来研究部分地区对全局经济发展的带动作用,而
事实上由于知识技术的外溢性,创新地区对周边地区的辐射不仅仅在产业层面
上发生,因此本章选择从技术扩散的角度来研究长三角地区对其他地区的辐射
带动。

二、技术扩散文献

国际技术扩散理论强调一国技术存量的增加不仅取决于国内的技术创新程
度,也依赖于国外先进技术的获得,因此,国际技术扩散对各国经济的长远发
展具有不可忽视的作用。从技术扩散的路径来看,国际技术扩散的传导机制主

要可以分为两类：商品贸易和国际直接投资（FDI）。而技术空间扩散理论最早是由地理学家哈格斯特兰德（Hagerstrand，1953）提出，他认为技术的采用是通过"学习"或"交流"来实现的，因此，技术扩散过程中信息的"有效流动"起决定性因素，而影响信息流动的最重要因素之一就是空间距离。国外关于技术空间扩散影响因素的研究还有：曼斯菲尔德（Mansfield，1963）认为产业是技术空间扩散的载体，他通过对美国、日本和欧洲产业创新的比较研究，发现一个区域的产业结构确实会对其吸收产业技术与其他区域创新成果有重要影响。凯勒（Keller，2002）以经济合作与发展组织（OECD）中的 14 个国家为研究对象，选取了 1970～1995 年制造业的行业数据，实证分析了英国、美国、德国、法国、日本 5 个发达国家对余下 9 个 OECD 国家的技术扩散状况，研究发现空间距离每增加 1 200 公里，技术扩散效应就减弱 50%。文章以 R&D 投入作为衡量技术创新活跃程度的指标，技术扩散效应不仅依赖于技术扩散国家研发（R&D）活动的活跃程度，还受空间距离的影响，技术接收国离创新中心越远，可能获得的技术扩散就越弱。

技术扩散理论为我国这样区域发展不平衡的大国提供了重要思路，除了加强地区自主创新外，还应注重技术的外溢与扩散在区域之间的有效实现。因此，国内学者关于技术扩散也做了大量有价值的研究。沈坤荣、耿强（2001）构建内生增长模型研究 FDI 与经济增长率之间的因果关系，并指出由于地理位置和政策等原因，我国中西部地区长期以来很少能吸引到外国的直接投资，因此 FDI 的技术外溢效应加剧了我国区域发展不平衡的现状。傅晓霞和吴利学（2006）将各地区劳均产出差距分解为劳均资本差异、经济规模差异和全要素生产率差异，并发现全要素生产率是地区差异的主要原因，且自 1990 年来国内各地区全要素生产率呈现出绝对发散趋势，即存在严重的技术扩散壁垒，最后建议政府需要通过适当的政策以促进地区间的技术扩散。李小平、朱钟棣（2006）采用国际 R&D 溢出回归方法，研究了通过国际贸易渠道的 R&D 溢出对我国工业行业技术进步的影响，同时也指出国内行业 R&D 的投入对技术进步的促进作用存在异常现象。舒元和才国伟（2007）应用数据包络法（DEA）测算了 1980～2004 年我国各省份的全要素生产率（TFP）、技术效率和技术进步指数，并运用非线性广义最小二乘法实证分析了省际技术进步的空间扩散问题，结果发现我国存在从北、上、广向其他省区的技术扩散，且这种扩散与空间距离有关。张经强（2009）利用科和赫尔普曼（Coe & Helpman，1995）的贸易溢出模型（简称 CH 模型），实证分析得出我国的技术进步主要依赖三条途径：国内科技的投入、技术创新能力的提高和国际技术扩散。钟昌标

(2010) 利用中国各省区 1986～2006 年的面板数据，建立空间动态计量模型，通过实证研究发现外商直接投资不仅刺激和提升了本地区生产率绩效，也间接带动了其他地区生产率的改进。王锐淇（2012）基于知识生产函数，主要考虑三种知识扩散渠道变量——区域进口贸易、外商直接投资（FDI）和科技人员保有量，并结合空间计量分析工具，从全国总体样本和分地区子样本两个维度证实了我国省际和地区之间的技术创新能力存在显著的空间相关性。

综上，大量研究从实证角度说明了国际贸易和国际直接投资对我国部分地区技术进步的积极影响，但技术空间扩散在国内区域发展方面的应用仍缺乏系统的理论和实证分析作为支撑。因此，本章在控制国际技术扩散影响的情况下，重点研究长三角三省一市对其他地区的技术扩散效应，同时关注空间距离对技术扩散效应的影响，为技术发达地区带动全局经济发展提供理论分析和实证证据。

第 3 节　长三角技术扩散的机制分析

一个地区的技术进步主要有三大来源：首先是当地自主创新所带来的技术进步，而自主创新的能力与当地人力资本水平、人口结构和政府对科技创新的支持力度等因素紧密相关；此外，地区的技术进步还可通过吸收其他地区的技术扩散发生，从技术来源的角度可将这种技术扩散分为国际技术扩散和国内技术扩散。国际技术扩散是指技术的辐射源在国外，而国内技术扩散的源头则在国内技术相对发达的地区。国际技术扩散主要通过国际贸易和国际直接投资（FDI）这两个渠道实现。国内技术扩散是指国内技术发达地区向技术相对落后地区的技术扩散，与国际技术扩散不同，其过程复杂，扩散渠道难以清晰界定。

本章并不试图划分国内技术扩散的渠道，而是选择从不同层面分析国内技术扩散的过程，并采用以下模型将其高度抽象化：国内技术扩散的不同渠道设为纵向变量 M，例如 M1 是渠道 1，可能代表通过科技中介进行的技术扩散；M2 是渠道 2，可能代表产学研过程中的技术扩散，但两地区间实际存在多少种技术扩散的渠道尚不明晰。国内技术扩散过程中的不同状态设为横向变量 T，例如 T1 代表技术扩散进行到知识信息层面，T2 代表技术扩散进行到产业层面。假设地区 A 为技术扩散地区，地区 B 为技术接收地区，A 向 B 的技术空间扩散可由图 1-1 表示。

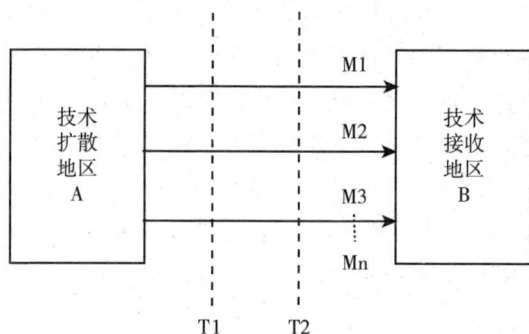

图 1-1　国内技术扩散

　　本章的创新之处在于选择合适的指标去代表国内技术扩散过程中的不同状态，因为不论地区间的技术扩散是以何种渠道发生，一项技术创新的源头总是在知识信息层面，例如一种知识创新、一项科学发现，而这项技术创新能够带动其他地区的经济增长必然要投入产业应用。因此，从知识信息和产业这两个层面可以很好地概括国内技术扩散的过程。

　　知识信息层面的创新往往来源于地区或企业的研发投入，而技术扩散能在知识信息层面发生是因为 R&D 具有外溢效应。一个地区的研发投入会增加现存知识的总量，而信息与知识具有公共物品的特性，即非竞争性和非排他性，一个地区创造的新知识很容易被其他地区获取，并且信息转移的成本不高，因此 R&D 活动具有明显的溢出效应。由此，一个地区的 R&D 投入可以很好地衡量其知识信息层面上技术扩散的强度。

　　根据李嘉图的比较优势理论，由于区域间的往来贸易，一个地区产业结构的变动会带动周边地区产业结构相应进行调整。因此，产业层面的技术扩散是由于创新地区产业结构变动及专业化发展，通过两个地区之间劳动力的流动、专利产品的输出和贸易往来中的学习效应，将技术进步扩散到其他地区。故可选择创新地区的产业专业化程度来度量其产业层面上技术扩散的强度。

　　假设地区 A 通过研发投入产生了一种新知识 Z：一方面，Z 会以知识或信息的形式向地区 B 外溢，促进地区 B 的技术进步，即知识信息层面的技术扩散；另一方面，Z 的产生会刺激地区 A 的企业进行生产调整，A 的产业结构和专业化程度会相继发生变化，这种变动又会通过 A 与 B 的贸易往来而促进地区 B 发生技术变迁，即产业层面的技术扩散。因此，一项技术创新会从知识信息和产业这两个层面向外进行扩散，本章将从这两个层面来研究长三角地区作为技术扩散源头的辐射带动作用（见图 1-2），并提出以下两个假设。

假设 1：长三角地区的 R&D 投入对其他地区的技术进步具有正向影响，即知识信息层面的技术扩散效应为正。

假设 2：长三角地区的产业专业化对其他地区的技术进步具有正向影响，即产业层面的技术扩散效应为正。

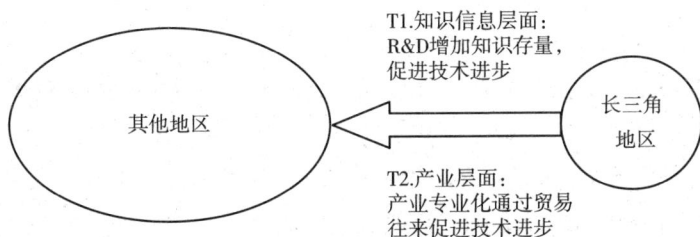

图 1 - 2 长三角地区的技术扩散

在技术空间扩散的研究中，地理距离是影响技术扩散的重要因素。大量已有研究表明国际技术扩散具有地域性，扩散效应会随距离而衰减，技术创新国对其他国家的技术扩散效应不仅由该国的 R&D 投入决定，还依赖于两国的空间距离。为检验技术扩散随距离衰减这一规律在一国内区域之间是否成立，本章将地理距离作为一种空间因素，引入技术扩散的分析。因此，提出本章的第三个假设。

假设 3：长三角地区对其他地区的技术扩散效应随距离的增加而衰减。

第 4 节　长三角技术扩散的实证检验

一、变量设定与指标选取

在凯勒（Keller，2002）、舒元和才国伟（2007）的研究基础之上，本章选取经济实力突出、科技创新能力领先的长三角三省一市作为技术扩散地区，其余 27 个省（区、市）作为技术接收地区，来检验我国区域之间的技术扩散机制。鉴于我国各地区 TFP 缺乏官方数据，且各种计算方法的差异较大，本章选择中国科技统计网站（www.sts.org.cn）计算并公布的区域综合科技进步水平指数作为衡量技术接收地区技术进步的指标。

根据机制分析的两个层面，本章分别选取长三角地区的 R&D 投入和专业化指数作为核心解释变量，来检验长三角地区对其他地区的技术扩散效应。地区 R&D 投入的数据依然来源于中国科技统计网站。专业化指数则参考卢中原（2002）的专业化程度的计算方法，公式如下：

$$H(t) = 100 \times \left(1 + \frac{\sum S_i(t) \times \ln S_i(t)}{hmax}\right) \qquad (1.1)$$

其中，$S_i(t)$ 是 i 产业在第 t 年产业增加值占地区生产总值的比重，$hmax$ 是产业数的自然对数。专业化指数 $H(t)$ 的取值介于 $0 \sim 100$，数值越大表示地区产业专业化程度越高，该指标可在一定程度上用于衡量地区的产业结构。本章根据国家统计局分省年度数据将经济分为农业、工业、建筑业、批发零售和餐饮业、交通运输和邮政通信业、其他行业六大部门，以此计算出长三角三省一市的专业化指数。

本章的目的在于研究长三角地区对其他地区的技术扩散，根据地区技术进步的三大来源，控制变量方面主要需考虑技术接收地区的自主创新和国际技术扩散的影响。地区自主创新的能力与当地人力资本水平、人口结构和政府对科技创新的支持力度等因素紧密相关，因此本章选择地方财政科技支出、公有经济企事业单位科学研究人员数量、专利申请授权量和总抚养比（人口抽样调查）来控制地区自主创新的影响。国际技术扩散的主要渠道在于国际贸易和国际直接投资，因此选择地区进口贸易额和 FDI 来控制国际技术扩散对地区技术进步的影响。以上控制变量的数据均来自中国科技统计网站和中国统计年鉴。

本章实证分析所用到的变量及其描述如表 1-1 所示。

表 1-1　　　　　　　　　　　　　变量列表

变量符号及单位	变量描述
TC	技术接收地区综合科技进步水平指数
S（亿元）	技术扩散地区 R&D 投入
H	技术扩散地区产业专业化指数
D（千公里）	技术扩散地区与技术接收地区之间的空间直线距离，在谷歌地图里通过定位两个地区得到
E（亿元）	技术接收地区地方财政科技支出
HC（千人）	技术接收地区公有经济企事业单位科学研究人员数量
PA（千项）	技术接收地区专利申请授权量
DR（%）	技术接收地区总抚养比
$IMPORT$（十亿美元）	技术接收地区进口贸易额
FDI（亿美元）	技术接收地区外商直接投资

二、计量模型构建

本章研究长三角地区技术扩散的 R&D 模型设定如下:

$$\ln(TC_{it}) = \alpha + \beta \sum_{j \in J} \ln(S_{j,t-n}) \times e^{\delta D}_{ij} + \Gamma X_{it} + \varepsilon_{it} \tag{1.2}$$

其中,TC_{it} 表示 t 时期技术接收地区 i 的综合科技进步水平,被解释变量采用其对数形式;$S_{jt}(n=0$ 时) 表示 t 时期技术扩散地区 j 的 R&D 投入,解释变量采用其对数形式;D_{ij} 表示技术扩散地区与技术接收地区之间的空间直线距离;j 表示长三角地区三省一市,$j=1$ 表示上海,$j=2$ 表示江苏,$j=3$ 表示浙江,$j=4$ 表示安徽;X_{it} 表示控制变量,主要包括地方财政科技支出、公有经济企事业单位科学研究人员数量、专利申请授权量、总抚养比、进口贸易额和FDI;考虑技术扩散可能存在时滞,n 的取值为 0、1、2。

估计参数 β 衡量的是长三角三省一市 R&D 投入对其他地区技术扩散的平均效应。平均效应是指将长三角三省一市的技术空间扩散无差别化从而获得效应的平均值,即对四个地区的 R&D 投入都赋予相同的估计参数。δ 表示空间距离对这种技术扩散的影响。如果 $\beta > 0$ 且 $\delta < 0$ 显著成立,则说明长三角地区的 R&D 投入对其他地区的技术进步有正向影响,且这种扩散效应随空间距离的增加而衰减,即假设 1 和假设 3 成立。

考虑到长三角三省一市的地区差异,在平均效应的基础上拓展计量模型,赋予上海、江苏、浙江和安徽不同的估计参数,以研究技术扩散的个体效应。对模型 (1.2) 进行扩展如下:

$$\ln(TC_{it}) = \alpha + \beta_1 \ln(SS_{t-n}) \times e^{\delta D_S} + \beta_2 \ln(SJ_{t-n}) \times e^{\delta D_J} + \beta_3 \ln(SZ_{t-n}) \times e^{\delta D_Z}$$
$$+ \beta_4 \ln(SA_{t-n}) \times e^{\delta D_A} + \Gamma X_{it} + \varepsilon_{it} \tag{1.3}$$

其中,$n=0$ 时,SS_t、SJ_t、SZ_t、SA_t 分别表示 t 时期上海、江苏、浙江和安徽的 R&D 投入,参数 β_1、β_2、β_3、β_4 则分别衡量长三角三省一市 R&D 投入对其他地区技术扩散的个体效应,n 的取值为 0、1、2。

模型 (1.2) 和模型 (1.3) 为检验知识信息层面的技术扩散效应,若将解释变量 R&D 投入的对数替换为专业化指数 H 则可用于检验产业层面的技术扩散效应。

$$\ln(TC_{it}) = \alpha + \beta \sum_{j \in J} H_{j,t-n} e^{\delta D}_{ij} + \Gamma X_{it} + \varepsilon_{it} \tag{1.4}$$

其中，$H_{jt}(n=0$ 时）表示 t 时期技术扩散地区 j 的产业专业化程度，n 取值为 0、1、2。

估计参数 β 衡量的是长三角三省一市产业专业化对其他地区技术扩散的平均效应，δ 表示空间距离对这种技术扩散的影响。如果 $\beta>0$ 且 $\delta<0$ 显著成立，则说明长三角地区的产业专业化对其他地区的技术进步有正向影响，且这种扩散效应随空间距离的增加而衰减，即假设 2 和假设 3 成立。

同样地，产业专业化模型也可考虑地区的个体效应：

$$
\begin{aligned}
\ln(TC_{it}) = {} & \alpha + \beta_1 HS_{t-n} \times e^{\delta D_S} + \beta_2 HJ_{t-n} e^{\delta D_J} + \beta_3 HZ_{t-n} \times e^{\delta D_Z} \\
& + \beta_4 HA_{t-n} \times e^{\delta D_A} + \Gamma X_{it} + \varepsilon_{it}
\end{aligned} \tag{1.5}
$$

其中，$n=0$ 时，HS_t、HJ_t、HZ_t、HA_t 分别表示 t 时期上海、江苏、浙江和安徽的产业专业化程度，参数 β_1、β_2、β_3、β_4 则分别衡量长三角三省一市产业专业化对其他地区技术扩散的个体效应，n 的取值为 0、1、2。

三、实证结果与分析

由于模型为非线性形式，回归方法采用非线性广义最小二乘法。模型（1.2）与模型（1.4）的回归结果分别如表 1－2、表 1－3 所示。参数 β 估计的是长三角三省一市对其他地区技术扩散的平均效应。

表 1－2　　　　　　　　长三角技术扩散的平均效应（R&D 投入）

估计参数	（1.2－1）同期 $n=0$	（1.2－2）滞后 1 期 $n=1$	（1.2－3）滞后 2 期 $n=2$
截距项（α）	3.3711 *** (0.1456)	3.4480 *** (0.1348)	3.5917 *** (0.1115)
$\ln(S)(\beta)$	0.0464 *** (0.0040)	0.0440 *** (0.0038)	0.0397 *** (0.0030)
$D(\delta)$	− 0.1185 *** (0.0266)	− 0.1319 *** (0.0277)	− 0.1554 *** (0.0287)
$IMPORT(\gamma_1)$	0.0600 *** (0.0087)	0.0537 *** (0.0088)	0.0371 *** (0.0064)
$FDI(\gamma_2)$	0.0308 *** (0.0064)	0.0292 *** (0.0062)	0.0268 *** (0.0065)

续表

估计参数	(1.2-1) 同期 $n=0$	(1.2-2) 滞后 1 期 $n=1$	(1.2-3) 滞后 2 期 $n=2$
$E(\gamma_3)$	-0.0607^{***} (0.0170)	-0.0438^{***} (0.0159)	-0.0153 (0.0112)
$HC(\gamma_4)$	0.2120^{**} (0.0958)	0.2138^{**} (0.0958)	0.1360 (0.0846)
$PA(\gamma_5)$	-0.0492^{*} (0.0254)	-0.0520^{**} (0.0216)	-0.0283 (0.0251)
$DR(\gamma_6)$	-0.3543^{***} (0.0576)	-0.3679^{***} (0.0587)	-0.4214^{***} (0.0583)
观察值	324	351	378
R^2	0.7467	0.7505	0.7519
调整 R^2	0.7402	0.7446	0.7465

注：括号中为稳健标准差，*** 表示 $p<0.01$，** 表示 $p<0.05$，* 表示 $p<0.1$。

表 1-3　　　　　　　　长三角技术扩散的平均效应（产业专业化）

估计参数	(1.4-1) 同期 $n=0$	(1.4-2) 滞后 1 期 $n=1$	(1.4-3) 滞后 2 期 $n=2$
截距项（α）	3.1415^{***} (0.1888)	3.2046^{***} (0.1602)	3.2594^{***} (0.1430)
$H(\beta)$	0.0162^{***} (0.0018)	0.0156^{***} (0.0015)	0.0152^{***} (0.0013)
$D(\delta)$	-0.0864^{***} (0.0215)	-0.0936^{***} (0.0205)	-0.1010^{***} (0.0199)
$IMPORT(\gamma_1)$	0.0805^{***} (0.0259)	0.0774^{***} (0.0243)	0.0636^{***} (0.0171)
$FDI(\gamma_2)$	0.0836^{***} (0.0231)	0.0771^{***} (0.0202)	0.0715^{***} (0.0177)
$E(\gamma_3)$	-0.0064 (0.0486)	-0.0038 (0.0394)	0.0021 (0.0282)

估计参数	（1.4-1）同期 $n=0$	（1.4-2）滞后1期 $n=1$	（1.4-3）滞后2期 $n=2$
$HC(\gamma_4)$	0.1202 (0.2780)	0.1566 (0.2560)	0.1842 (0.2177)
$PA(\gamma_5)$	-0.0965 (0.0733)	-0.0840 (0.0621)	-0.0354 (0.0650)
$DR(\gamma_6)$	-1.0898*** (0.1891)	-1.1017*** (0.1734)	-1.1151*** (0.1655)
观察值	324	351	378
R^2	0.7348	0.7500	0.7494
调整 R^2	0.7281	0.7441	0.7439

注：括号中为稳健标准差，*** 表示 $p<0.01$，** 表示 $p<0.05$，* 表示 $p<0.1$。

表1-2和表1-3中，β 的估计值均为正，δ 的估计值均为负，且都在1%的水平下显著。

以模型（1.2-1）为例，β 的估计值为0.0464，说明长三角地区的 R&D 投入对技术接收地区的技术进步具有显著的正向影响，即假设1成立；δ 的估计值为 -0.1185，因此随着长三角地区与技术接收地区之间地理距离 D 的增加，$e^{\delta D}$ 会减小，R&D 投入的区域扩散效应会衰减，即假设3成立。以江苏向山东的技术扩散为例，两地距离350.98公里，$e^{\delta D_J}=0.959$，则江苏的 R&D 投入每增加1%，山东的综合科技进步水平会提高0.0445%。

以模型（1.4-2）为例，β 的估计值为0.0156，说明长三角地区的产业专业化对技术接收地区的技术进步具有显著的正向影响，即假设2成立；δ 的估计值为 -0.0936，因此，随着长三角地区与技术接收地区之间地理距离 D 的增加，$e^{\delta D}$ 会减小，产业专业化的区域扩散效应会衰减，即假设3成立。仍以江苏向山东的技术扩散为例，两地距离350.98公里，$e^{\delta D_J}=0.968$，则江苏 t 年的产业专业化指数每增加1，山东 t+1 年的综合科技进步水平会提高0.015%。

由估计结果可知，技术扩散效应在时间上确实存在一定的延续性；且表1-2中 δ 的估计值普遍小于表1-3，则较之产业层面的技术扩散，知识信息层面的技术扩散随距离衰减得更快。

模型（1.3）与模型（1.5）的回归结果分别如表1-4、表1-5所示。参数

β_1、β_2、β_3、β_4 分别估计的是长三角三省一市对其他地区技术扩散的个体效应。

表 1-4　　　　　　　长三角技术扩散的个体效应（R&D 投入）

估计参数	(1.3-1) 同期 $n=0$	(1.3-2) 滞后 1 期 $n=1$	(1.3-3) 滞后 2 期 $n=2$
截距项（α）	3.7483 *** (0.2229)	3.7482 *** (0.2202)	3.6981 *** (0.2621)
$\ln(SS)(\beta_1)$	-0.3855 *** (0.1450)	-0.2766 ** (0.1398)	-0.0938 (0.1703)
$\ln(SJ)(\beta_2)$	0.2881 *** (0.0752)	0.2173 *** (0.0727)	0.1138 (0.0821)
$\ln(SZ)(\beta_3)$	0.2133 ** (0.0860)	0.1936 ** (0.0764)	0.1481 ** (0.0730)
$\ln(SA)(\beta_4)$	-0.0279 (0.0691)	-0.0365 (0.0659)	-0.0501 (0.0560)
$D(\delta)$	-0.1979 *** (0.0572)	-0.1997 *** (0.0603)	-0.1776 *** (0.0638)
$IMPORT(\gamma_1)$	0.0027 *** (0.0005)	0.0022 *** (0.0005)	0.0013 *** (0.0003)
$FDI(\gamma_2)$	0.0015 *** (0.0003)	0.0013 *** (0.0003)	0.0011 *** (0.0002)
$E(\gamma_3)$	-0.0027 *** (0.0010)	-0.0017 * (0.0009)	-0.0004 (0.0005)
$HC(\gamma_4)$	0.0099 ** (0.0048)	0.0088 * (0.0047)	0.0053 (0.0036)
$PA(\gamma_5)$	-0.0022 * (0.0012)	-0.0021 ** (0.0010)	-0.0010 (0.0010)
$DR(\gamma_6)$	-0.0170 *** (0.0023)	-0.0168 *** (0.0022)	-0.0168 *** (0.0022)
观察值	324	351	378
R^2	0.7528	0.7548	0.7548
调整 R^2	0.7441	0.7468	0.7474

注：括号中为稳健标准差，*** 表示 $p<0.01$，** 表示 $p<0.05$，* 表示 $p<0.1$。

表 1 - 5 　　　　　　　　　长三角技术扩散的个体效应（产业专业化）

估计参数	(1.5 - 1) 同期 $n = 0$	(1.5 - 2) 滞后 1 期 $n = 1$	(1.5 - 3) 滞后 2 期 $n = 2$
截距项（α）	3.6359 *** (0.2882)	3.0401 *** (0.2859)	3.2117 *** (0.2254)
$HS(\beta_1)$	- 0.0132 (0.0171)	0.0283 * (0.0162)	0.0249 * (0.0136)
$HJ(\beta_2)$	0.0193 (0.0135)	0.0104 (0.0159)	0.0312 *** (0.0120)
$HZ(\beta_3)$	0.0138 (0.0125)	0.0064 (0.0141)	- 0.0191 * (0.0114)
$HA(\beta_4)$	0.0346 *** (0.0062)	0.0254 *** (0.0059)	0.0276 *** (0.0043)
$D(\delta)$	- 0.1584 ** (0.0672)	- 0.0847 *** (0.0253)	- 0.1038 *** (0.0282)
$IMPORT(\gamma_1)$	0.0022 *** (0.0005)	0.0018 *** (0.0005)	0.0013 *** (0.0003)
$FDI(\gamma_2)$	0.0014 *** (0.0003)	0.0012 *** (0.0003)	0.0011 *** (0.0002)
$E(\gamma_3)$	- 0.0018 * (0.0010)	- 0.0010 (0.0008)	- 0.0005 (0.0005)
$HC(\gamma_4)$	0.0077 * (0.0046)	0.0057 (0.0045)	0.0030 (0.0034)
$PA(\gamma_5)$	- 0.0021 * (0.0012)	- 0.0017 * (0.0010)	- 0.0006 (0.0010)
$DR(\gamma_6)$	- 0.0175 *** (0.0021)	- 0.0166 *** (0.0019)	- 0.0157 *** (0.0017)
观察值	324	351	378
R^2	0.7496	0.7538	0.7561
调整 R^2	0.7407	0.7458	0.7488

注：括号中为稳健标准差，*** 表示 $p < 0.01$，** 表示 $p < 0.05$，* 表示 $p < 0.1$。

以模型（1.3 - 1）为例，β_1 的估计值为 - 0.3855，说明上海的 R&D 投入对长三角以外地区的技术进步具有负向影响；而 β_2 和 β_3 的估计值分别为 0.2881、0.2133，说明江苏和浙江的 R&D 投入对其他地区的技术进步具有正向影响；β_4 的估计值并不显著；δ 的估计值为 - 0.1979，因此随着长三角地区与技术接收地区之间地理距离 D 的增加，R&D 投入的区域扩散效应会衰减。

以模型（1.5 - 3）为例，β_1、β_2 和 β_4 的估计值分别为 0.0249、0.0312 和 0.0276，说明上海、江苏和安徽的产业专业化对长三角以外地区的技术进步具有正向影响，且在时间上存在一定的滞后性；而 β_3 的估计值为 - 0.0191，说明浙江的产业专业化对长三角以外地区的技术进步具有负向影响；δ 的估计值为 - 0.1038，因此，随着长三角地区与技术接收地区之间地理距离 D 的增加，产业专业化的区域扩散效应会衰减。

下面逐个分析长三角三省一市技术扩散的个体效应（以山东省为技术接收地区）。

首先，无论是从知识信息层面还是产业层面来看，江苏对我国其他地区的技术进步都具有显著的正向带动作用。江苏与山东相距 350.98 公里，江苏 R&D 投入每增加 1%，山东当年的综合科技进步水平会提高 0.269%；而江苏 t 年的产业专业化指数每增加 1，山东 t + 2 年的综合科技进步水平会提高 0.03%。

其次，浙江知识信息层面的技术扩散与产业层面的技术扩散具有相反的效果。浙江的 R&D 投入对长三角以外地区的技术进步具有正向影响，而浙江的产业专业化对其他地区的技术进步具有负向影响。浙江与山东相距 771.71 公里，浙江的 R&D 投入每增加 1%，山东当年的综合科技进步水平会提高 0.183%；而浙江 t 年的产业专业化指数每增加 1，山东 t + 2 年的综合科技进步水平会降低 0.0176%。

再次，上海知识信息层面的技术扩散效应为负，而产业层面的技术扩散效应为正。上海与山东相距 614.6 公里，上海的 R&D 投入每增加 1%，山东当年的综合科技进步水平会降低 0.341%；而上海 t 年的产业专业化指数每增加 1，山东 t + 2 年的综合科技进步水平会提高 0.0233%。

最后，安徽的 R&D 投入对长三角以外地区的技术进步没有显著影响，但其产业层面的技术扩散对我国其他地区的技术进步具有显著的正向带动作用。安徽与山东相距 589.25 公里，安徽 t 年的产业专业化指数每增加 1，山东 t + 2 年的综合科技进步水平会提高 0.026%。

由以上分析可知，个体效应的回归结果存在不少与假设相悖的情况。例如，上海 R&D 投入的扩散效应为负，浙江产业层面的技术扩散效应为负，安徽 R&D 投入的扩散效应并不显著。本章对此的解释分析如下。

首先，本章的实证模型是选取长三角三省一市作为技术扩散地区，非长三角地区作为技术接收地区，来研究国内技术空间扩散的规律。这种区域的选取和划分本身就是对现实情况的高度抽象和简化，因为实际上国内地区之间技术扩散的方向不仅是长三角地区向非长三角地区，还有长三角内部的扩散，以及非长三角地区之间的扩散。但是实证研究很难将现实存在的所有情况全部考虑其中，因此回归结果可能存在一定程度的偏差。

其次，由于上海地处沿海，主要通过江苏、浙江和安徽三省与其他地区形成联系，三省份的研发投入和技术创新也均受到上海的辐射影响。从技术扩散的模式来看，长三角地区对其他地区的技术空间扩散更符合以中心—外围为基础的等级扩散，上海居于中心地位，江苏、浙江和安徽作为外围部分承接上海对周边地区的溢出或扩散。由回归分析可知，知识信息层面的技术扩散比产业层面的技术扩散随距离衰减得更快，因此，上海 R&D 投入的个体效应会很大程度上受到长三角内部技术扩散的干扰。

最后，安徽紧邻江浙沪地区，按照梯度转移理论，江浙沪作为高梯度地区，其产业、技术和资本会向梯度相对较低的安徽转移，安徽作为长三角地区的重要部分，既承接技术发达地区的辐射，又要发挥自身对其他地区的带动作用。同时不可忽略的是安徽与江浙沪地区还存在着经济总量和创新水平等方面的差距，因此其 R&D 外溢效应难以凸显出来。而自 2010 年 1 月 12 日起，国务院正式批复《皖江城市带承接产业转移示范区规划》。皖江城市带区位优势明显，是长三角核心地区向中西部地区实施产业转移和辐射的最佳区域，具有产业基础好、要素成本低、配套能力强等综合优势，因此安徽产业结构调整与专业化发展对我国其他地区的辐射带动作用更为明显。

第 5 节　结论与政策启示

我国作为正处于转型阶段的发展中大国，区域发展不平衡的特征十分显著。从技术空间扩散理论的角度来说，我国就是一个非均质后发大国。我国的非均质性使得不同地区间的技术和经济差距成为阻碍社会和谐发展的重要因素。无论是国际还是国内，经济发展的主要动力正向科学技术与研发创新转移，在劳动力与资本的贡献略显疲软的当下，技术创新和扩散已经成为缩小区域发展差异的不二选择。一个国家或地区的技术进步除了依靠自主创新外，吸收其他地区的技术扩散也能有效增加知识存量，加快技术水平的提升。而长三角地区作为我国三大重要增长极之一，具有突出的经济优势和先进的技术水平，如何利用长三角地区的外溢和扩散来辐射带动其他地区的技术进步和经济发展成为当今和未来的重要研究课题。

在已有研究的基础上，本章从知识信息和产业两个层面对国内技术扩散进行了研究，知识信息层面对应的是 R&D 的外溢效应，产业层面对应的是产业专业化发展。本章选择长三角三省一市作为技术扩散地区，其他地区作为技术接收地区，从 R&D 外溢和产业专业化发展两个层面来研究我国国内技术空间扩散的情况。通过对四个地区的 R&D 投入和产业专业化指数都赋予相同参数，来估计长三角技术扩散的平均效应；通过对四个地区的 R&D 投入和产业专业化指数分别赋予不同参数，来估计长三角技术扩散的个体效应。控制变量方面主要考虑了技术接收地区的自主创新和国际技术扩散的影响。

实证结果表明，随着技术扩散地区与技术接收地区之间地理距离的增加，长三角地区的扩散效应会减弱；并且知识信息层面的技术扩散比产业层面的技术扩散随距离衰减得更快；从平均效应来看，长三角地区的研发投入和产业专业化发展对其他地区的技术进步水平具有正向的影响；而从个体效应来看，长三角二省一市的技术扩散具有不同影响，其中，无论是从研发投入还是从产业专业化发展的角度来衡量，江苏对我国其他地区的技术进步都具有正向的辐射带动作用，上海对其他地区的溢出或扩散主要以苏浙皖三省作为承接，而安徽产业结构调整与专业化发展对我国其他地区的辐射带动作用更为明显。

根据本章的理论分析与实证检验，可总结政策启示如下：

首先，技术空间扩散早已不局限于国际间，国内技术扩散可为扭转我国区域发展不平衡的现状提供新的思路。由于知识技术的公共品特性以及国内区域间更为频繁的贸易往来，技术发达地区的研发投入和产业调整会带动其他地区的技术进步。技术相对落后地区除了依靠自主创新实现技术进步，还能通过吸收技术扩散缩小与发达地区的差距。

其次，当利用技术空间扩散缩小国内区域发展差异已成为可能时，如何减少技术扩散的阻碍，使得技术外溢能更为顺畅地被落后地区吸收，将成为我们今后关注和研究的重点。各地在充分利用国际贸易和 FDI 等国际技术扩散的同时，更应加强国内技术扩散体系的建立与完善，形成技术空间扩散的多元模式。

　　最后，不同地区的资源禀赋不同，各地应根据区域发展的特色，重点完善特定的、与当地相适应的技术扩散渠道，从而最大化技术扩散对地区经济发展的推动作用。若从研发投入和产业专业化发展这两个角度来看，邻近增长极的地区由于地理优势，更应侧重接收 R&D 投入的外溢；而距离增长极较远的地区，则应关注与其贸易往来相对频繁的发达地区的产业调整与专业化发展，以更好地调整贸易结构、承接产业转移。

第2章

长三角地区金融资源的
溢出效应研究

我国的金融资源在地区间的分配差异明显。2019年，上海的新增贷款总额是5 609.48亿元，地区生产总值达到38 155.32亿元；而同样作为直辖市之一的内陆城市重庆，新增贷款总额仅为4 839.78亿元，GDP仅为23 605.77亿元，是上海总量的61.87%。金融资源①配置的不均衡性必然加剧各地区经济增长的不平衡，对缩小地区发展差距、实施区域协调发展战略形成较大障碍。长三角地区拥有丰富的金融资源，能否利用自身的资源配置优势，对其他省市经济增长产生积极影响受到了学界和实业界的广泛关注。

金融资源差异较大将阻碍区域经济协调发展，而空间溢出效应可以有效地缩小区域金融差距，促进地区之间平衡发展。本章通过采用空间计量模型，引入空间反距离权重矩阵，研究长三角地区内部和对外的金融资源溢出效应。

第1节 文献回顾

当前，国内外学者在金融资源外溢这一研究领域取得了丰硕的成果。从国内来看，学者们主要聚焦于金融资源的空间溢出对经济增长的促进作用，周凯、刘帅（2013）通过构建空间滞后模型（SLM/SAR）和空间误差（SEM）

---

① 金融资源主要包括存贷款、证券成交额、银行同业拆借、保险行业收支等指标。

模型证实了金融资源的空间集聚对经济增长具有明显的空间依赖性和空间溢出效应，同时指出了区域间创新和经济基础对金融集聚的显著促进作用。李超、张玉华（2013）利用空间面板数据模型，考察了中国各省的金融产业集聚及其影响因素，研究发现，省域金融集聚之间存在空间依赖和溢出效应，经济发展水平、对外开放水平与金融集聚之间存在负向关系。牛润盛（2013）利用空间计量模型研究广东的区域金融溢出效应时发现，广东区域金融存在空间相关性，如果金融发展水平差异过大，将阻碍区域经济协调发展，而空间溢出效应可以减弱区域金融差异。他指出，建立多层次的区域金融中心，加强区域金融合作能有效地缩小区域金融差距，促进地区之间平衡发展。

从地区角度看，沿海发达经济区在某种程度上确实存在对内陆城市的外溢效应。潘文卿、李子奈（2008）通过多区域投入产出模型分析了长三角、珠三角、环渤海三大增长极对中国内陆经济发展的外溢效应，研究结果表明三大增长极的溢出效应主要集中在中部地区，而东北地区、西北地区、西南地区的外溢效应十分有限。周迪（2016）利用2003～2013年长三角城市群各县市金融资源数据发现城市群内的金融资金关联系数呈现出稳定的上升趋势，从2003年的277个上升到2013年的596个，整体网络密度上升，并且地级市在长三角城市群中处于金融核心地位，在金融资金地域流动中发挥着组织、集散和传输的枢纽功能。余永泽、宣烨、沈扬扬（2013）采用空间计量模型，使用基于地理距离的空间权重矩阵，检验了金融集聚对产业的外溢效应随地理距离递减的假说，结果表明，外溢效应存在地理边界，在300公里以内为空间外溢的集中区域，超过500公里会出现明显的衰减趋势。

从国外的研究来看，金融资源的溢出效应主要体现在2008年金融危机各国间的金融传染、各国金融机构以及金融市场间的交互作用等。从金融传染角度看，乔治·阿波斯托拉基斯（George Apostolakis，2016）采用脉冲响应方法研究了金融压力的溢出效应对亚洲五国（中国、韩国、马来西亚、泰国和菲律宾）间的影响，结果显示，新兴经济体受到了显著急速的溢出效应。斯泰利奥斯·D. 贝基罗斯（Stelios D. Bekiros，2014）就金砖四国在金融危机后的波动溢出效应及其传导机制进行了系统的研究。实证结果表明，金砖四国在美国金融危机后的国际化程度明显提高，危机的溢出进一步得到证实。王宇（Yu Wang，2016）基于广义自回归条件异方差（GARCH）模型提供一种计算溢出指数的方法，结果表明，亚洲金融市场波动的主要推动力是美国，与中国和其他市场的关联度很小，此外，他还发现了1997年亚洲金融危机和2008年全球金融危机中金融传染的证据。

从金融市场的溢出来看，卡亚尼（Kayani，2013）探讨美国金融市场的溢出效应对中国等新兴经济体的金融市场的影响，研究表明，美国金融市场的平均收益率对新兴金融市场存在显著的溢出效应。赵雪婷（Xueting Zhao，2017）提出了一种动态 Delta（Δ）库斯模型来研究中国股市间的溢出效应水平，她发现，中国金融市场的溢出效应存在时变和非对称性特点。

此外，从金融机构间的溢出层面看，雅辛·古兰（Yaseen Ghulam，2017）研究了英国和德国金融机构间资源的风险溢出程度，发现动荡时期金融资源的风险溢出急剧上升，并建议调整未来的监管策略，调控这种风险溢出现象。

综上所述，国外文献的研究主要基于金融市场间的外溢现象，并用于解释已有的金融危机、股价波动、收益水平变动等。在开放经济环境下，金融资源对各国间贸易和资本存量产生动态的交互影响，推动了全球经济的发展。回到国内，从研究结果来看，金融资源的空间溢出效应在全国层面上存在一定的集聚水平，并与地理距离及分布水平产生一定的关联。

从方法角度来看，吕克·安塞林（Luc Anselin，1998）等提出的空间计量经济学方法能够很好地测度这种外溢效应的大小。樊元等（2016）研究了空间计量模型的演化过程，他们指出，空间关联最初被广泛应用于生物学、地质学等领域，直至1990年左右开始推广到经济学研究之中。传统的计量经济学方法并没有考虑到空间的相关性，简单的回归方法无法解释区域经济学中外部性的影响。忽略距离因素的传统回归模型势必会产生一定的偏差，因此吕克·安塞林（Luc Anselin）在1988年发表的文章中考虑空间因素的异质性来建立模型，然后布伦斯顿等（Brunsdon et al.，1990）提出地理距离加权的空间计量模型来解决空间非均质性问题。近年来，国内外学者对空间 SLM/SEM 模型的权重矩阵进行了多次实验，得出了三大权重矩阵建模方法：分别为地理距离权重矩阵、经济距离权重矩阵和嵌套权重矩阵。任英华等（2010）将空间计量模型引入金融空间集聚影响因素的研究中，通过分析我国28个省、市数据，指出我国区域间金融集聚效应明显，产生了正的空间溢出效应。区域创新、经济基础对金融集聚促进作用显著。

长三角地区作为金融资源集聚的高地，是否对相邻省份产生正向的溢出效应，促进地区协调发展，缩小东西部经济增长的差距是值得分析和讨论的，因而本章基于长三角地区的金融资源数据，分析其存在的空间溢出效应，量化地区间差异水平和演化趋势。

本章总共分为四个部分：第一部分主要是对金融资源的外溢进行背景研究和文献综述；第二部分主要是理论分析与方法论，并说明样本数据来源；第三部分分析长三角地区金融资源对西部各城市间的经济增长外溢效果大小，并分析地理距离与经济距离对溢出效应的影响；第四部分则是对研究结果进行总结并提出建议，以更好地促进与形成长三角地区在金融资源领域对缩小地区间经济增长差距的传导机制。

第 2 节　理论分析及模型设定

一、理论分析

长三角地区拥有我国最丰富的金融资源，高度集聚的金融资源一方面促进了长三角地区的内部发展，另一方面也通过空间溢出渠道辐射带动我国的其他省区市，缩小与其他省区市，尤其是邻近地区间的发展差距。长三角与周边地区在金融资源的总量、结构、质量方面存在明显差距，为金融资源的梯度转移创造了必要条件。此外，长三角的内部竞争和市场拥挤效应会削弱金融资源的收益率，受要素逐利性的驱动，长三角的金融资源将不可避免地向外溢出。

从供求层面来看，长三角地区货币资金丰富，投资供给大，空间局限性使得金融资源的利用效率难以有效提升，过剩的供给需要转向其他省份。由于其他省份项目少、投资潜力巨大，大量需求缺口有待填补。而长三角地区的金融资源正好外溢到这些地区，为该地区的经济发展提供了资金保障。

从劳动力结构来看，中低端金融人才需求在长三角地区日趋饱和，金融人才供求不匹配的矛盾日益凸显；而中西部地区为弥补金融人才相对匮乏的短板，通过优厚的人才引进政策吸引了长三角地区中低端金融人才的流入，提高了金融业人力资源的区域间配置效率，缩小了地区间金融发展水平差距。

从投入产出层面来看，长三角地区经济发达，金融资源总量庞大，增量需求空间有限。供需结构的失衡推高了投资成本，削弱了资本收益率，在同等金融资源投入的条件下，长三角内部的投入—产出比与其他地区存在一定的差异。随着其他地区的交通、互联网等基础设施的不断完善，非均衡的供求环境使得这些区域成为长三角金融资源的投资洼地，招商引资的政策优惠措施进一步强化了这种"洼地效应"。这是长三角金融资源空间溢出的重要机制之一。

从国家宏观层面来看，资源禀赋的空间分布不均衡使得长三角地区经济实力远超中西部地区，并且有拉大的趋势。为了缩小长三角地区与其他省份间的经济发展差距，大量财政支出被用于改善欠发达地区的民生工程当中。其中，长三角地区的金融资源也被视为重要的调节工具。利用集中的资源优势，着力于一对一的帮扶措施，助力其他地区重大项目的实施，通过这些方法将长三角与其他地区充分的联系起来，有利于共享金融聚集带来的福利，提高其他地区的经济发展水平。这种类似于财政转移的宏观调控手段，能克服空间上的局限，将全国各地紧密地联系在一起，充分发挥长三角地区金融资源的效能，服务于全社会。此外，随着各项优惠待遇、税收减免政策的实施，中西部投资环境得以改善，金融资源的利用效率显著提升，使得长三角金融资源溢出效应得以充分发挥。

通过理论分析可以发现，长三角地区金融资源的高度聚集，供需结构不匹配等因素为长三角金融资源的空间溢出创造了必要条件。长三角通过金融人才的自由流动、货币资金的投入、互联网金融的发展等方式再平衡市场的供需结构，一方面为投资者创造了利润，另一方面也缩小了与其他省市间的发展差距。

为量化分析长三角地区金融资源的空间溢出效应，本章采用空间计量方法，通过引入地理距离、经济距离两种空间权重矩阵，对长三角地区与其他省市间的溢出效应进行实证检验，同时为长三角地区如何缩小地区间发展差异并带动其他地区的经济发展提供相应的政策建议。

二、模型设定与数据来源

传统的普通最小二乘法（OLS）难以捕获空间因素对经济增长的影响，现实中，空间集聚与溢出对经济增长的作用不容忽视。从已有研究来看，经济发达地区内部存在明显的溢出效应，以长三角地区为例，上海周边的苏州、无锡、嘉兴等城市的经济发展水平和增速明显高于省内其他同规模城市。为了从宏观层面分析长三角地区对邻近省份和较远的西部地区溢出效应差异，本章在传统计量模型中，引入空间距离权重矩阵。

关于空间计量模型的一系列论述最早出现在吕克·安塞林（Luc Anselin，1988）发表的文章空间计量经济学：方法和模型（*Spatial Econometrics：Methods and Models*）中，该模型主要是用于检验空间外部效应，测度经济变量空间的关联性。具体而言，它关注的是某一区域因变量的变化对相邻区域因变量的影响。

王守坤（2013）指出，空间计量模型中权重矩阵的类型主要包括空间邻接权重矩阵、反距离权重矩阵、经济权重矩阵、嵌套权重矩阵四种类型。本章主要研究长三角地区对其他地区的空间溢出效应，因而主要采用第二种权重矩阵进行计量回归。该权重矩阵假定溢出效应水平取决于地理距离，距离越近的省份，外溢现象越明显。

$$W_{ij} = \begin{cases} d_{ij}^{-\alpha}\beta_{ij}^{b}, & \text{当 } i \neq j \\ 0, & \text{当 } i = j \end{cases} \qquad (2.1)$$

其中，d_{ij} 表示 i 所代表的地区与 j 所代表的地区间的距离；β_{ij} 为两地共享长度占 i 地的总长度比例。

将权重矩阵 W 代入传统空间计量回归模型中，有以下两种表达方式：

空间自回归模型（SAR 模型）

$$y = \rho Wy + \beta_1 X_1 + \beta_2 X_2 + \cdots + \beta_n X_n + \varepsilon, \varepsilon \sim N(0, \sigma^2 In) \qquad (2.2)$$

空间误差项模型（SEM 模型）

$$y = \beta_1 X_1 + \beta_2 X_2 + \cdots + \beta_n X_n + \varepsilon \qquad (2.3)$$

其中：

$$\varepsilon = \rho W\varepsilon + \mu, \mu \sim N(0, \sigma^2 In)$$

SEM 模型和 SAR 模型的区别在于将地理权重放在回归自变量中或直接放在残差项中。本章采用 SEM 模型，通过回归系数 ρ 测度溢出效应大小，若 ρ 绝对值越大，说明空间溢出明显影响了被解释变量大小；反之，则说明外溢现象不明显，与传统回归模型无较大差异。

本章使用 GDP 作为被解释变量，使用金融资源相关的变量作为解释变量，加入城市间的反距离权重矩阵进行回归，以此检验长三角地区内部以及对其他地区的外溢效应。为了使研究结果具有普适性，首先从长三角地区出发，依次往内地延伸，选择长江经济带（湖北、重庆、四川）以及丝绸之路经济带（陕西、甘肃、青海、新疆）沿线省份进行溢出效应回归分析。

金融资源主要包括存贷款、证券成交额、银行同业拆借、保险费用收入等指标，分别代表投融资水平、证券业发展水平、银行机构发展水平以及保险业发展水平。本章中所采用的数据主要为 2016～2017 年按季度统计各样本地区的贷款额（loan）、证券成交额（security）、银行同业拆借额（bank）和保险费用收入（ensurance）的对数值以及 GDP 对数值，数据来源于中经网统计数据库。

SEM 模型回归方程如下：

$$lngdp = \begin{cases} \beta_1 \ln(loan) + \beta_2 \ln(security) + \beta_3 \ln(bank) + \beta_4 \ln(ensurance) + \beta_5 \ln(c) \\ + \beta_6 \ln(i) + \beta_7 \ln(ne) + \beta_8 \ln(i(-1)) + \beta_9 \ln(tech) + \beta_{10} edu \\ + \beta_{11} culture + \varepsilon \end{cases}$$

(2.4)

其中，$\varepsilon = \rho W \varepsilon + \mu, \mu \sim N(0, \sigma^2 \ln)$

式（2.4）中，控制变量包括影响 GDP 的需求侧（消费、投资、进出口额）与供给侧（人力资本、专利技术总量、形成生产的投资：假设其滞后的长度为 1、娱乐教育文化用品及服务的总消费指数）。

第 3 节　实 证 研 究 及 结 果 分 析

一、长三角地区内部溢出研究

为了对比长三角地区金融资源溢出效应的随地理距离与经济距离的变化趋势，本章首先考察长三角三省一市（上海、浙江、江苏、安徽）内部空间溢出。长三角的反距离空间权重矩阵如下：

$$d = \begin{bmatrix} 0 & 0.006123 & 0.003706 & 0.002448 \\ 0.006123 & 0 & 0.004121 & 0.002985 \\ 0.003706 & 0.004121 & 0 & 0.006645 \\ 0.002448 & 0.002985 & 0.006645 & 0 \end{bmatrix}$$

其中，d_{ij} 表示 i 地区与 j 地区间的地理距离的倒数。

使用 SEM 模型对上海、浙江、江苏、安徽间金融资源溢出效应进行逐步回归，结果如表 2 - 1 所示。

表 2 - 1　　　　　　　长三角内部 SEM 模型逐步回归结果

变量（对数）	模型 1	模型 2	模型 3	模型 4	模型 5	模型 6
loan	0.13 ***	0.11 ***	0.10 ***	0.12 ***	0.09 ***	0.11 ***
security		- 0.09 ***	- 0.10 ***	- 0.08	- 0.06	- 0.09 *
bank			0.01		0.01	0.01

续表

变量（对数）	模型1	模型2	模型3	模型4	模型5	模型6
ensurance				0.03	0.10	0.07
c	− 0.50 ***	− 0.50 ***	− 0.49 ***	− 0.49 ***	− 0.50 ***	− 0.51 ***
i						− 0.09
ne	0.38 ***	0.45 ***	0.45 ***	0.41 ***	0.37 ***	0.39 ***
i（− 1）	0.04 ***	0.04 ***	0.03 ***	0.04 ***	0.02 **	0.03 ***
tech	0.14 ***	0.16 ***	0.16 ***	0.17 ***	0.19 ***	0.25 ***
edu	0.28 ***	0.21 ***	0.23 ***	0.20 **	0.20 **	0.24 ***
culture						0.01
W	0.79 ***	0.60 ***	0.55 ***	0.66 ***	0.49 ***	0.52 ***
拟合度	99.9%	99.9%	99.9%	99.9%	99.9%	99.9%

注：***、**、* 分别表示在1%、5%和10%的显著性水平下通过检验。

由表 2 - 1 可知，模型总体的显著性水平很高，金融资源有关变量对经济增长产生非常明显的促进作用，空间回归溢出效应显著，但也存在部分模型自变量拟合度较低的情况，综合比对可以得到长三角内部最优的 SEM 模型为模型 1，其拟合度 0.99，回归系数均在 1% 水平下显著（P < 0.01），最优的 SEM 模型表达如下：

$$\ln(gdp) = 0.13\ln(loan) - 0.50\ln(c) + 0.38\ln(ne) + 0.04\ln(i(-1)) +$$
$$0.14\ln(tech) + 0.28\ln(edu) + \varepsilon, \varepsilon = 0.79W\varepsilon + \mu \qquad (2.5)$$

式（2.5）的外溢系数绝对值为 0.79，这说明上海、浙江、江苏和安徽四省市之间金融联系非常紧密，金融资源对经济增长的外溢效果非常明显。长三角地区的金融资源充分发挥了溢出效应，促进了该地区的经济增长。

二、长三角地区对外经济增长溢出研究

在长三角内部金融资源空间外溢研究结论的基础上，本章引入长江经济带与丝绸之路经济带的各个节点，分析全样本条件下溢出效应的显著程度，以此考察长三角地区乃至全国金融集聚效应的水平，判断内陆地区经济受长三角金融资源正外部性的影响程度。

首先，利用 Python 对 11 个省（区、市）的经纬度进行欧式距离求解，然后对其取倒数，得到反距离权重矩阵。随后，采用 SEM 模型对完全样本金融资源溢出效应进行估计，结果如表 2 - 2 所示。

表 2 - 2　　　　　　　　　完全样本 SEM 模型逐步回归结果

变量（对数）	模型 1	模型 2	模型 3	模型 4	模型 5	模型 6
loan				0.004		0.003
security	0.19***	0.14***	0.10***	0.12***	0.14***	0.20***
bank				-0.01	-0.004	-0.004
ensurance		0.28***	0.29***	0.27***	0.29***	0.24***
c	0.66***	0.60***	0.60***	0.60***	0.60***	0.58***
i	0.18***	0.18***	0.19***	0.18***	0.18***	0.17***
ne	0.02	-0.02			-0.02	-0.02
i（-1）	0.01	0.01			0.01	0.01
tech	0.20***	0.19***	0.15***	0.17***	0.19***	0.22***
edu	0.25***	0.12**	0.15***	0.13**	0.12**	0.09
culture	0.01	-0.02			-0.001	-0.002
W	0.88***	0.88***	0.83***	0.85***	0.88***	0.92***
拟合度	97%	98%	99%	98%	98%	98%

注：***、**、*分别表示在 1%、5% 和 10% 的显著性水平下通过检验。

根据表 2 - 2 可以得到，模型的整体显著性水平非常高，回归系数表明证券业和保险业对经济增长产生了明显的正面影响，大部分模型显示城市间存在明显的集聚效应，空间回归溢出系数显著，超过 97%，综合比对模型 1 至模型 6 得到最优 SEM 模型为模型 3，其拟合度 99% 和系数显著性高，表达如下：

$$\ln(gdp) = 0.10\ln(security) + 0.29\ln(ensurance) + 0.60\ln(c)$$
$$+ 0.19\ln(i) + 0.15\ln(tech) + 0.15\ln(edu) + \varepsilon,$$
$$\varepsilon = 0.83W\varepsilon + \mu \tag{2.6}$$

式（2.6）的外溢系数为 0.83，略高于长三角地区内部的外溢系数

（0.79），这表明，溢出效应并非随着地理距离的增大而减弱。就经济直觉而言，长三角地区金融资源对千里之外的新疆、青海、甘肃等一系列地域经济增长的影响效果非常有限。但由于全样本中还包含了其他经济圈，由此推高了整体溢出效应。长三角地区应该努力对内陆地区产生金融扩散效应，通过弱化地理距离对经济增长的约束，促进正外部性的有效溢出，加大对偏远地区省、市的扶持力度，促进偏远地区金融资源整合，提高偏远地区经济增长速度。

三、距离对权重走势的影响

为了探究长三角地区金融资源外溢效应随地理距离变化而变化的趋势，本章紧接着对溢出效应水平进行逐步回归，具体而言，以长三角为中心，按每300千米间隔将整体区域划分为6个小段（D1~D6），对每一小段所纳入的所有节点进行一次回归分析，以此判断长三角金融资源溢出效应影响幅度随着地理距离延长而发生的波动变化，模型回归系数（绝对值）详细结果如表2-3所示。

表2-3　　　　权重系数随地理距离变化的 SEM 模型回归结果

变量（对数）	D2	D3	D4	D5
loan	0.08 ***	0.06 ***	0.09 ***	0.17 ***
security			0.04 **	0.21 ***
bank			0.03 ***	
ensurance	0.15 ***	0.16 ***	0.17 ***	
W	0.58 ***	0.54 **	0.53 **	0.95 ***
拟合度	99.9%	99.8%	99.9%	95.6%

注：D(i) = D(i-1) + 300，D1详见表2-1，D6详见表2-2。***、** 分别表示在1%和5%的显著性水平下通过检验。

如上所述，所有模型的反距离权重矩阵都对经济增长产生正的影响，在其回归系数的显著均值1%水平上显著。通过筛选，其中D1、D3、D4、D5、D6采用模型4的拟合度可达到85%以上，D2采用模型6效果最佳，拟合度高达99.9%。综合拟合度和显著性水平，得到每个阶段最优权重系数如表2-4所示。

表 2 – 4		最优权重矩阵系数变化趋势			
D1	D2	D3	D4	D5	D6
0.79	0.58	0.54	0.53	0.95	0.83

其平滑散点图走势如图 2 – 1 所示。

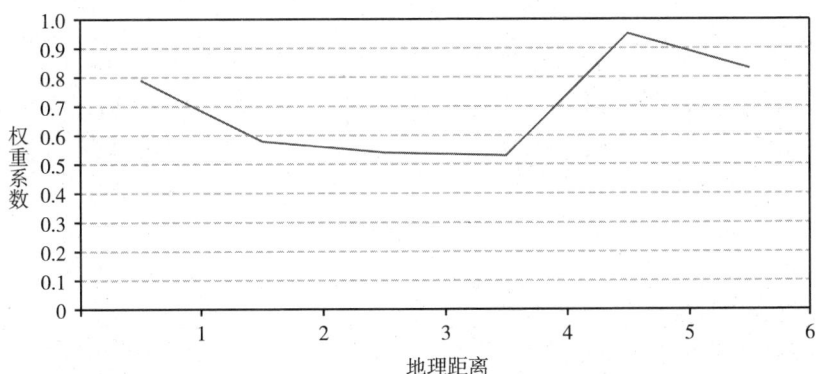

图 2 – 1 系数变化平滑散点图

可以发现，在 D1 ~ D4 区间，系数变化呈现先快后缓的趋势，但在 D5 时突然上升，然后 D5 ~ D6 区间又再次下降。

出现波峰的主要缘由在于 D3 与 D4 区间包含了成渝地区和陕西西安在内的"西三角"经济圈，属于我国西部最发达的区域，其经济增长速度相比邻近省份优势明显，但由于本章所采用的空间计量回归模型权重矩阵为地理距离，因而在某种程度上忽略了经济距离对溢出效应产生的影响，所以出现地理距离远、但回归系数大的波动现象，这说明，长三角地区对于经济距离较近的"成渝西"地区产生了比较显著的溢出效应，长三角聚集的金融资源对"西三角"地区经济发展产生了明显的正外部效应，加速促进了该地区城市的经济发展。

总体而言，回归系数随地理距离下降的趋势并没有发生太大的变化。地理距离的扩大降低了金融资源溢出对经济增长的促进作用，从 D1 ~ D4（长三角地区到成渝地区）的变化情况来看，其下降速度表现为先快后缓，这说明，长三角地区对外溢出效应相比对内溢出效应的衰减速度更快，长三角和湖北省之间的地理距离虽然较短，但金融资源溢出效果与上海、浙江、安徽和江苏等内部省、市而言大幅降低，之后随着地理位置再次延伸再呈现出缓慢下降的趋势。

四、经济距离对溢出效应的影响

通过上文分析可以发现，长三角对经济较为发达的"成渝西"地区产生的溢出效应明显强于其他省份，这说明了经济距离的差异对 SEM 模型回归结果会产生明显的影响。根据相关文献所述，权重矩阵 W 的差异会对计量模型的结果产生不同的效果。为了更稳健地研究长三角地区金融资源的溢出效应，本章引入基于经济距离的空间权重矩阵，使用 2017 年底人均 GDP 的倒数指标来分析经济距离对溢出效应的影响。经济距离空间权重矩阵设定如下：

$$W_{ij} = \begin{cases} \dfrac{1}{|X_i - X_j|}, \text{当} i \neq j \\ 0, \text{当} i \neq j \end{cases} \tag{2.7}$$

其中 X_i、X_j 分别表示 i、j 地区 2017 年的人均 GDP。回归最优模型如表 2 - 5 所示。

表 2 - 5　　　　　　　　最优经济距离 SEM 模型逐步回归结果

变量（对数）	模型 1	模型 2	模型 3	模型 4	模型 5
loan		0.06 **	0.07 ***		
security	- 0.07 ***		- 0.03 **		
bank	0.02 **	0.02 *	0.01 *		
ensurance	0.19 **	0.16 ***	0.12 ***	0.38 ***	0.37 ***
W	0.87 ***	0.37 ***	0.49 **	0.23 *	0.27 ***
拟合度	99.9%	99.8%	99.9%	99.3%	99.4%

注：经济距离的扩大以与上海人均 GDP 差异的倒数来判断；*** 、** 、* 分别表示在 1%、5% 和 10% 的显著性水平下通过检验。
模型 1：长三角四省、市
模型 2：加入湖北、重庆（0.16）
模型 3：加入陕西（0.14）
模型 4：加入四川、青海、新疆（0.12）
模型 5：加入甘肃（0.1）

由表 2 - 5 和图 2 - 2 可知，经济距离权重系数的变化呈波动下降趋势，权重系数由模型 1 的 0.87 渐次下降至模型 5 的 0.27，降幅高达 69%。这说明，随着经济距离的扩大，金融资源的外溢效应不断衰减。值得注意的是，在经济距离权重矩阵的模型中，一旦将研究范围扩展到长三角之外，金融资源溢出效应的影响力会大幅下降，这一点与地理距离权重矩阵模型的结论相近。

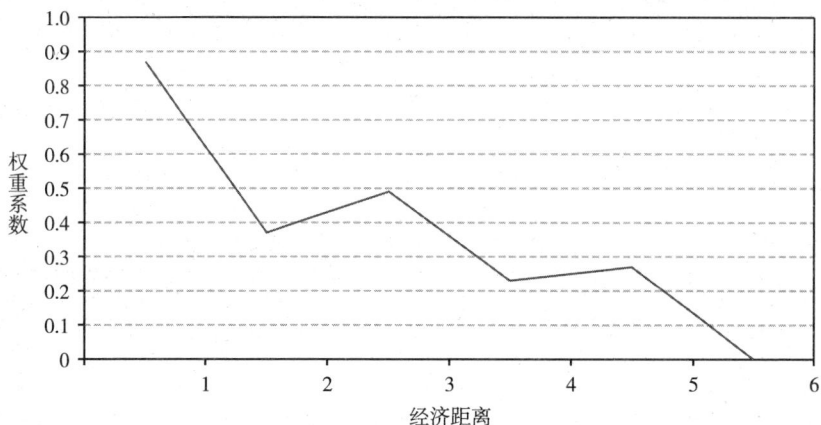

图2-2 经济距离权重系数走势

五、复合权重矩阵

由上文分析可以得到如下初步结论。

（1）地理距离权重系数呈现先快后慢的下降趋势，地理区位束缚了长三角地区金融资源的外部性效果；其他经济圈的外部效应也会显著影响长三角金融资源的溢出效应。

（2）经济距离权重系数呈现波动式下降趋势，经济发展水平越高的地区受长三角金融资源正外部性的影响越明显，长三角内部的溢出效应明显强于对外部区域的溢出效应。

（3）无论空间权重系数是基于地理距离还是基于经济距离，研究范围一旦扩展至长三角以外，长三角金融资源的外溢效应都将显著下降。

地理距离和经济距离对长三角地区金融资源的外溢效果都产生了无法忽略的影响。因而，研究长三角地区的外部性是不能只考虑单个方面。受地理距离影响的金融资源主要涉及金融人才的流动性、待投资项目的内在价值、资源开发水平以及运输成本等，而受到经济距离影响的金融资源主要涉及互联网发展水平、金融平台及信息技术，金融市场完备性等。为了更加全面地分析长三角金融资源的外溢，本章尝试引入全新的复合权重矩阵，旨在说明地理距离和经济距离对外溢效应的共同影响程度。复合权重矩阵设定如下：

$$W_{ij} = W_{ij}^d W_{ij}^e \tag{2.8}$$

其中，W_{ij}^d为地理权重，W_{ij}^e为经济权重。此外，根据经济与地理距离的复合单调性，将研究区域划分为四个部分，分别为：D1：长三角内部四省、市；D2：引入湖北省；D3：引入重庆市、陕西省；D4引入全部省（区、市）。

$$\ln(gdp) = \delta\ln(loan) + \theta\ln(bank) + \varphi\ln(ensurance) + 控制变量 + \varepsilon \quad (2.9)$$

其中，$\varepsilon = (W^d W^e)\varepsilon + \mu$。

逐步回归结果如表2-6所示。

表2-6　　　　　　　最优复合权重SEM模型回归结果

变量（对数）	D1	D2	D3	D4
loan	0.13 ***	0.26 **	0.68 ***	0.39 ***
security		0.37 ***	0.28 ***	0.48 ***
bank	0.04 ***	-0.22 *	-0.14 ***	-0.11 ***
ensurance	0.34 ***	0.92 ***	0.26 ***	0.29 ***
W	0.96 ***	0.66 ***	0.43 ***	0.56 ***
拟合度	84%	94%	96%	93%

注：***、**、*分别表示在1%、5%和10%的显著性水平下通过检验。

由表2-6可知，复合权重距离系数的变化与经济距离存在共同点。首先，长三角内部的溢出效应远高于长三角的外部。其次，复合之后的权重矩阵对应系数随距离的变化幅度并不大，这也说明长三角地区金融资源产生的对外溢出程度非常有限，现在的外部效应受到了经济发展水平差距的严重制约。由此可知，经济环境的改善是缩小中西部发展差异的主要动力之一；而交通的改善在一定程度上也起到了辅助的作用。如何打破长三角与其他地区间的地理屏障和经济屏障是长三角地区应该积极解决的重大任务，是实现缩小东西部居民收入水平差异，加快脱贫攻坚的引擎。

第4节　结论及建议

一、结论

本章采用了地理、经济距离权重的空间误差计量模型（SEM）实证检验了长三角地区金融资源对长江经济带和丝绸之路经济带的经济增长溢出效果，

得到如下结论:

首先,长三角内部三省一市的溢出效果非常明显,外溢系数已经达到0.79 的较高水平。但随着地理距离的扩大,外溢系数逐渐下降,其速度为先快后慢,这说明长三角地区内部聚集的金融资源并没有对外部地区产生很强的溢出效应,地理距离(市场分割)使得金融资源的外溢效应在长三角以外地区大幅衰减。

其次,经济距离较小的"西三角"地区受到长三角金融资源外溢影响较为明显。这说明,金融资源跨越了地理位置产生的距离,使较为发达的地区与其紧密联系在一起,金融资源的影响也有效地促进了临近经济距离地区的发展,但其幅度与长三角内部间比还是出现了较大下降,这也说明经济距离的缩短并没有体现出其打破地理隔阂而产生的显著效应。

最后,无论是地理层面、经济层面还是复合权重层面,长三角内部的外部效应都远远高于外地。

综上所述,长三角地区金融资源在内部聚集的现象比较明显;但地理隔阂以及经济差异使得对外溢出效果显著下降。如何打破长三角地区与其他地区之间的地理屏障和经济屏障是长三角地区应该积极思考的问题,而金融资源的合理配置将会更好地缩小长三角与其他地区间的发展水平距离,发挥其缩小贫富差距的作用和使命。

二、政策建议

金融资源的空间分布差异将阻碍区域经济协调发展,而空间溢出效应可以弱化这种差异。建立多层次的区域金融中心,加强区域金融合作,能有效缩小区域金融资源存在的差距,促进地区之间平衡发展。

长三角地区拥有国内最丰富的金融资源,高度聚集的金融资源有效地促进了长三角地区内部经济的发展,但是长三角的金融资源溢出效应对其他地区的辐射带动能力有限,为了缩小地区之间存在的差异,带动其他地区的经济发展,长三角地区也需要承担很大的责任。

首先,对于经济距离较小的地区,应该加大金融资源的共享程度,通过互联网金融平台或增设地区金融分支机构的方式,促进其他地区金融资源的形成,带动经济发展。

其次,对于距离较远并且经济水平差异较大的地区,应该采用"一对一"形式的帮辅、加速金融人才流动、提供政策优惠等方式,促进长三角地区和其他地区合作项目的形成，并带动当地金融市场的发展和实体经济的繁荣，有效缩小和其地区之间存在的差异，转变经济发展方式，提高经济发展质量。

再次，有效利用金融资源，加快基础道路设施的建设，促进高铁经济圈的发展也是打破我国东西部地区间地理屏障的重要措施之一，通过道路交通改善，能够更好地辐射到偏远贫困地区，实现资源的有效整合，促进精准脱贫，提高经济发展水平。

最后，长三角地区金融业应该主动承担起示范性的作用。其中，提高我国金融业的对外开放水平、推动金融改革、加快金融创新速度是长三角地区应负担的重要使命。要通过大量引进金融人才、优化现有的金融技术、设计先进安全的金融产品、提供优质温馨的金融服务，提高国际市场的竞争力、影响力，在不断变化的国际环境之下有效地推动我国经济高质量发展。

第3章

长三角地区高失业和高岗位
空缺问题研究

　　"十三五"以来，随着生育率逐步降低、人口老龄化不断加剧，中国劳动力市场的非均衡问题日益突出：一方面，广大农村仍然存在闲置和低效的富余劳动力，城市失业人口却在增加；另一方面是"返乡潮"等因素引发的城市"用工荒"问题。长三角地区作为我国经济最发达地区，每年吸引着数量庞大、类型各异的外来务工人员来此就业。中西部劳动力大量涌入长三角地区，缓解了我国的隐性失业问题。2018年长三角三省一市劳动力市场就业人员数量高达9 962.56万，占全国劳动力总数的12.84%。长三角地区劳动力市场活跃程度高且具有代表性。作为我国的发达地区，长三角劳动力市场呈现的特征事实、机制和规律性，往往领先全国5~10年出现。因此，研究长三角地区的劳动力市场，对研究全国劳动力市场具有前瞻性指导意义。

　　我们对江浙沪劳动力市场数据的统计分析表明，长三角地区劳动力市场存在高失业率和高岗位空缺并存的现象。基于劳动力同质性假设的传统经济学理论对这种现象的解释力十分有限。因此，我们基于劳动力和劳动力市场的异质性假设，根据受教育水平和户籍状况将劳动者划分为高技能本地居民、低技能本地居民、高技能外来务工人员、低技能外来务工人员四种类型，通过扩展的搜寻匹配模型研究异质性劳动力流动对劳动力市场均衡的影响机制，利用参数校准和数值模拟分析方法尝试解释引致劳动力市场非均衡的具体原因。

第 1 节　研究背景与文献回顾

随着我国经济转型升级以及社会环境不断变化，长三角地区劳动力市场环境状况变得愈加复杂。具体表现在以下三个方面。第一，就业岗位不断细化。生产部门正逐步摆脱对廉价劳动力的依赖，对劳动者的需求呈现多样化趋势。第二，该地区已经顺利进入低出生率、低死亡率以及低自然增长率的阶段，成功实现了人口结构转变。这给劳动力市场带来较为严重的负面影响，具体表现为人口红利将会逐渐减少甚至消失，新增的劳动者数量无法填补即将"退出"的劳动力留下的空缺。第三，劳动力市场行业差异和劳动者个体差异持续扩大。分行业来看，就业人员在三次产业之间出现了明显的转移现象。长三角三省一市第一产业就业人员数量减少明显，从 2000 年的 4 969.06 万人减少至 2018 年的 2 597.18 万人，占比从 43.50% 下滑至 18.10%。第二、第三产业吸纳劳动力能力稳步提升，第二产业就业人员占比从 2010 年的 28.48% 上升至 2018 年的 37.99%，第三产业占比从 2000 年的 28.02% 上升至 2018 年的 43.91%。从劳动力个体情况看，新增劳动力学历水平提升明显，2017 年大学专科及以上劳动者占比为 28.59%，相较于 2010 年的 13.65% 提高了一倍。用人单位对劳动者学历要求也明显提高，对初中学历及以下的劳动者需求出现了明显下降，由 2008 年的 37.46% 下降至 2015 年的 21.36%[1]。

复杂的劳动力市场使得长三角地区劳动力市场非均衡问题十分严重，一方面，经济长期高速增长态势并未带动劳动力市场就业规模显著扩大；另一方面，现阶段劳动力市场的主要问题已经不再是单纯的失业问题，取而代之的是劳动力市场高岗位空缺与高失业并存。

庇古（Pigou，1912）最早关注到劳动的异质性问题，他曾在《财富与福利》一书中对劳动者的质量问题进行了深入研究，他发现对劳动者进行再教育和技能培训有助于提高其生产效率[2]。如今劳动力异质性越来越频繁地出现在学者们的文献中，贝兰特（Bellante，1979）以劳动者受教育年限、年龄以及种族作为异质性劳动力分类标准，通过构建异质性劳动力流动模型研究了地区工资差异持续扩大的具体原因。华尔兹（Walz，1997）将流动劳动力根据

---

① 资料来源：《长三角三省一市统计年鉴》。

② A. C. Pigou. Wealth and Welfare [M]. London：Macmillan，1912：176.

其技能水平区分为高技能和低技能两种类型，研究了高技能劳动力的流动对流入地区劳动生产情况以及产业结构变化的影响。阿西莫格鲁（Acemoglu，2001）基于劳动者和劳动力市场均存在异质性的假设前提，设定劳动力市场中分别存在好劳动者和坏劳动者以及好工作和坏工作，研究发现，由于最低工资标准和失业救济的存在使得好工作在劳动力市场占有更好的位置。库达拉斯（Cuadras，2006）等学者将劳动力的学历和技能差别作为衡量指标，对劳动力异质性进行了详细划分，研究分析了异质性劳动者在劳动力市场中的就业摩擦问题。周亚和李克强（2006）依据劳动者受教育程度的差异，将劳动力区分为初级劳动者和高级劳动者两类，通过研究发现，初级劳动者可以通过人力资本的投资转变为高级劳动者，并且市场中劳动力结构的变化会影响经济的增长速度。赵伟和李芬（2007）以劳动者接受正规教育的时间为依据将流动劳动力划分为高技能与低技能两种类型，利用拓展的新经济地理学经典模型研究发现，异质性劳动力流动对区域收入差距会产生显著的影响。

在劳动力供给异质性方面，霍西奥斯（Hosios，1985）研究认为劳动力异质性会增加就业市场的不确定性，加大失业劳动者与空缺岗位匹配成功的难度，导致失业率增加。皮萨里德斯（Pissarides，1985）、莫滕森和皮萨里德斯（Mortensen & Pissarides，1999）将劳动力异质性纳入搜寻匹配模型，从微观视角分析了劳动力市场存在的非均衡问题。帕诺特（Parrotta，2014）研究表明，由于社会背景、受教育水平以及地域差别等因素存在差异，使得劳动力异质性客观存在，异质性劳动力拥有的不同生产效率会加大企业之间的差异，进而使得劳动力市场较难达到出清状态。

在劳动力需求异质性方面，亚希瓦（Yashiv，2007）按照技能程度将生产力划分为"好"与"坏"，研究了劳动力市场的失业、职位空缺以及劳动者和企业之间的搜寻匹配过程。克鲁塞尔等（Krusel et al.，2000）认为"二战"之后，劳动力市场发生了非常大的变化，企业引进新型生产设备的倾向使得高技能劳动力需求加大，导致技能溢价越来越明显。邓曲恒和约翰·奈特（2011）利用刘易斯模型实证分析了决定我国农民工流动的主要影响因素，研究发现，由于制度约束的客观存在且短时间内很难改变，民工荒和农村剩余劳动力并存的现象仍有可能持续存在。从劳动力需求角度看，企业岗位需求的异质性是影响劳动力市场均衡的重要因素，使得劳动者在区域、行业、企业之间的转换存在一定的障碍，导致劳动力市场出现非均衡。

现阶段我国劳动力市场非均衡问题日益突出，已经从单纯的失业问题演变成为"用工难"与"就业难"并存的问题。传统的劳动力经济学已无力解释这样的问题，因此，国内学者也尝试以劳动力异质性为切入点，从劳动力供给侧研究劳动力市场非均衡问题。樊小钢（2002）研究发现，在我国实现经济转型升级的过程中，数量庞大但是文化素质较低的劳动力供给与技术进步对劳动力的质量要求之间的矛盾在未来很长时间内都是难以调和的。何亦名与朱卫平（2008）研究发现，由于劳动力市场分割，使得应届毕业的大学生需要花更长搜寻时间和更大搜寻成本才能找到比较合适的工作，同时也会引发大学生摩擦性失业现象。

在搜寻匹配模型研究方面，乔治·斯蒂格勒（George Stigler，1962）首创性地将"搜寻"概念引入到劳动力市场中。之后，皮萨里德斯（Pissarides）提出了用"搜寻匹配"的思想来研究劳动力市场非均衡问题，他在职位分布已知的假定下，研究了单独劳动力一方对岗位的搜寻匹配过程（Pissarides，1985）。"搜寻匹配"思想的提出为劳动经济学开辟了一条崭新的研究道路。此后有大量学者沿着这条道路，不断改进和完善这类模型。约万诺维奇（Jovanovic，1979）、萨金特（Sargent，1987）进一步对搜寻匹配模型进行了拓展，放松了模型中劳动力离散的搜寻过程的假定，研究连续搜寻方式下劳动力的搜寻匹配过程，并利用该模型基于劳动异质性假设研究了欧洲和美国失业问题。莫滕森和皮萨里德斯（Mortensen & Pissarides，1994）确定了基准的搜寻匹配模型，并利用该模型详细分析了岗位设立和破坏的最优决策，同时也对劳动力市场均衡的失业率、空缺岗位比率等问题进行了分析。2010年德蒙德、莫滕森和皮萨里德斯（Diamond，Mortensen & Pissarides）因对搜寻匹配模型做出了重要贡献，并将劳动经济学发展到一个新的高度，而获得了诺贝尔经济学奖。查桑布利和帕里沃斯（Chassamboulli & Palivos，2014）在基础的劳动力市场搜寻匹配模型中添加了劳动者技能异质性、劳动力市场异质性、搜寻成本差异等设定，分析了2000～2009年美国"移民潮"对当地劳动力市场的影响。研究发现，技能偏向型移民能够提高国民的工资水平，降低失业率。阿尔布雷希特和弗罗曼（Albrecht & Vroman，2002）基于劳动力存在高技能和低技能的差别假设，利用搜寻匹配模型详细研究了均衡状态下的失业率和工资水平决定问题。

我国利用搜索匹配模型对劳动力市场进行研究的文献非常少，现有的文献集中在对外国搜寻匹配模型的综述。我国大多数学者已经肯定了劳动力异质性和劳动力市场异质性的客观存在，并且认可了其对劳动力市场均衡和微观个体选择的影响。但是，国内劳动力市场文献依然基于同质性假设，对劳动力市场的解释力度不够。仅从劳动力供给与劳动力需求角度分析中国劳动力市场问题，往往只能够解释劳动力市场可能存在的供过于求的失业问题或者可能存在的供不应求的劳动力短缺的问题，难以精准解释我国劳动力市场高失业与高岗位空缺并存的状态，也就是"就业难"和"用工荒"并存的问题。基于上述原因，本章采用查桑布利和帕利沃斯（Chassamboulli & Palivos，2014）对异质性劳动力的设定，即假设劳动力分为高技能本地、高技能外来、低技能本地和低技能外来等四种类型，结合长三角的特征事实，从劳动力和空缺岗位自身的特征和相互选择过程出发，构建了长三角地区劳动力市场的搜寻匹配模型，进而对该地区劳动力市场的非均衡问题进行深入剖析。本章的贡献主要在以下三个方面：（1）使用搜寻匹配模型，从劳动力异质性角度考察长三角高失业与高岗位空缺问题。深化扩展了长三角劳动力市场失业与岗位空缺问题的研究。（2）将模型中劳动者的议价能力参数内生化，使理论模型能够充分反映长三角现实经济中劳动者议价能力的动态性和异质性。（3）现有的异质性模型多考虑外来劳动力数量变化的影响，而将本地劳动力数量校准为固定参数。这与长三角本地劳动力市场结构的剧烈变动事实明显不符，为此，本章把长三角本地与外来劳动力的数量都作为变量处理。

　　学术界对劳动力异质性并没有统一的界定标准，普遍的做法是将异质性定义为劳动者人力资本的差异。这样的界定显然是不全面的，为此，本章对劳动力异质性概念界定如下：异质性是相对同质性而言的，同质性是指样本空间中每个观测值属性具有一致性；相应地，异质性是指样本空间中每个观测值个体特征具有差异性，个体特征的分布越分散，异质性越高。国外文献中对劳动力异质性的划分主要有以下两种标准：一是按照劳动者的学历水平划分；二是按照是否拥有相应技术职称划分。在西方成熟的劳动力市场中，用人单位会更看重劳动者在正规教育之外个人技能提升和素质的提高。在我国劳动力市场中，有关技术职称的数据收集异常困难，且用人单位对劳动者的学历文凭的偏好程度远大于西方。我国劳动者拥有的学历文凭有以下三方面的特征：首先，应届毕业生在初次就业过程中，学历水平和文凭是求职成功的关键因素，一般情况下，学历水平越高越容易找寻到合适的工作，同时在劳动者再就业过程，学历文凭仍然会发挥着较为重要的作用；其次，劳动者在工作岗位上职位的升迁与调动一般都与其学历文凭、技能职称有着密不可分的关系；最后，大量实证研究发现，现阶段中国劳动力市场中劳动者的工资水平与其受教育水平呈现显著的正相关关系，同时受教育年限也是计算人力资本投资及其回报率的重要依据。

　　鉴于此，本章从技能水平和户籍状况定义劳动力异质性。我们将接受教育的年限以及是否取得相应的文凭作为区分高技能劳动力与低技能劳动力的标准，将拥有大学专业或者大学本科学历及以上者归类为高技能劳动力，将拥有高中学历及以下者归类为低技能劳动者。一般情况下，外来务工人员指本市各类企事业单位雇佣的非本市城镇户口的职工，具体包括外地城镇以及农村劳动力、本市农村户口。本地居民指户口在本地的居民。本章中的本地居民是指户口在上海、浙江或者江苏的劳动力，能享受所在辖区的社会保障福利。外来务工人员指长三角地区企事业单位雇佣的户口在非上海、浙江或者江苏的劳动力，无法与本地居民享受同等社会保障福利。

本章的以下部分是这样安排的：第二节利用统计数据分析展示长三角地区劳动力市场的非均衡特征，第三节构建长三角地区劳动力市场的搜寻匹配模型，第四节校准参数并作数量化分析，最后一节是研究结论。

第 2 节　长三角劳动力市场非均衡特征

根据人力资源和社会保障部公布的部分城市公共就业服务机构市场供求状况分析报告可以看出，2018 年第三季度，东部地区企业用人需求较上一年增加了 2.3 万人，但求职人数却减少了 19.7 万人，劳动力供给无法满足岗位需求，其中，长三角的两大核心城市——上海和南京的求人倍数①分别高达 1.67 和 1.32。从图 3 - 1 可以看出，近十年来上海和江苏岗位空缺与求职人数的比

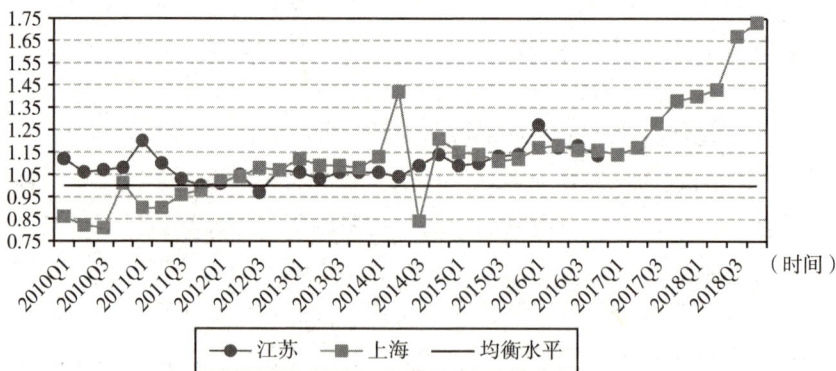

图 3 - 1　上海市和江苏省劳动力市场季度求人倍数变化

资料来源：《江苏省公共就业服务机构市场供求状况分析报告》和《部分城市公共就业服务机构市场供求状况分析报告》。

————————

①　求人倍数 = 岗位空缺 ÷ 求职人数

率总体上呈不断上升趋势，这说明长三角地区劳动市场供求关系发生了巨大变化，逐渐由之前的供过于求转变为现阶段的供不应求，劳动市场高岗位空缺现象越来越严重。

长三角地区愈来愈多的用人单位对劳动者学历水平有明确的要求。以江苏为例，该省 2016 年第二季度的调查数据显示：用人单位对初中及以下、高中、大学专科、大学本科及以上劳动者的需求占比分别为 21.3%、36.49%、19.84%、14.19%。在广大求职者中，拥有初高中及以下文化程度者仍是主体，占比为 65.36%，硕士以上学历求职人数大幅增加，增幅约为 26%，而居于中间学历层次的职高、技校、中专求职者降幅高达 14.97%。该数据一定程度上反映了长三角地区求职者的学历差异存在分化趋势。

从图 3-2 可以看出，劳动者学历水平的提高并没有弱化劳动力市场供求非均衡问题，相应的劳动者学历越高，相应的供求差异越大，学历水平越低，劳动力的求人倍数越接近于 1。同时，从图 3-2 的变化趋势可以看出，在人口自然增长率下降以及人口红利衰减的影响下，初中及以下、高中学历水平的劳动力出现了明显的供不应求局面，低技能岗位"用工荒"现象较为严重。

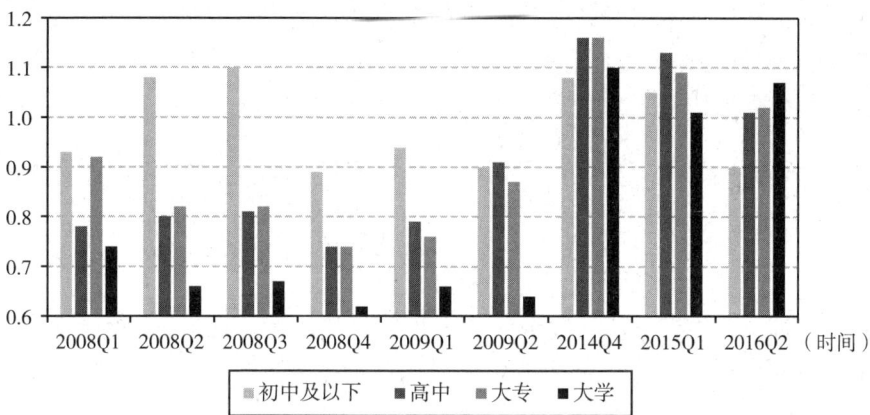

图 3-2　大学及以下学历季度求人倍数

资料来源：《江苏省公共就业服务机构市场供求状况分析报告》。

此外，从图 3-3 可以看出，劳动力市场中硕士学历水平劳动者的供求比率波动较大，但是从总体上看，空缺岗位与求职人数的比率基本上大于 1，说明劳动力市场对高学历的劳动者需求量大，但是符合条件的劳动者数量却不足以填补空缺的岗位。

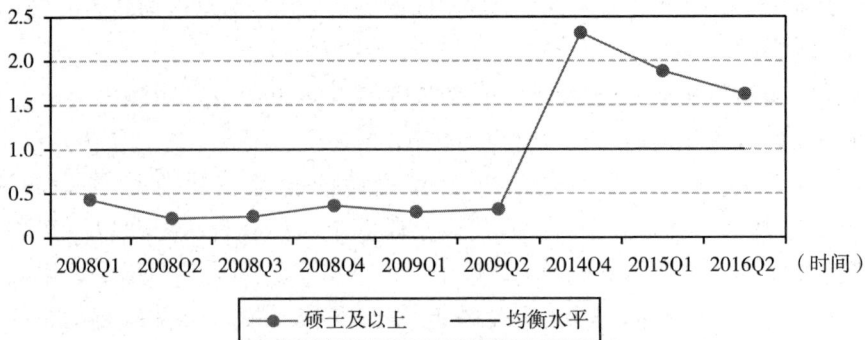

图 3-3 硕士学历季度求人倍数

资料来源：《江苏省公共就业服务机构市场供求状况分析报告》。

中国官方统计数据采用城镇登记失业率表示我国城镇失业水平，但是其统计口径过于狭窄：一方面统计的年龄范围较为狭窄，16 岁以上 50 岁以下男性劳动者、16 岁以上 45 岁以下女性劳动者，年龄上限并未达到我国法定退休年龄；另一方面统计范围并未包括进行登记的失业人员以及在城镇工作但是没有当地户口的劳动者。目前，很多国家采用国际劳工组织（ILO）定义的城镇调查失业率指标，对本国的失业状况进行调查和估计。本章借鉴蔡昉、王美艳（2004）的方法对国家统计局的数据进行处理加工，估算出长三角地区城镇调查失业率。具体估算方法如下①：

$$城镇调查失业率 = \frac{城镇失业人口数}{城镇经济活动人口数} = \frac{城镇经济活动人口 - 城镇就业人口}{城镇经济活动人口}$$

$$= \frac{经济活动人口 - 乡村从业人口 - 城镇就业人口}{城镇经济活动人口}$$

根据本章的估算方法，我国的调查失业率整体上呈现上升趋势，2015 年调查失业率达到 5.81%，说明近年来我国劳动力市场失业现象较为严峻，如图 3-4 所示。

---

① 该城镇调查失业率估算过程中假定农村从业人员数量等于农村经济活动人口数，因此，此处农村经济活动人口的失业率等于零。因为在中国农村普遍实行家庭联产承包责任制，农民基本上处于就业状态，所以这个假定不会存在较大的误差。

（%）

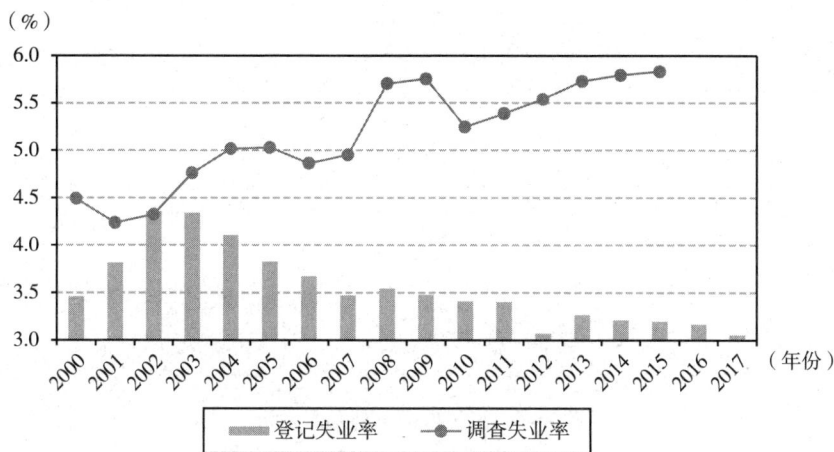

图 3-4 长三角地区城镇登记失业率与估算调查失业率

资料来源：根据长三角各省统计年鉴数据整理计算所得。

第3节 劳动力市场工作匹配与搜寻匹配模型

本节模型基本假定如下。第一，劳动者以及劳动力市场均存在异质性。假设所有劳动者的生命具有时间连续性且均为风险中性，模型中的劳动者共有四种类型：（1）本地高技能型劳动者；（2）外来高技能型劳动者；（3）本地低技能型劳动者；（4）外来低技能型劳动者。所有劳动者的类型都是外生决定，并且不同类型的劳动者之间不可以转换。根据企业发布招聘岗位所需的劳动者类型，将空缺岗位区分为高技能型岗位与低技能型岗位，并假定高技能者直接搜寻高技能型岗位，而低技能者直接搜寻低技能型岗位，劳动力交易市场不存在交叉搜寻行为。第二，异质性劳动者的搜寻成本存在差异。由于拥有的社会保障、失业救济、技能培训以及社交人脉网等差异，本地劳动者的搜寻成本小于外来劳动者的搜寻成本，高技能劳动者的搜寻成本小于低技能劳动者的搜寻成本。第三，企业投入劳动和资本两种要素进行生产。其中，劳动要素由高技能和低技能两种劳动通过常替代弹性（CES）加总得到。企业工作岗位的数量是内生的，由企业利润最大化决定，任何企业都可以自由地发布空缺的岗位并从事招聘活动，但是每个企业在劳动力市场交易过程中每次至多只能发布一个岗位空缺。模型的基本框架如图 3-5 所示。

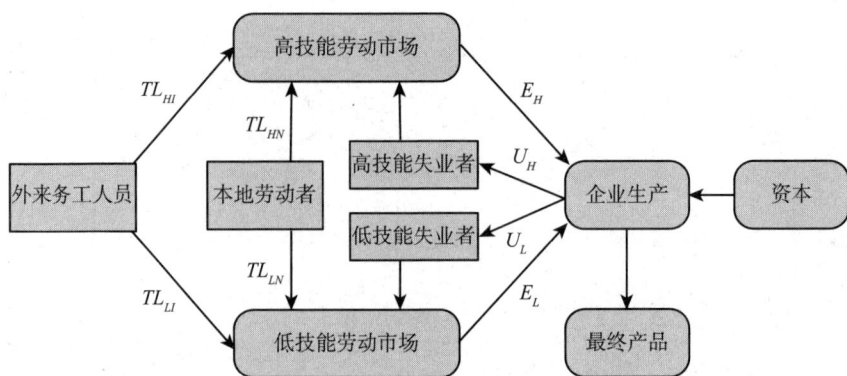

图 3-5　搜寻匹配模型基本结构

一、匹配函数

由于异质性、信息不完全性的客观存在，劳动力市场的交易行为对企业和工人双方来说都是耗时并且代价很大的，匹配函数给出了劳动力市场交易过程中企业和失业工人投入时间和资源产生的结果，假定 $U_{i,t}$ 表示 t 时期 i 型失业工人的数量，$V_{i,t}$ 表示 i 型岗位空缺的数量，其中 $i = H,\ L$（H 表示高技能型，L 表示低技能型）①。同时模型还假定劳动力市场中只有 $U_{i,t}$ 个失业工人和 $V_{i,t}$ 个空缺岗位涉及匹配过程，不存在劳动者在职搜寻工作的现象，并且时间是连续的，则在每单位时间内所实现的岗位匹配数量为 $M_{i,t}$：

$$M_{i,t} = M(U_{i,t}, V_{i,t}) \tag{3.1}$$

式（3.1）即为匹配函数，参照基准的搜寻匹配模型的设定（Romer，2012），该匹配函数关于各自变量均是递增的、凹的且一阶齐次的。在任意时点上，空置岗位和失业工人是随机匹配的，使得岗位匹配过程是一个泊松过程，为方便起见，引入比率 $V_{i,t}/U_{i,t}$ 作为单独变量 $\theta_{i,t}$，将空缺职位完成填补的速度记为：

$$\frac{M(U_{i,t}, V_{i,t})}{V_{i,t}} = q(\theta_{i,t}) \tag{3.2}$$

式（3.2）表明在一个很小时间区间 t 内，一个空缺的岗位和一个失业工人通过各自搜寻过程实现匹配的概率为 $q(\theta_{i,t})t$，因此一个岗位空缺的平均时间为 $1/q(\theta_{i,t})$，并且 $q'(\theta_{i,t}) \leq 0$。将失业工人找到工作的速度记为：

---

① 下文均以 $i = H,\ L$ 分别表示高技能和低技能。

$$\frac{M(U_{i,t}, V_{i,t})}{U_{i,t}} = m(\theta_{i,t}) \qquad (3.3)$$

同理，式（3.3）表明工人从失业状态转变为就业状态的平均时限为 $\theta_{i,t}/q(\theta_{i,t})$，由上述两式可知 $\theta_{i,t} = \frac{m(\theta_{i,t})}{q(\theta_{i,t})} = V_{i,t}/U_{i,t}$，$\theta_{i,t}$ 表示 t 时期 i 型劳动力市场的松紧度，上述两个函数都依赖于 $\theta_{i,t}$，由于 $m(\theta_{i,t})$ 和 $q(\theta_{i,t})$ 分别是关于 $\theta_{i,t}$ 的增函数与减函数，所以当空缺岗位数量相对于失业工人数量增大时失业工人更容易找到工作；当失业工人数量相对于空缺岗位数量相对增大时，企业空缺岗位更容易被填补。

二、失业流

当一个失业工人和一个空缺岗位相遇并且就工资水平协商一致，匹配过程就完成了。在岗位完成匹配之前，企业是可以充分地选择产品生产方式和类型的，但是岗位设定一旦匹配完成，企业将无法再做选择，只能在既定的条件下进行生产。假定工人的工作时间是固定的，并且标准化为 1。当外界负的冲击到达，使得岗位的生产能力严重降低，原岗位遭到破坏，在本章的模型假定下，岗位破坏等于岗位分离：外界冲击使得企业工人出就业状态转变为失业状态，企业要么选择退出劳动力市场，要么选择重新发布一个新的岗位空缺。

假定负的外部冲击随机发生在岗位和工人之间，岗位分离服从一个参数为 λ 的泊松分布，即在一个很小的 t 时间区间内，一个工人将可能以 $\lambda_{i,t}$ 的外生概率从就业状态变为失业状态，同时一个岗位也可能以 $\lambda_{i,t}$ 的外生概率由满置状态变为空缺状态。

假定 $TL_{ij,t}$ 表示 t 时期 ij 类型的劳动者数量，它包含就业工人数量（$E_{ij,t}$）和失业工人数量（$U_{ij,t}$），其中，$j = N, I$（N 表示本地，native；I 表示外来，immigrant）①。劳动力市场中低技能劳动者总数量为 $TL_{L,t}$，高技能劳动者总数量为 $TL_{H,t}$②。

在一个很小的 t 时间区间内，流入失业队伍的劳动者具体包括岗位破坏导致失业的工人；流出失业队伍的劳动者具体包括成功找到工作的失业工人。不

---

① 下文均以 $j = N, I$ 表示本地（native）和外来（immigrant）。

② $TL_{i,t} = TL_{iN,t} + TL_{iI,t}$，$E_{i,t} = E_{iN,t} + E_{iI,t}$，$U_{i,t} = U_{iN,t} + U_{iI,t}$。

同类型的失业流演化过程给定为如下等式：

$$\dot{U}_{ij,t} = \lambda_i \, E_{ij,t} - m(\theta_{i,t}) \, U_{ij,t} \tag{3.4}$$

在均衡状态下，失业队伍中流入和流出劳动者数量保持恒定（$\dot{U}_{ij,t} = 0$），所以不同类型的失业劳动者稳态数量如下[①]：

$$U_{ij} = \frac{\lambda_i \, TL_{ij}}{\lambda_i + m(\theta_i)} \tag{3.5}$$

同理，相应的高技能与低技能失业工人队伍流入、流出具体演化过程如下：

$$\dot{U}_i = \lambda_i (E_{iN} + E_{iI}) - m(\theta_i)(U_{iN} + U_{iI}) \tag{3.6}$$

由之前假设可知，劳动者的工作时间标准化为 1，所以本模型中企业产量等于使用劳动者数量，同时劳动力市场满足 $E_i + U_i = TL_i$，将该等式代入式（3.6）中，可以求解出稳定状态下，高技能和低技能就业者数量如下：

$$\begin{cases} E_H = \dfrac{m(\theta_H)(TL_{HN} + TL_{HI})}{\lambda_H + m(\theta_H)} \\[4mm] E_L = \dfrac{m(\theta_L)(TL_{LN} + TL_{LI})}{\lambda_L + m(\theta_L)} \end{cases} \tag{3.7}$$

从式（3.7）可以看出劳动力市场中就业者数量受匹配函数、外来务工人员数量以及岗位分离率的影响，上式可以推出：$\dfrac{dE_i}{d\theta_i} > 0$，即劳动力市场紧度提高会引起就业水平的上升。

三、企业生产与岗位创造

参考博尔哈斯等（Borjas et al.，2008）的设定，厂商使用劳动和资本两种要素进行生产，生产函数服从规模报酬不变的柯布－道格拉斯形式，其中，劳动要素由低技能劳动和高技能劳动通过常替代弹性（CES）加总得到。具体设定如下：

$$Y = AK^{\alpha} E^{1-\alpha} \tag{3.8}$$

---

① 为便于书写，下文均省去时间下标 t。

$$E = [\chi E_H^{\gamma} + (1 - \chi) E_L^{\gamma}]^{\frac{1}{\gamma}} \tag{3.9}$$

其中，A、K、E 分别为全要素生产率、资本存量、劳动投入。χ 为加总劳动中高技能就业者的贡献份额（$0 < \chi < 1$），γ 为高技能劳动与低技能劳动的替代弹性（$0 < \gamma \leqslant 1$）。

此外，假定资本市场是完全竞争市场，即企业可以自由地融入和融出资金，所以资本的边际产出就等于利息（r）加上折旧率（δ）。

$$MPK_H = \frac{\alpha Y}{K} = r + \delta \tag{3.10}$$

结合式（3.8）~ 式（3.10）可以推出高技能劳动和低技能劳动的边际产出[①]：

$$\begin{cases} MPE_H = \Gamma \left[\chi + (1 - \chi) \left(\dfrac{E_L}{E_H} \right)^{\gamma} \right]^{\frac{1-\gamma}{\gamma}} \\ MPE_L = \dfrac{1-\chi}{\chi} \Gamma \left[\chi \left(\dfrac{E_H}{E_L} \right)^{\gamma} + (1 - \chi) \right]^{\frac{1-\gamma}{\gamma}} \end{cases} \tag{3.11}$$

由式（3.11）不难发现，当两种技能劳动力不完全替代时（$\gamma < 1$），一种技能劳动力供给的增加一方面会降低其自身边际产出，另一方面会提高另一种技能劳动者的边际产出。这一特性将为后文的机制分析奠定重要基础。

为简化模型，假定只考虑小企业，工作岗位的数量是内生决定的，任何企业都可以自由地发布空缺的岗位并从事招聘活动，但是每个企业在劳动力市场交易过程中每次至多只能发布一个岗位空缺，也就是说企业要么发布适合高技能型岗位空缺招聘高技能劳动者，要么发布低技能型岗位空缺招聘低技能劳动者。企业发布一个职位空缺的招聘成本为 c_i，如果企业保持职位空缺，则需要支付招聘成本；如果企业成功招聘到工人填补职位空缺，支付其工资 w_{ij}。

假设所有企业是时间连续的且均为风险中性，贴现率为 r。厂商关于劳动力和岗位的最优化问题可表述为：在就业流（$\dot{E}_{ij,t}$）约束下，通过对劳动力投入（$E_{ij,t}$）和岗位空缺（$V_{i,t}$）的选择，最大化无限期生命中的利润贴现（Yashiv，2007）[②]。即：

---

① $\Gamma = \left\{ (1 - \alpha) \chi A \left[\dfrac{\alpha}{(1 - \alpha) \chi (r + \delta)} \right]^{\alpha} \right\}^{\frac{1}{1-\alpha}}$。

② 为便于分析，此处的利润未考虑扣除资本使用成本。

$$\max_{\{E_{ij,t}, V_{i,t}\}} \int_0^{+\infty} e^{-rt} \big[Y_t - w_{ij,t} E_{ij,t} - c_i V_{i,t} \big] dt \qquad (3.12)$$

式（3.12）受约束于：$\dot{E}_{ij,t} = q(\theta_i) V_{i,t} - \lambda_i E_{ij,t}$。

通过求解上述动态最优化问题可以推导出稳态情形下厂商填补空缺时的贝尔曼方程：

$$rJ_{ij}^F = MPE_i - w_{ij} - \lambda_i \big[J_{ij}^F - J_i^V \big] \qquad (3.13)$$

式（3.13）中，λ_i 为岗位分离的概率。等式左边的 rJ_{ij}^F 表示企业岗位被填补的价值流量现值，它等于企业生产商品带来的价值流入减去企业支付给员工的工资，再减去未来岗位分离给企业带来的价值流出。

类似推导可得，职位空缺时：

$$rJ_i^V = -c_i + q(\theta_i) \big[\phi_i J_{ij}^F + (1 - \phi_i) J_i^V - J_i^V \big] \qquad (3.14)$$

式（3.14）中，c_i 为招聘 i 型劳动者的成本，ϕ_i 为本地失业劳动力在总失业劳动力中所占份额。等式左边的 rJ_i^V 表示企业空缺 i 岗位的价值流量现值，它等于企业维持空缺所支付的招聘成本与岗位以 $q(\theta_i)$ 概率匹配成功带来价值流入之和。由于企业可以自由地选择发布高技能型或者低技能型岗位，所以任何类型的岗位空缺给企业带来的预期收益均为 0，即 $J_i^V = 0$。

四、工人与工资收入

劳动者如果处于就业状态就能够获得 w_{ij} 的工资收入，如果处于失业状态也能够获得部分收入 b_i，具体可能包括失业保险金以及工人通过临时或者非正式工作所能获取的收入，如果劳动者处于就业状态就会丧失这部分的收入。在任何一个时间点，劳动者要么处于就业状态，要么处于失业状态，岗位要么处于空缺状态，要么处于被填补状态。

在搜寻匹配过程中，设定劳动者的搜寻成本为 h_{ij}。现实经济中，不同类型的劳动者面临的搜寻成本存在比较大的差异，主要是由以下原因造成的：第一，本地居民相对外来务工人员享受更好的社会保障体系以及失业保险；第二，本地居民具备更完善的社交网络，能够通过多途径更迅速地获取到高质量的就业信息，而外来务工人员相对而言消息闭塞，获得就业信息途径少，需要花费更多的时间搜寻适合的空缺岗位，同时本地居民会更加受益于代际因素；第三，高技能型岗位平时提供的培训交流机会和人才培养计划更多，高技能劳动者比低技能劳动者拥有更专业、全面且多样化的职业技能。一般而言，本地居民的搜寻成本低于外来务工人员，高技能劳动者的搜寻成本小于低技能劳动者，处于稳定状态时具有以下贝尔曼方程：

劳动者失业时：

$$rJ_{ij}^U = b_i - h_{ij} + m(\theta_i)\left[J_{ij}^E - J_{ij}^U\right] \tag{3.15}$$

劳动者就业时：

$$rJ_{ij}^E = w_{ij} - \lambda_i\left[J_{ij}^E - J_{ij}^U\right] \tag{3.16}$$

式（3.15）左边 rJ_{ij}^U 表示劳动者失业时价值流入现值，它等于劳动者失业时的失业收入流入、找寻工作的搜寻成本流出以及匹配成功后可能的价值流入之和；式（3.16）左边 rJ_{ij}^E 表示劳动者就业时价值流入现值，它等于劳动者就业时的工资收入减去未来岗位分离给劳动者带来的价值流出。

在搜寻匹配过程中，当失业的劳动者找寻到适合的空缺岗位，他们将对工资进行讨价还价，假定企业和劳动者均能够清楚知道劳动者的能力以及产出水平，工资水平由（广义）纳什谈判决定，该工资能够使企业和失业工人从岗位匹配过程中所获得的净回报的加权积最大化，为了完成匹配过程，失业工人需要放弃 J_{ij}^U 去换取收入 J_{ij}^E，同时企业为了取得 J_{ij}^F 需要放弃 J_i^V。根据罗格森等（Rogerson et al.，2005）的设定，工资水平需要满足：

$$w_{ij} = \mathrm{argmax}\ (J_{ij}^E - J_{ij}^U)^{\beta_i}(J_{ij}^F - J_i^V)^{1-\beta_i} \tag{3.17}$$

其中，β_i 表示劳动者的谈判势力的一个相对测度，其取值范围在 0 到 1 之间，上式所导出的最优化一阶条件需满足下式：

$$J_{ij}^E - J_{ij}^U = \beta_i(J_{ij}^F + J_{ij}^E - J_{ij}^U - J_i^V) \tag{3.18}$$

由于企业与劳动者均为风险中性，并且当匹配完成时，将产生总剩余 $S_{ij} = J_{ij}^F + J_{ij}^E - J_{ij}^U - J_i^V$，由于劳动者的议价能力为 β_i，则企业的议价能力为 $1-\beta_i$，即劳动者能够获得总剩余中的 β_i 份额，企业可以获得总剩余中 $1-\beta_i$ 的份额，我们可以推导出：

$$J_{ij}^E - J_{ij}^U = \frac{\beta_i}{1-\beta_i}(J_{ij}^F - J_i^V) \tag{3.19}$$

从劳动力市场的现实情况来看，议价能力 β_i 具有动态性，当劳动力市场供大于求时，β_i 会下降，反之 β_i 会上升。此外，当存在劳动力市场分隔时，不同劳动力市场的 β_i 值应该是异质的。现有文献通常将 β_i 设定为常数

（Mortensen & Pissardies，1994），并假定不同劳动力市场中劳动者具有相同的议价能力（Chassamboulli & Palivos，2014）。上述假设明显忽略了 β_i 的动态性和异质性，削弱了模型的解释能力。为克服这一缺陷，本章参考多拉尔和琼斯（Dollar & Jones，2013）的模型，将劳动者的谈判势力内生于劳动力市场的紧度（θ_i）。具体设定如下：

$$\beta_i = \frac{r + m(\theta_i)}{2r + m(\theta_i) + q(\theta_i)} \tag{3.20}$$

从式（3.20）可以推出 $\frac{d\beta_i}{d\theta_i} > 0$，由此可见，当岗位空缺数相对于失业人数上升时，劳动力市场供小于求，劳动者的谈判势力会增强。

五、稳态均衡

考虑到失业流、就业流以及非稳态情形下的企业和劳动者的贝尔曼方程对初始条件具有较强的敏感性，刻画整个经济的动态路径非常复杂（Romer，2012），因此，本章主要关注模型的稳态均衡。我们描述的经济均衡定义为满足以下条件的解集 $\{\theta_i^*, MPE_i^*, MPK^*, Y_i^*, w_{ij}^*, U_{ij}^*, V_{ij}^*\}$（＊代表模型均衡解）：第一，产品市场出清；第二，资本市场出清；第三，各种类型的劳动者均能够自由地进入或者退出劳动力市场；第四，对于各种类型的劳动者和企业均能使纳什议价条件达到最优状态。由此存在唯一的稳态均衡。

结合式（3.13）、式（3.15）、式（3.16）、式（3.19）、式（3.20），不难求出稳态均衡的工资水平：

$$w_{ij}^* = \frac{(r+\lambda_i)\{[r+m(\theta_i)MPE_i]+[r+q(\theta_i)(b-h_{ij})]\}+[r+m(\theta_i)]m(\theta_i)P_i}{[2r+m(\theta_i)+q(\theta_i)](r+\lambda_i)+[r+m(\theta_i)]m(\theta_i)}$$

$$\tag{3.21}$$

由此可以看出，市场紧度 θ_i 变化会影响匹配速率 $m(\theta_i)$ 的变化，进而会通过两方面的途径影响劳动力的均衡工资：一方面，匹配速率的提高会使得企业能够更快更有效地招聘到劳动者，就业率的提高使得边际产出（MPE_i）下降，对均衡工资有负面影响；另一方面，匹配速率提高使得劳动者能够有更多的选择空间，使得劳动者的议价能力（β_i）上涨，对均衡工资有正面影响。

从前文的模型推导不难发现，在稳态均衡的解集中，其他变量均可表示成劳动力市场紧度 θ_i^* 的函数形式，因而，我们重点关注稳态时 θ_i^* 的求解。当市场处于稳态均衡时，相应的市场紧度 θ_H^* 和 θ_L^* 由式（3.22）决定：

$$B_i = MPE_i \tag{3.22}$$

其中，B_i 为厂商雇佣 i 型劳动力的期望成本。

$$B_i = b_i + \frac{c_i[r + \lambda_i + \beta_i m(\theta_i)]}{(1 - \beta_i)q(\theta_i)} - (1 - \phi_i)h_{iI} \tag{3.23}$$

式（3.22）表明，当市场处于稳态均衡时，厂商雇佣 i 型劳动力的期望成本应等于该型劳动者创造的边际产出，高、低技能岗位期望利润均为0。发布两种不同类型岗位对厂商而言是无差异的，否则厂商将增加或减少 i 型岗位的创造，在边际产出递减（$\frac{\partial MPE_i}{\partial E_i} < 0$）和边际成本递增（$\frac{\partial B_i}{\partial E_i} > 0$）的两种反向力量的共同作用下，最终导致 $B_i = MPE_i$。

由式（3.23）可以得到 θ_L 与 θ_H 反向关系曲线 BP（见图3-6），说明在稳态均衡条件下，当 θ_H 上升时，高技能岗位空缺填补速率 $q(\theta_H)$ 下降（$\frac{\partial q(\theta_i)}{\partial \theta_i} < 0$），劳动者议价能力 β_H 上升（$\frac{\partial \beta_i}{\partial \theta_i} > 0$），进而厂商的期望成本 B_H 提高（$\frac{\partial B_H}{\partial \theta_H} > 0$），为了维持 $B_H = MPE_H$，需要降低高技能劳动力与低技能劳动力的比率 $\frac{E_H}{E_L}$，由式（3.22）可知，$\frac{E_H}{E_L}$ 的降低会引起低技能劳动者边际产出 MPE_L 的下降，为了维持 $B_L = MPE_L$，厂商需要减少低技能岗位的创造，进而引起 θ_L 的下降。

此外，由式（3.22）的 $B_H = MPE_H$ 可以得到 θ_L 与 θ_H 正向关系曲线 OH（见图3-6），说明在稳态均衡条件下，当 θ_H 上升时，一方面引起了 MPE_H 的下降，另一方面引起了 B_H 的上升，为了维持 $B_H = MPE_H$，厂商需要创造更多低技能岗位，进而引起 θ_L 上升。曲线 BP 与曲线 OH 交点确定了唯一的均衡解 $\{\theta_H^*, \theta_L^*\}$（见图3-6）。从前文的推导可知，式（3.23）是关于 θ_H 和 θ_L 的隐函数方程组，借助数值计算方法可以求得均衡解 $\{\theta_H^*, \theta_L^*\}$，进而确定整个模型的均衡解。

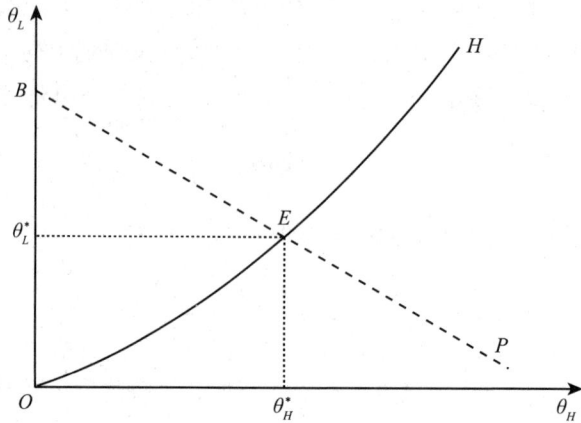

图 3 - 6 θ_H 和 θ_L 均衡解的示意

六、异质性劳动力影响市场均衡的传导机制

高技能型或者低技能型劳动力数量的变化通过以下两个传导机制影响劳动力市场均衡：（1）劳动力要素价格（MPE_i）；（2）企业雇佣 i 型劳动力成本 B_i。本节将首先分别定性分析两个传导机制的作用，下一章将利用现实中的数据模拟两个传导对劳动力市场均衡的实际影响。

（一）劳动力要素价格传导机制

在完全竞争的劳动力市场中，劳动力要素的价格应等于其边际产出，然而搜寻匹配模型下，由于劳动者与岗位的异质性以及摩擦因素的存在，劳动力市场呈现出非瓦尔拉斯特性，劳动力要素价格（边际产出 MPE_i）与实际工资（w_{ij}）并不相同，为此，本章把边际产出的作用机制界定为劳动力要素价格传导机制。为消除企业雇佣成本传导机制的影响，假定外来务工人员以及本地居民的搜寻工作的成本均为 0，则对企业来说雇佣外来务工人员或者同类型的本地居民是无差异的，所以不同类型的劳动者数量的变化对均衡影响只能通过劳动力要素价格传导机制（见图 3 - 7）。

基于上文的稳态均衡分析，当劳动力市场中高技能外来务工人员数量 TL_{HI} 增加时，会导致高技能产品的边际产出 MPE_H 下降，低技能产品的边际产出 MPE_L 上升，这会刺激低技能劳动者进入劳动力市场找寻工作，同时会降低高技能劳动者搜寻工作的热情，使得曲线 OH 向左移动至曲线 OH'（见图 3 - 7）。

所以低技能市场紧度 θ_L 上升，而高技能市场紧度 θ_H 会下降，OH 曲线向左移动至曲线 OH'，市场紧度变化会影响劳动者的失业率和工资水平，高技能劳动的失业率会上升但工资水平会下降，而低技能劳动者失业率会下降并且工资水平会上涨，同理可以得出低技能外来务工人员数 TL_{LI} 数量变化对相应变量的影响。

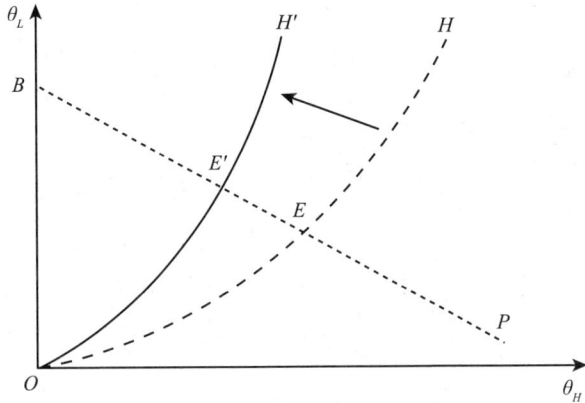

图 3 - 7　高技能与低技能市场紧度关系

此外，由式（3.24）可知，外来务工人员的数量 TL_I 的变化并不会引起厂商期望成本的 B_i 的变化，BP 曲线因而不会发生变化。综合上述分析不难发现，H 型外来务工人员的增加将使均衡解 θ_H^* 下降，θ_L^* 上升（见图 3 - 7）。本地高技能劳动者数量 TL_{HN} 的变化对均衡的影响和 TL_{HI} 数量变化传导机制类似，具体传导机制如下：

$$TL_{HI}\uparrow \Rightarrow MPE_H\downarrow,MPE_L\uparrow \Rightarrow \theta_H\downarrow,\theta_L\uparrow \Rightarrow U_H\uparrow,U_L\downarrow \Rightarrow w_H\downarrow,w_L\uparrow$$
$$TL_{LI}\uparrow \Rightarrow MPE_H\uparrow,MPE_L\downarrow \Rightarrow \theta_H\uparrow,\theta_L\downarrow \Rightarrow U_H\downarrow,U_L\uparrow \Rightarrow w_H\uparrow,w_L\downarrow \tag{3.24}$$

（二）企业雇佣成本传导机制

为杜绝产品价格传导机制的影响，假定低技能劳动者与高技能劳动者能够完全替代，即替代弹性为 $\gamma = 1$，基于这种假设，根据式（3.11）可以推导出高技能劳动者的边际产出为 $MPE_H = \Gamma$，低技能劳动者的边际产出 $MPE_L = \dfrac{1-\chi}{\chi}\Gamma$，因此边际产出与外来务工人员完全无关，该假设下，不存在价格传导机制。

同时假定外来务工人员的搜寻成本 $h_{il} > 0$，本地居民不存在搜寻成本，即 $h_{iN} = 0$。从式（3.21）可知，当 $h_{il} > h_{iN}$ 时，外来务工人员的工资水平（w_{il}）

低于同类型的本地居民（w_{iN}），从经济学直觉上也可以解释这个现象，因为对于外来务工人员来说搜寻工作需要更多的成本，所以他们与企业就工资议价过程中处于较为弱势地位，会更倾向于接受较低水平工资的工作机会。

对企业来说，同类型的外来务工人员和本地居民是无差异的，雇佣外来务工人员需要支付的工资水平更低，所以当高技能劳动力市场中外来务工人员比重提高时，会使得企业雇佣劳动者的成本 B_H 下降，使得企业倾向于发布高技能岗位，劳动力市场高技能岗位空缺 V_H 增多，失业劳动者能够更快找寻到工作，匹配速度 $m(\theta_H)$ 提高，根据式（3.5）和式（3.21）可以推导出高技能劳动者的失业率会下降而同时工资水平会上升，即：

$$TL_{HI}\uparrow \Rightarrow B_H\downarrow \Rightarrow V_H\uparrow \Rightarrow m(\theta_H)\uparrow \Rightarrow w_H\uparrow \Rightarrow U_H\downarrow$$
$$TL_{LI}\uparrow \Rightarrow B_L\downarrow \Rightarrow V_L\uparrow \Rightarrow m(\theta_L)\uparrow \Rightarrow w_L\uparrow \Rightarrow U_L\downarrow$$

由于低技能劳动力市场紧度 θ_L 由式（3.23）决定，当 $\gamma = 1$ 时，$B_L = MPE_L = \dfrac{1-\chi}{\chi}\Gamma$。说明了高技能外来务工人员数量 TL_{HI} 与 θ_L 是完全独立的，所以高技能劳动力市场中外来务工人数量的变化对低技能劳动力市场完全没有影响。

从上述分析可以看出，独立的劳动力要素价格传导机制和企业雇佣成本传导机制对劳动者失业率和工资水平的影响是相反的，所以比较难定性地分析两种传导机制同时运行会对均衡产生什么样的影响。下面，本章将利用现实经济的数据对相关参数进行校准，继而利用 MATLAB 软件对模型进行定量分析。

第4节　参数校准与数值模拟

一、匹配函数

借鉴学者布兰查德和戴蒙德（Blanchard & Diamond，1991）的研究成果，将本章的匹配函数设定为 $M_i = M(U_i, V_i) = GU_i^{\tau}V_i^{\varepsilon}(0<\tau<1, 0<\varepsilon<1)$。

理想状态下，G 值等于 1，也就是劳动力市场中新就业的劳动者数量等于搜寻匹配成功的人数。但是现实中，G 并不是总是接近 1 的，有时候可能存在 $G<1$ 情况，说明匹配成功者不一定选择接受企业提供的工作；有时候可能存在 $G>1$ 情况，说明成功就职者并不一定是匹配成功者。

对该函数进行对数线性化处理，转换后的匹配函数变为：

$$\ln M = \ln G + \tau \ln U + \varepsilon \ln V$$

本章选取 2000～2014 年度数据检验总量匹配函数是否符合中国的国情及其对中国失业人员再就业的问题解释力度，数据主要来源为《中国劳动统计年鉴》，用年鉴中提供的本年单位登记招聘人数作为岗位空缺变量，使用本年登记求职人数表示搜寻工作失业工人数量，使用本期介绍成功人数作为匹配成功数量。

利用相关数据对上述线性化过程的匹配函数进行回归，回归结果如下：

$$\ln M = -0.5655 + 0.695238 \ln U + 0.278673 \ln V$$
$$(-0.85956) \quad (3.418696) \quad (1.871317)$$

$$R^2 = 0.953565 \quad \bar{R}^2 = 0.945826 \quad F = 123.21251$$

从回归结果可以看出，该匹配模型对我国近十五年就业匹配效果拟合优度较高，调整后的拟合优度 R^2 为 0.945826，说明本年登记求职人数（U）和本年单位登记招聘人数（V）对本期介绍成功人数（M）解释力度非常大。

因为 $\ln G = -0.5655$，所以则 G 大约为 0.57，根据之前分析结果，当 G 小于 1 时，失业工人中匹配成功的人并没有完全实现就业。

根据回归结果可以看出，$\tau = 0.695238$、$\varepsilon = 0.278673$，$\tau + \varepsilon < 1$，说明匹配模型存在规模报酬递减现象，说明在我国劳动力市场中增加搜寻程度，获得报酬并不能够呈现规模递增现象，说明劳动力市场中存在拥挤效应。

二、参数校准

本章模型共有 17 个参数，选取我国长三角地区 2000～2014 年数据对参数进行校准。模型中的一个周期用一年表示，因此，所有参数均按照年度设定，本章模型中参数的概要如表 3－1 所示。

表 3－1　　　　　　　　　　具体参数校准表

参数	参数含义	校准值
ε	匹配函数岗位空缺弹性	0.278637
τ	匹配函数工人失业弹性	0.721363[①]
λ_H	高技能工人岗位分离率	0.0281
λ_L	低技能工人岗位分离率	0.0361

参数	参数含义	校准值
r	年度利率水平	0.0373
δ	折旧利率	0.1
G	匹配效率	0.57
b_H	高技能劳动者失业收入	0.449
b_L	低技能劳动者失业收入	0.279
c_H	雇佣高技能劳动者招聘成本	0.421
c_L	雇佣低技能劳动者招聘成本	0.556
h_H	高技能劳动者找工作的搜寻成本	1.182
h_L	低技能劳动者找工作的搜寻成本	4.203
A	全要素生产率	0.9449
α	资本的产出弹性	0.58
γ	高技能劳动者与低技能劳动者的替代的弹性	0.84
χ	复合劳动中高技能劳动者的份额	0.55

注：①理论模型的推导建立在匹配函数满足一次齐次性的基础上，Cobb-Douglas 形式的匹配函数要求满足规模报酬不变性质。因而，本章将 ε 设定为回归估计值，将 τ 设定为 $1 - \varepsilon$。

三、数值模拟

依据中国经济与社会发展统计数据库相关数据测算得出，2000～2014 年长三角劳动力市场中不同类型的劳动力比重发生显著变化。

如图 3 - 8 所示，本地和外来高技能劳动者数量持续上升，本地低技能劳动力数量在 2008 年之前整体上呈上升趋势，2008 年之后则呈下降趋势，此外，通过各图之间对比不难发现，本地低技能劳动力仍是长三角劳动力市场中的主体。外来低技能劳动力的数量在 2010 年之前呈上升趋势，2010 年之后则开始下降。劳动力数量的变化使得长三角劳动力市场均衡不断变化，所以本节通过 MATLAB R2015b 软件模拟研究长三角不同类型劳动力数量的变化对劳动力市场均衡的影响及其传导效应。

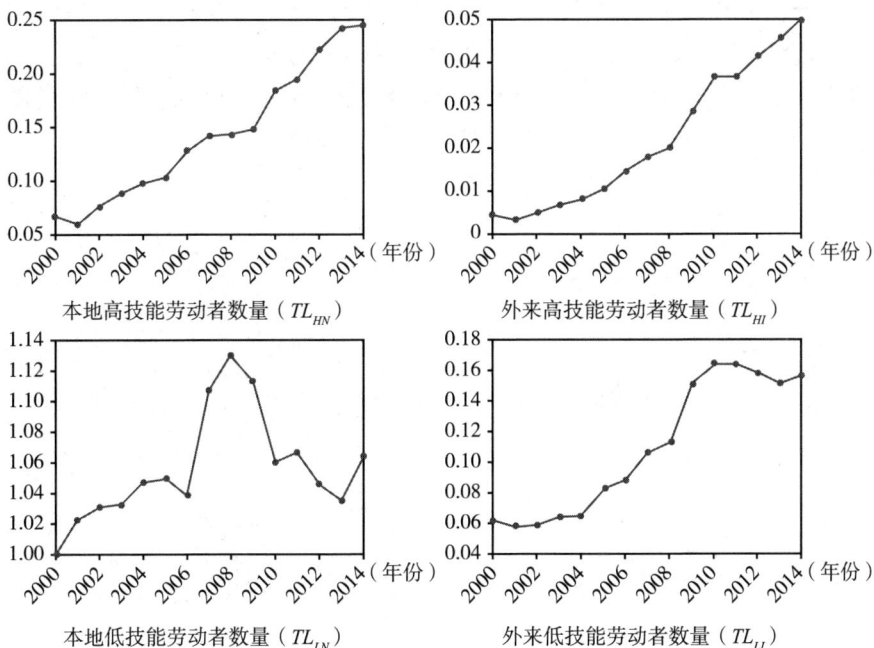

图 3 - 8　长三角不同类型劳动力数量变化

资料来源：根据长三角各省统计年鉴整理计算得到。

从图 3 - 9 的模拟结果来看，长三角的总体失业率呈缓慢下降趋势，这与图 3 - 4 中调查失业率上升趋势的结果不同，造成这一情况的可能原因是本章在模拟过程中仅考虑了长三角就业人数的变动，而控制了其他参数，进而一定程度上削弱了模型的解释力，但总体失业率的模拟结果与调查失业率在数值上更为接近，远大于登记失业率，说明长三角高失业率问题较为突出。

长三角地区劳动力市场中高技能劳动者的失业率与岗位空缺数量均呈上升趋势，一方面说明劳动力市场对高技能劳动者需求较大，这与长三角地区经济转型、产业结构升级，企业劳动力需求转变相符合；另一方面也说明长三角地区高技能劳动力的供给增加，但供求之间的匹配效率低下，导致了长三角高技能劳动者的失业率上升。此外，低技能劳动力的失业率呈下降趋势，岗位空缺数量呈上升趋势，劳动力市场紧度有所上升，这与长三角地区低技能劳动力供给增速放缓、供求匹配效率低有关。从图 3 - 9 可以看出，长三角高技能劳动力的市场紧度呈缓慢下降趋势，低技能市场呈缓慢上升趋势，但高技能劳动力市场紧度远大于低技能市场，由此可见，高技能劳动力市场的供求失衡问题依然严峻。从图 3 - 9 可知，高技能劳动者的工资水平不断下降，低技能劳动者的工资水平不断上升，这与高技能劳动者供给增加引起的边际产出下降，低技能劳动者减少引起的边际产出上升有关。此外，高技能劳动力市场中，本地居民与外来居民的工资差异较小，低技能劳动力市场中，本地居民与外来务工人员的工资差异则较大。与此同时，本地居民的工资水平高于外来务工人员，高技能劳动者的工资水平高于低技能劳动者，主要是因为不同类型劳动者的搜寻成本以及失业收入存在较大差异，这与本章第 3 节的理论分析结果一致。

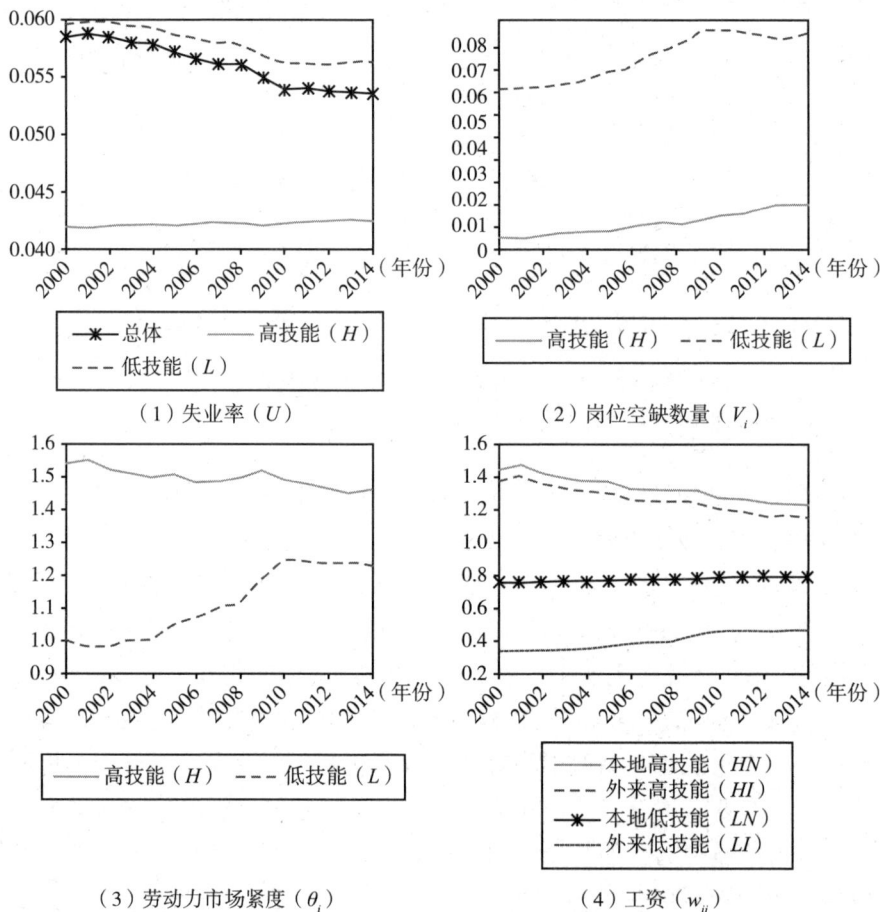

（1）失业率（U）   （2）岗位空缺数量（V_i）

（3）劳动力市场紧度（θ_i）   （4）工资（w_{ij}）

图 3 - 9   长三角劳动力数量变动对劳动力市场均衡的影响
资料来源：通过 MATLAB 数值模拟得到。

图 3 - 10 和 3 - 11 分别显示了长三角劳动力数量变动通过劳动力要素价格传导机制和企业雇佣成本传导机制对劳动力市场均衡的影响。其中，在劳动力

要素价格传导机制中，由于假定和外地劳动力有相同的搜寻成本（$h_{ij}=0$），同一技能类型的本地和外来劳动力具有相同的工资水平，表现在图 3−10 的子图（4）中本地和外来劳动者工资曲线的重合。从图 3−10 和图 3−11 中可以看出长三角劳动力数量变化时，仅在劳动力要素价格传导机制作用下，高技能劳动者的失业率呈现出上升趋势，但低技能劳动者的失业率略微下降，与此同时，仅在企业雇佣成本传导机制下，高技能劳动者的失业率呈下降趋势，低技能劳动者的失业率呈下降趋势，由此可见，在失业率方面，劳动力要素价格传导机制占主导地位。对比图 3−10 和图 3−11 的子图（3）不难发现，要素价格传导机制对劳动力市场紧度的影响较小，相反，雇佣成本传导机制使高低技能劳动力市场的紧度均大幅提高，由此可见，导致长三角劳动力市场非均衡的主要因素在于企业的雇佣成本。此外，对比图 3−10 和图 3−11 的子图（4）

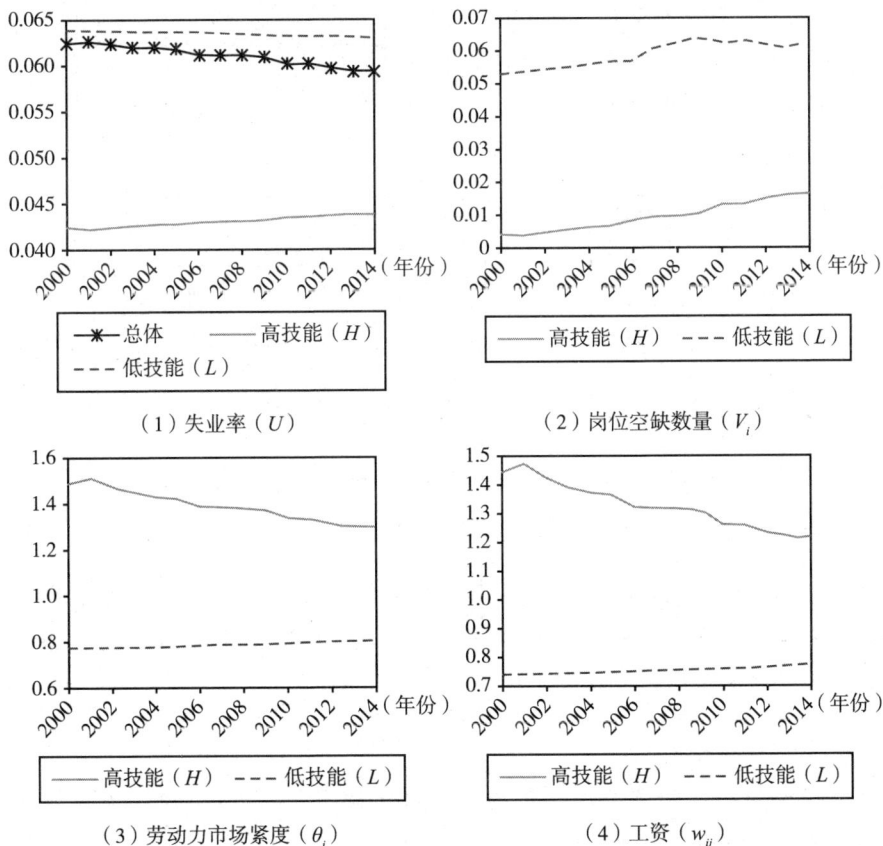

图 3−10　市场均衡变化的劳动力要素价格传导效应
资料来源：通过 MATLAB 数值模拟得到。

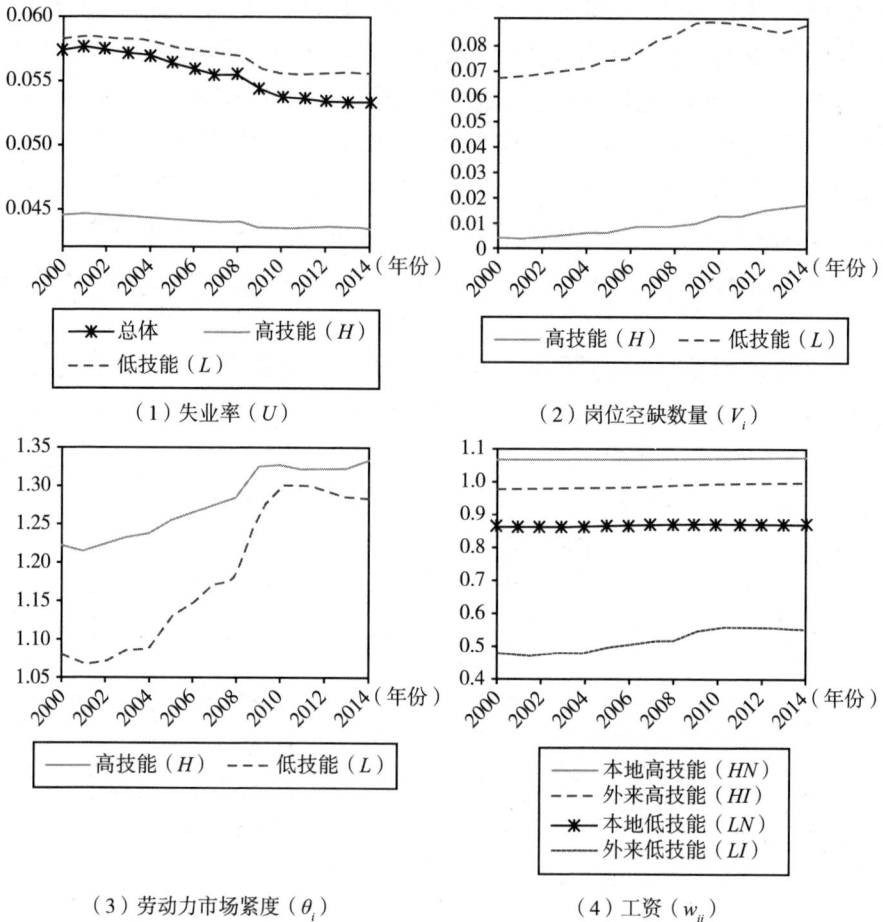

（1）失业率（U）

（2）岗位空缺数量（V_i）

（3）劳动力市场紧度（θ_i）

（4）工资（w_{ij}）

图 3 – 11　市场均衡变化的企业雇佣成本传导效应

资料来源：通过 MATLAB 数值模拟得到。

可知，要素价格传导效应决定了高低技能劳动者的工资差异，企业雇用成本传导效应则决定了本地与外来劳动者的工资差异，在两种机制的共同作用下，不同技能劳动者的工资差异呈缩小趋势。

第 5 节　结　论

结合长三角劳动力市场非均衡的特征事实、理论模型的机制分析以及数值模拟的结果可以得到如下结论。

首先，长三角高失业率与高岗位空缺现象并存的根本原因是劳动力供给的异质性与企业需求的异质性不匹配。其中，劳动力市场的不均衡主要集中在高技能劳动力市场，本地和外来高技能劳动者供给的增加一方面降低了企业的雇佣成本，使得企业释放出更多的岗位空缺，另一方面也降低了自身的边际产出，导致企业的收益下降，进而减少雇佣高技能劳动力，在两种传导机制的影响下，出现了高技能劳动力市场中高失业和高空缺同时存在的现象。此外，由于近年来长三角低技能劳动者供给的减少，低技能劳动者的失业率呈下降趋势，岗位空缺呈上升趋势，市场的不均衡有所加剧。

其次，劳动力市场的匹配效率低下是大量的空缺岗位和失业工人之间无法实现成功匹配的根本原因。理想劳动力市场中匹配效率取值应该接近1，则匹配成功人数与再就业人数一致，当匹配效率低于1时，说明匹配成功的工人并没有全部实现再就业；本章实证结果显示，我国劳动力市场匹配效率较低，仅为0.57，远低于发达国家劳动力市场的0.714。此外，长三角劳动力市场中，匹配函数呈现规模报酬递减，表明该地区的劳动力市场存在拥挤效应，进一步降低了匹配效率。

最后，劳动者工资水平差异是劳动力市场不均衡的表现和结果。劳动力异质性和劳动力市场异质性的客观存在使得高技能工人与低技能工人之间、本地居民与外来务工人员之间、不同类型劳动者之间工资水平存在明显差异，长三角劳动力数量的变化对原有的均衡产生一定的影响，使得外来务工人员和本地居民的收入差距出现微弱的缩小。

本章借鉴搜寻匹配模型，从劳动力异质性角度剖析了长三角劳动力市场高失业与高岗位并存问题，深化了我国劳动力市场的非均衡研究。在这个领域未来尚有广阔的研究空间：比如，考虑长三角地区劳动力资源错配和产业结构升级对劳动力市场非均衡的影响，构建一个包含异质性劳动力搜寻匹配的动态一般均衡理论框架，并将劳动力资源错配与产业结构升级纳入该框架，进一步深化扩展现有研究。

区域篇

第4章

长三角制造业向中西部技术
转移的效率研究

　　"十三五"规划纲要中首次提出实施制造强国战略，以提高制造业创新能力和基础能力为重点，推进信息技术与制造技术深度融合，促进制造业朝高端、智能、绿色、服务方向发展，培育制造业竞争新优势。长三角地区以其独特的优势逐步成为第四次国际产业转移的主要承接梯队。随着国际产业不断转移至本地，长三角地区开始形成产业集群，配套设施逐步完善，形成从生产、运输、销售到贸易和售后的完整产业链。2003年之后，部分制造业呈现出"向北部、西部地区扩散"的分布特征，一些资源密集型制造业开始转向西北部资源丰富的区域。本章通过DEA方法测算长三角地区制造业向中西部地区的技术转移效率，长三角对于中西部地区的技术投入和中西部地区承接转移而产生的产出是否"有效"。

第1节　研究背景

　　产业转移是指发达国家或地区由于自身资源储备的限制、市场趋近饱和以及劳动力成本居高不下等因素，迫切需要在全球范围寻找最佳资源配置地，将产业转移到一些发展中国家或地区，以减轻企业本身的生产负担，它是一种产业在空间上移动的现象。其本质是：由于资源供给或产品需求条件的变化，引起产业在一个国家内部或原有地区发展放缓，企业为了寻找新的发展机遇或市场，降低生产所需的一系列成本，将某个环节（如生产、研发设计、服务、销售等环节）转移到其他国家或地区的过程。总体来说，就是同一产业内部的不同层次、不同方式、不同规模、不同阶段的生产、销售、服务、研发等环节在地区之间的转移过程。这个过程以企业为主导，是一个具有时间和空间维度的动态过程，是通过生产要素的流动，从一个区域转移到另一个区域的经济行为和过程，是国家或地区产业结构调整和升级的重要途径。因此，产业转移是经济发展过程中普遍存在的一种经济现象。对于转出地来说，进行产业转移不仅拓宽了在全球范围内的区位选择，同时为本国其他产业发展腾出了发展空间；对于承接地来说，产业转移带来大量的就业机会和知识、技术等的传入。

中国作为世界上最大的发展中国家，承接了大量来自发达国家的产业转移。中国的东部地区能够提供低廉的劳动力、巨大的潜在市场以及丰富的资源，成为第四次国际产业转移①的主要承接梯队。在承接国际产业转移之初，由于我国自身劳动力素质低下等因素，只是为发达国家进行产业链低端的一些加工制造，随着中国在承接转移过程中受到学习曲线效应②的影响，承接层级向微笑曲线③的两端延伸。东部沿海地区开始形成产业集群，配套设施逐步完善，形成从生产、运输、销售到贸易和售后的完整产业链条。目前，中国承接的部分国际产业转移行业已开始与国际接轨，竞争能力日益提升。从产业转移现状上来看，2010 年，我国设立了第一个以产业转移和承接为主题的国家级区域规划——皖江城市带承接产业转移示范区④。2010 年 8 月，国务院专门出台了《关于中西部地区承接产业转移的指导意见》，紧接着，国家发展和改革

---

① 第四次国际产业转移：20 世纪 90 年代开始出现，该产业转移在极大程度上受到产业模块化发展的影响。"模块化"是将产业链中的每一个工序分别按照一定的"模块"进行调整、分割，模块各自独立运行，然后依据统一的规则与标准连接成整体。在 20 世纪 80 年代，美国个人计算机行业率先开始了模块化战略经营。此后，计算机行业的模块化战略发展推动了信息产业的崛起，并很快被广泛应用于通信设备等高科技产业、汽车等传统制造业和金融等服务业。国际产业转移由此呈现出一系列新的发展趋势。一是国际产业转移进一步加速；二是国际产业转移的产业结构不断升级；三是国际产业转移的链条不断延展。

② 学习曲线：表示经验与效率之间的关系，指越是经常地执行一项任务，每次所需的时间就越少。

③ 微笑曲线：两端朝上，似微笑嘴型，代表在产业链中附加值更多地体现在两端，譬如研发设计和销售，处于中间环节的制造附加值最低。产业未来发展方向应向两端延伸，加强技术研发和自主创新的同时注重销售环节和客户服务。

④ 皖江城市带承接产业转移示范区：2010 年 1 月 12 日，国务院批复《皖江城市带承接产业转移示范区规划》，安徽沿江城市带承接产业转移示范区建设纳入国家发展战略。这是迄今全国唯一以产业转移为主题的区域发展规划，是促进区域协调发展的重大举措，为推进安徽参与泛长三角区域发展分工、探索中西部地区承接产业转移新模式发挥了重要作用，也为中部地区加速崛起点燃了助推器。

委员会又先后批复设立了六个承接产业转移示范区①。

从当前的国际经济形势来看，发达国家为了保护本国制造业而纷纷实行贸易保护主义和制造业回流；国内劳动力、生产原料等要素成本上升，资源和环境条件日渐恶劣，长三角地区制造业面临严峻的挑战。长三角地区要想获得更大的发展空间和市场，必须寻找新的增长点；而中西部地区要想摆脱落后境遇，必须利用长三角地区产业结构升级调整的机会，积极承接产业转移，发挥自身的资源、劳动力和政策优势，实现经济起飞。

本章旨在探讨关于长三角地区对中西部地区的辐射和带动机制，通过DEA测算长三角地区向中西部地区技术转移效率，来看长三角对于中西部地区的技术投入和中西部地区承接转移而产生的产出是否"有效"。之后，通过分解出每个影响技术转移效率的因素对于最终结果的影响，调节每个影响因素，来发现能够真正促进技术转移、带动中西部地区产业发展的途径。

第 2 节 文献回顾

长三角地区作为中国经济发达省份的聚集地，享有优越的地理位置和要素条件，率先成为承接国际产业转移的重要地区。然而，中西部地区经济发展较为落后，区位条件并不像长三角地区那么具有优势，因此，种种原因造成我国东、中、西部地区之间产业发展不平衡，形成产业梯度差。地区之间的产业梯度差必然引发区域产业转移，进而带动经济产业结构升级（罗钰，2012）。刘满平（2004）、张春法（2006）等也指出，只要地区之间存在产业梯度，就自然会出现产业从高梯度地区往低梯度地区转移。由此可见，市场经济的建立和发展使得东部要素成本逐渐上升、产业面临转型和升级等，承接产业趋近饱和的形势又促进了中西部地区积极地承接来自长三角地区的产业转移。因此，冯根福等（2010）做出了如下结论：地区之间存在的产业梯度会使得成熟产业从高梯度地区向低梯度地区转移，我国长三角地区产业往中西部地区转移的条件基本成熟，应该有大量传统产业往中西部地区转移。

然而，经济现实中存在种种因素制约着制造业技术由长三角地区向中西部

---

① 承接产业转移示范区：安徽皖江城市带、广西桂东、重庆沿江、湖南湘南、湖北荆州、黄河金三角（跨山西、陕西、河南三省）。

地区转移。刘飞仁等（2010）指出，可以用"产业转移滞后"来描述当前我国区域产业转移的现状。魏敏等（2005；2007）把这种现象称之为"经济梯度推移黏性"。鉴于目前学术界还没有统一的关于"产业转移黏性"的确切界定，白小明、郭丽（2007；2009）认为，产业转移黏性指的是在产业区域梯度转移过程中，由于历史的、现实的和潜在的因素，引发区域竞争力的区位差异、区域环境的区位差异和区位引力场等现象。程必定（2009）认为，产业转移黏性指的是产业在原产地形成的关联性而对转移产生的阻力。

对于产业转移黏性的成因分析，学术界的意见也并不一致。有些学者认为，影响产业转移黏性的因素可以分为要素成本、制度环境、产业集群程度等；有些学者则认为有几十种可以影响产业转移的因素。王思文、祁继鹏（2012）认为，要素流动性差异影响地区之间的产业转移，流动性较差的要素会粘住流动性较高的要素。山社武（2010）概括性地总结为多种因素共同作用造成了区域产业转移黏性的产生。魏后凯（2003）指出，企业是否决定迁移，不仅取决于来自现有区位的推力和来自目标地区的拉力大小，还取决于一些促使企业留在现有区位的阻力因素。综合目前国内已有的关于产业转移黏性问题的文献资料，可以看出每个学者对于影响因素的看法各不相同，解释变量的设定从几个到十几个。简单地进行影响因素的罗列，并不能深刻探析长三角地区产业转移延缓的真正原因所在。建立和完善产业转移黏性指标体系，找出最关键的影响因素，才是未来的研究方向（张存菊、苗建军，2010）。

经过近40年的产业承接，长三角地区制造业得到了率先发展，基础设施的建设健全以及相关产业链的完善使得长三角更具经济实力和创造力。基于产业升级转型的需要，向中西部地区进行产业转移成为不可阻挡的趋势，形成"沿海地区—东部内陆地区—中西部地区"的转移梯度。但是，东部与中西部地区由于经济发展不平衡，产业转移黏性因素的存在，迁往内陆地区的制造业多为低端的加工环节，对承接地的环境造成一定程度污染，制造业技术未能充分实现有序、有效的转移过程。对于各地区技术转移效率的测算，国内外大多数学者通常使用随机前沿分析中的 DEA 数据包络分析法。这种方法由美国著名运筹学家查姆斯·W.库珀和罗兹（Chames W. Copper & Rhodes）等基于相对效率的概念发展起来的，采用相对比较的方法，通过保持决策单元（decision making units，DMU）的投入或产出不变，借助于线性规划技术构建出位于整个样本观测点之上的生产边界面，再将各个决策单元投影到 DEA 生产前沿面上，通过比较其是否处于生产前沿面上以及与生产前沿面的偏离程度，来判断经济社会中各个决策单元投入的"技术有效"和"规模有效"。DEA 方法在研究技术转移效率方面得到诸多应用，不仅能够测算出各个行业的技术转移效率，还能够对影响技术转移效率的因素进行分解，研究每个投入变量对于结果的影响程度和效应。国外学者杰斐逊等（Jefferson et al.，2003）运用 DEA 对中国的国有企业生产效率进行了测算，得出国有企业生产效率在适度增长，但在 1994～1999 年国有制比重与生产效率之间存在负相关，国有企业的所有制多元化改革是成功的。薛敏（2007）在分析一系列影响技术转移效率的相关要素基础上提出从技术成果转化率、投入产出比、人力资本等五个层面评价技术转移效率的指标体系。王灵、韩东林（2011）采用突变级数法（CPM）和 DEA 方法，科学地评价了在产业转移视角下，安徽省制造业各行业技术创新效率，结果表明安徽省装备制造业的技术创新效率较高，而轻纺工业和原材料工业的技术创新效率较低，因此提高制造业各行业的技术效率是安徽"十二五"期间全面提升制造业技术水平的关键途径。王方、李华（2013）认为不同省区技术转移效率差异较大，输出技术与吸纳技术省区呈现"1:1"的结构特征的结论。要想改善技术无效省区投入冗余或产出不足的现状，需分析找出影响技术转移效率的主要因素，以便于更合理、科学地在全国范围内配置科技资源。彭峰、李燕萍（2013）指出，国外技术引进、国内技术购买和外商直接投资对于技术转移效率有溢出效应，必须进行有效的技术转移方式，提高技术转移效率。姜铭、李利（2015）则运用 DEA 模型评价市场交易活跃度、政府支持等因素对于技术转移效率的影响，认为仅靠增加规模是不可行的，只有依靠提升技术交易市场活跃度和加大政府扶持力度才能促进城市技术转移效率提升，从而带动中西部地区发展。对于区域技术转移投入产出评价指标体系，薛敏（2007）、廖述梅等（2009）认为 R&D 经费投入额和 R&D 人员投入应作为投入变量纳入测算，从而通过东部地区对中西部地区的研发投入反映出技术转移投入方面科研投入的强度。张江雪（2009）、刘凤朝等（2008）则将东部地区的发明专利授权数作为投入变量和输出技术合同成交金额作为产出变量，以反映东部地区通过技术转移后中西部地区吸纳技术的程度。

产业转移黏性理论为技术转移的有效性提供了支撑，成为本章的研究方向。本章的创新之处主要体现在以下三个方面：

第一，以技术转移效率评价为测度，重点研究影响长三角地区制造业技术转移效率的因素和通过技术转移带动中西部地区发展的机制机理。

第二，鉴于当前的研究多集中于对于长三角地区产业转移黏性因素的筛选及度量指标体系的构建，本章基于随机前沿分析中的数据包络方法，引入技术非中性的 VES 生产函数的 BCC 模型，测算技术转移效率并分析各个变量因素对于产出的影响效应。

第三，以往研究更多偏向于对于部分行业（如重型装备制造业、资源密集型制造业和劳动密集型制造业）的思考与论证，而较少侧重于将制造业作为整体研究；部分学者对于中西部地区（如安徽皖江城市带、重庆等）在承接产业转移方面所遇到的机遇与挑战做了实证分析与检验，而对于长三角地区在产业转移过程中制造业技术转移效率的因素、分析探讨长三角地区制造业技术转移效率对中西部地区制造业承接的影响等方面的研究偏少，更没有深入探析长三角地区至今未发生大规模产业转移背后的实质。

因此，本章认为，正是由于产业转移黏性因素的存在，才制约了制造业技术转移的进程，通过分析技术转移这一作用机制，找出提高技术转移效率的方法，促进长三角和中西部地区产业的协同发展，在为长三角地区提供产业转移进度表的同时，也可为政府部门合理安排产业转移政策方案、加强制造业技术创新、有序优质开展产业梯度转移提供借鉴和参考。

第 3 节　长三角制造业技术转移的基本事实

长三角地区位于我国东部，是我国第一大经济区，也是我国重要的先进制造业基地，在承接国际产业转移方面做出了优秀的表率。但随着一系列因素的变化，制造业的发展也面临"瓶颈"。从图 4 - 1 和图 4 - 2 中可以看出，第二产业中制造业对于 GDP 的贡献率自 1994 年以来一直处于 50% ~ 60% 的区间，但从 2016 年开始大幅下降。1994 ~ 2012 年，第二产业增加值占 GDP 比重均大于 50%，2005 年开始呈现出稳步下降的趋势，近年来我国 GDP 增速逐渐回落，经济发展从高速发展转入中高速发展的新常态，转向"L"型发展中的底部阶段。经济企稳并且通胀上行，因此制造业发展也进入新阶段。第二产业占 GDP 比重的下降，一方面反映出我国经济逐渐转向以第三产业为主，另一方面表明其比重下降之后的发展路径仍值得思考。

从制造业发展现状上来看，中国制造业目前面临着十分严峻的问题：第一，劳动力、土地等要素成本上升，人口红利优势削弱；第二，产品向价值链更高端攀升，由"中国制造"开始走向"中国智造"；第三，面临出口增速放缓、国外贸易保护主义的困境；第四，资源缺乏和环境的挑战愈发严峻。

（%）

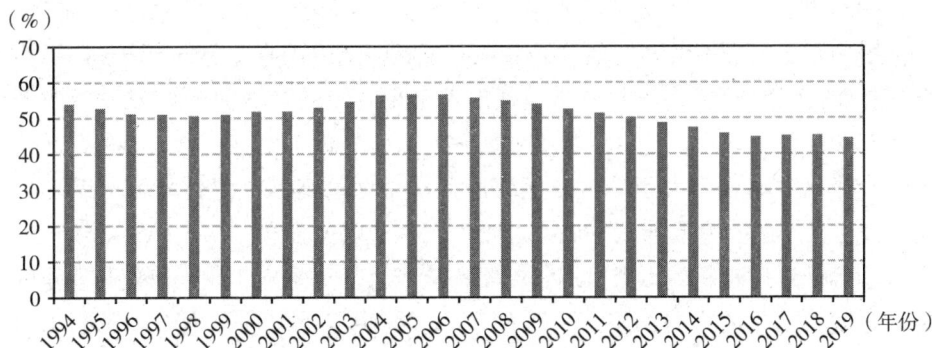

图 4 - 1 江苏省第二产业占省内 GDP 的比重

（%）

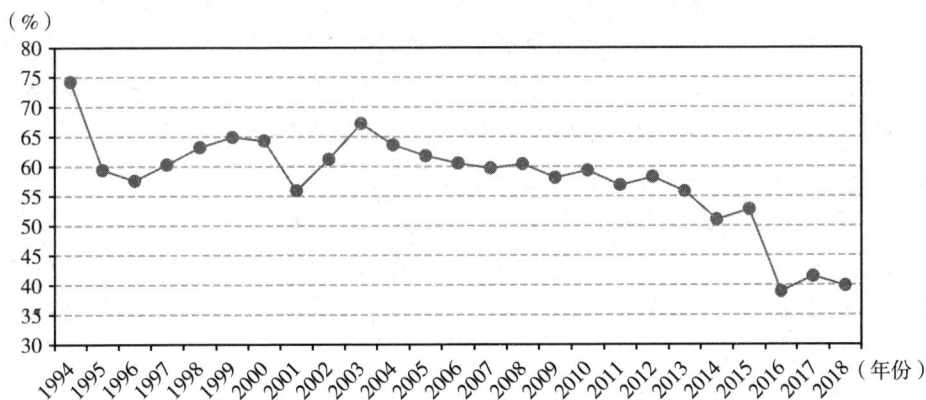

图 4 - 2 江苏省第二产业对 GDP 增长的贡献率

长三角地区作为全国制造业发展的重要支柱，在制造业发展历程中扮演着重要的角色。如何在全球经济增长疲软的大背景之下，实现本区域制造产业的转型与升级，以及如何在中国东部、中部、西部地区经济发展不平衡的大环境之下，利用原本积累的知识、技术、资金等帮助中西部地区经济发展、将制造业向中西部地区转移，这两个问题是长三角地区经济实现长足发展所需要认真思考的。因此，本章以江苏为例，着重探讨影响长三角地区制造业向中西部转移过程中出现的黏性因素和机理，从而得出长三角地区制造业生产效率、向中西部地区转移的程度和利用空间，以及制造业中技术转移对中西部地区的辐射大小。通过模型构建和实证检验，得出长三角地区产业转移的动力不足的成因和如何利用影响制造业技术转移效率的因素来寻求更好地向中西部地区转移的解决方法。

2003 年之后部分制造业呈现出"向北部、西部地区扩散"的分布特征，一些资源密集型制造业转向西、北部资源丰富的区域；劳动密集型产业则更多分布在东部沿海地区，产业分布呈现出不平衡。2015 年 3 月，国家发展改革委振兴司组织召开东北地区承接产业转移示范区建设工作座谈会，力争把示范区建设成为"率先发展引领区、优势产业集聚区、高新技术转化区、循环经济生态区"。随着 2016 年新一轮东北地区振兴战略的发布，东北作为承接产业转移示范区也迎来新的历史机遇。国家的政策扶持对于东北地区装备制造业的振兴，起到至关重要的作用。2016 年 2 月，国务院批复同意南昌、昆明出口加工区整合优化为南昌、昆明综合保税区。综合保税区作为我国开放型经济发展的先行区，近年来加快向中西部地区布局并持续整合优化提升功能，为承接产业转移、稳定发展对外贸易和推进区域协调发展发挥了积极作用。2016 年 4 月，商务部、人力资源和社会保障部、海关总署三个部门发布通知，认定重庆、郑州、赣州为加工贸易承接转移示范地，示范期两年。"十三五"规划纲要中首次提出实施制造强国战略，并颁布《中国制造 2025》，以提高制造业创新能力和基础能力为重点，推进信息技术与制造技术深度融合，促进制造业朝高端、智能、绿色、服务方向发展，培育制造业竞争新优势。东部地区制造业要想转变以往依赖于劳动力、资源等要素的情况，必须进行产业结构升级与转型。将部分制造业向中西部地区转移，可以为东部地区进行产业调整腾出更多空间。

第 4 节 模型构建

一、生产函数模型与技术非效率模型构建

本章将深入分析影响长三角地区产业转移的因素。综合国内已有文献，我国企业在进行产业转移时往往不仅受到要素成本和流动性差异的影响，更多地取决于外界环境和制度政策层面的影响。转出地政府、承接地政府和合作企业等多方力量的博弈，使得产业转移过程充满了不确定性，既有推动产业从东部地区转向中西部地区的因素，也有粘住产业留在东部的消极因素，还有中西部地区诱人的政策优势条件吸引，更有中西部地区目前无法提供的区位劣势阻碍等。

本章在可变替代弹性（VES）生产函数①的基础上，构建出产业转移黏性模型。对于 VES 生产函数，假定技术非中性和替代弹性系数随着 K/L 的比值即要素稀缺性的变动而发生改变，且符合边际收益递减规律和等产量线严格凸性，相比于 Cobb-Douglas 生产函数更加贴近经济现实。VES 生产函数模型构建如下：

$$\ln Y_{it} = \ln A + \frac{1}{1+c}\ln K_{it} + \frac{c}{1+c}\ln\left(L + \frac{b}{1+c}K_{it}\right) \tag{4.1}$$

其中，Y_{it} 代表制造业各个行业工业生产产值，根据生产函数模型可知，Y_{it} 产出量取决于 A 综合技术水平、K_{it} 资本投入量和 L 劳动投入量的大小。由于 VES 生产函数假设可变替代弹性系数，b、c 均为外生参数。下标 i 代表行业，下标 t 表示时期。

在 VES 生产函数基础上，引入 DEA 随机前沿分析方法，假定规模报酬可变情况 BCC 模型构建如下：

$$Y_{it} = AK_{it}^{1/1+c}\left(L + \frac{b}{1+c}K_{it}\right)^{c/1+c}\exp\left(u_{it} + v_{it}\right) \tag{4.2}$$

其中，引入变量 u_{it} 代表模型中的随机扰动项，v_{it} 代表技术非效率项；u_{it} 和 v_{it} 均服从正态分布。

技术非效率模型构建如下：

$$v_{it} = \delta_0 + \Sigma_{i=1}\,\delta_i z_{it} + w_{it} \tag{4.3}$$

其中，z_{it} 为影响产业生产效率的因素，即影响产业转移的变量因子；w_{it} 为技术非效率模型中的随机扰动项。

由式（4.1）VES 生产函数模型两边同时取对数，可得：

$$\ln Y_{it} = \ln A + \frac{1}{1+c}\ln K_{it} + \frac{c}{1+c}\ln\left(L + \frac{b}{1+c}K_{it}\right) + (u_{it} - v_{it}) \tag{4.4}$$

将式（4.3）技术非效率函数代入式（4.4），可得：

$$\ln Y_{it} = \ln A + \frac{1}{1+c}\ln K_{it} + \frac{c}{1+c}\ln\left(L + \frac{b}{1+c}K_{it}\right) + (u_{it} - \delta_0 - \Sigma_{i=1}\,\delta_i z_{it} - w_{it}) \tag{4.5}$$

---

① VES 生产函数：假设技术非中性，替代弹性系数不为 1，满足边际收益递减规律，具有拟凹性和等产量线严格凸性的性质。

设 $\ln A = \beta_0$，$\dfrac{1}{1+c} = \beta_1$，则 $\dfrac{c}{1+c} = 1 - \beta_1 = \beta_2$，$\dfrac{b}{1+c} = b\beta_1 = \beta_3$，整理可得：

$$\ln Y_{it} = \beta_0 + \beta_1 \ln K_{it} + \beta_2 \ln(L + \beta_3 K_{it}) + (u_{it} - \delta_0 - \Sigma_{i=1}\delta_i z_{it} - w_{it}) \quad (4.6)$$

即贝塔系数之间的关系为 $\beta_1 = \dfrac{1}{1+c}$，$\beta_2 = \dfrac{c}{1+c}$，$\beta_3 = \dfrac{b}{1+c}$。

随机前沿分析框架下的数据包络分析法在度量产业生产效率方面能够有效测算出各个行业的技术效率和规模效率，判断企业的生产是否位于生产前沿面上，使得投入和产出达到有效组合，资源达到最优配置。假设决策单元 DMU（decision making unit）共有 n 个，每个决策都包含 s 种投入、m 种产出。其中，投入变量为 Z，产出为 Y，即：

$$Z = (Z_{1j}, Z_{2j}, Z_{3j}, \cdots, Z_{sj})^T > 0$$
$$Y = (Y_{1j}, Y_{2j}, Y_{3j}, \cdots, Y_{mj})^T > 0$$
$$j = 1, 2, \cdots, n$$

假设 λ_j 为投入变量和产出的权重，且 $\Sigma \lambda_j = 1$ 满足凸性假设；S_m，T_t 为松弛变量：

$$\min\theta$$
$$\text{s. t. } \Sigma_{j=1} Z_{ij}\lambda_j + S_i = \theta Z_0$$
$$\Sigma_{j=1} Y_{ij}\lambda_j + T_t = \theta Y_0$$
$$j = 1, 2, \cdots, n$$

若 θ^* 无凸性假设，则方程最优解（假设为 σ^*）为某行业的综合生产效率；若加入凸性假设，则解出 θ^* 为技术效率，规模效率为 $\delta^* = \sigma^* / \theta^*$，即综合生产效率和技术效率的比值为规模效率。

二、指标解释与说明

由于无法得知每年度长三角地区制造业各项投入变量流向中西部地区的具体情况和数字，以及技术转移问题多涉及制造业方面，故本章根据长三角地区的产业聚集度可以大致得出其中投入本地区产业发展的量，从各个投入变量的总量中剔除留在本地、用于本地产业发展的部分，剩余部分可估计为长三角地区向中西部地区转移的量，该数据处理方法在一定程度上也比较符合现实情况。本书所使用的技术转移效率指标如表 4 - 1 所示。

表 4 - 1　　　　　　　　　　　技术转移效率指标体系

投入变量 Z	研发能力	投入到中西部地区的 R&D 资金/R&D 人员数目、发明专利的授权数目
	技术交易	输出技术合同金额、输出技术合同数
	政府支持	企业使用来自政府部门的科技活动资金
	集聚经济	产业集群化程度——产业集聚度
产出变量 Y		中西部地区生产总值 GDP、吸纳技术合同成交额、专利件数

（1）研发能力中 R&D 资金和人员投入数量的大小，对于促进技术转移具有明显的作用。因此，本章选取长三角地区各省份向中西部地区的 R&D 投入变量（经费、人员全时当量和项目数）进入模型，设为变量 Z_1，用于反映长三角地区技术转移中研发方面转移的程度；另外，技术转移过程中的专利授权数目在一定程度上也成为衡量技术转移的重要指标，设为 Z_3。

（2）技术市场的活跃程度体现一个国家科研成果转换为现实生产力水平的实力状况，制造业技术转移过程中必不可少的环节是技术成果的输出和转移，因此本章选取长三角地区向中西部地区的技术输出合同金额和合同数 Z_2 作为衡量该区域科技资源的开放程度和对外辐射的强度。

（3）由于我国特定的国情和政府对于产业转移的政策调整，用于促进长三角地区技术转移的政府资金也成为一大促进力量。长三角地区政府给予中西部地区的资金扶持力度大小影响技术转移的效率和成果，因此本章选取火炬项目计划政府部门资金中投入中西部地区的部分作为投入变量 Z_4。

（4）一个地区的产业转移程度受产业转移黏性因素的影响，长三角地区之所以产业转移进程缓慢，原因在于受到产业集群化的程度影响。产业集聚度作为衡量产业集群程度的指标，用于衡量阻碍长三角地区制造业技术转移的投入因素 Z_5。

（5）长三角地区制造业技术转移的最终成果体现于中西部地区生产总值和增长率的提高，因此 GDP 可以反映中西部地区通过承接技术转移发展自身经济的使用状况，因此设为 Y_1；此外，中西部地区技术市场中吸纳合同金额和合同数也可以作为衡量技术成果转移和吸收的产出因素 Y_2；专利授权个数表示中西部地区在接受来自长三角地区制造业技术转移后用于自身科研发展的产出因素，因此设为 Y_3。

三、提出假设

从技术转移效率来看，长三角地区制造业对于中西部地区的技术转移投入大小，不一定与中西部地区制造业的产出成正比，效率成为评价投入—产出是否在生产前沿面上的标准：（1）长三角地区制造业投入中西部地区的 R&D 资金和人员越多，投入—产出越靠近生产前沿面，则技术转移越有效，对中西部地区承接转移越有利；（2）作为衡量技术成果转化的重要因素，专利授权越多，投入—产出组合越有效；（3）政府部门提供的财政支持越多，越能够提高技术转移效率，从而带动中西部地区制造业各项产出提升；（4）长三角地区的集聚效应产生区域转移黏性，对于中西部地区承接产业转移起到负面作用。

第5节　测算结果与分析

本章长三角地区指的是江苏、浙江、安徽和上海。中西部地区包括河北、山西、内蒙古、吉林、黑龙江、江西、河南、湖北、湖南、广西、四川、贵州、云南、西藏、甘肃、青海、宁夏和新疆。由于数据资料的匮乏，本章选取 2012～2016 年度长三角地区向中西部地区投入的 R&D 经费、人员全时当量和项目估计数，长三角地区向中西部地区的专利授权估计个数和技术输出合同金额和合同数，以及长三角地区用于技术转移的政府部门资金和产业集聚度作为投入指标，所用数据分别来源于国家统计局和科技部网站。产出变量中西部地区 GDP、吸纳技术合同金额以及专利授权数数据均来源于国家统计局和科技部。由于部分年份数据资料的缺乏，故采用以已有年限数据为基础进行回归分析的方法对不全年份数据进行估算。

本章运用 Frontie 4.1 软件，将已建立的技术转移效率评价指标数据代入构建的 BCC 模型，所得技术转移效率评价结果如表 4–2 所示。

表 4 – 2 各个决策单元（长三角地区）DEA 值

DMU（省份）	综合效率 σ^*	技术效率 θ^*	规模效率 δ^*
上海	0.9226	0.9620	0.9688
江苏	0.9549	0.9584	0.9776
浙江	0.9335	0.9293	0.9890
安徽	0.9412	0.9411	1.0017

由表 4 – 2 可知，长三角地区主要省份为上海、江苏、浙江和安徽（由于无法获取城市制造业相关数据，因此将安徽全部纳入长江三角洲地区）。首先，在向中西部地区进行技术转移过程中的综合技术转移效率均值为 0.938175，其中只有浙江的综合效率低于平均值 0.0047 个点，江苏的综合效率最高，反映了江苏的技术转移效率几乎趋近于有效，但仍有不足。其次，就技术效率的测算结果来说，长三角地区的技术效率均值为 0.9477，其中浙江和安徽的技术效率均低于平均水平，说明这两个省份在技术效率非有效，但在改进方面存在较大的改善空间。最后，就规模效率的测算结果来说，长三角地区的规模效率均值为 0.984275，其中安徽的规模效率近似为 1，达到规模有效；但其他省份的规模效率均小于 1，说明这些省份虽然积极通过扩大 R&D 投入金额、增加政府部门支持资金等方式增强技术转移能力，但仍然需提升一定幅度，从而使得投入—产出位于生产前沿面。总体来说，长三角地区主要省份的技术转移效率（综合效率、技术效率和规模效率）均保持在 0.9 水平以上，虽然大部分指标未达到 1 的均衡状态，但是仍然能够说明长三角地区制造业在技术转移方面的效率是非常有效的，如果能够对于具体方面进行改善和提升，我国东、中、西部资源将得到更优配置。

表 4 – 3 ~ 表 4 – 5 为各个指标的排名情况，具体如下所示。

表 4 – 3 按省份划分的技术转移效率——综合效率排名

排名	DMU（省份）	综合效率 σ^*
1	江苏	0.9549
2	安徽	0.9412
3	浙江	0.9335
4	上海	0.9226

表 4 - 4   按省份划分的技术转移效率——技术效率排名

排名	DMU（省份）	技术效率 θ^*
1	上海	0.9620
2	江苏	0.9584
3	安徽	0.9411
4	浙江	0.9293

表 4 - 5   按省份划分的技术转移效率——规模效率排名

排名	DMU（省份）	规模效率 δ^*
1	安徽	1.0017
2	浙江	0.9890
3	江苏	0.9776
4	上海	0.9688

通过投影分析方法，可以进一步探究技术无效省区市投入冗余或产出不足的情况，提供改进目标和方案。能够找出影响技术转移效率的主要因素，以便于为这些省区市更科学合理地配置科技资源提供重要依据。

本章使用投影分析，得出关于各个决策单元，即长三角地区进行制造业技术转移的投入要素改进幅度和方向。由表 4 - 2 可知，长三角地区各个省份均未达到 DEA 有效，虽然各个效率指标的测算存在大小差异，但总体来说均未达到 1 的水平。因此，由表 4 - 6 可知，R&D 投入状况的改进方向为负，说明在现有的技术转移规模水平下存在相对冗余的现象，产业集聚度也对于技术转移效率产生负的作用力度。长三角地区可以通过继续加大向中西部地区的技术输出和政府资金支持来促进产业转移，从而使得各类资源得到最优配置。而从整体技术输出状况、专利授权个数和政府支持资金方面来看，这三项指标的改进方向均为正向，说明在 2012～2016 年，长三角地区主要省份在这三个方面做出了较大努力，取得了一定进步。

表 4 - 6   各个决策单元（DMU）投入可调整幅度和方向   单位：%

省份	投入指标				
	R&D 投入状况	技术输出状况	专利授权个数	政府支持资金	产业集聚度
上海	- 13.78	6.56	32.28	—	- 30.67
江苏	- 14.49	38.56	25.21	23.54	- 34.54
浙江	- 20.35	13.20	—	56.58	- 23.72
安徽	—	27.97	4.52	43.36	- 13.55

第 6 节　结论与政策启示

一、政策建议

本章通过构建随机前沿分析中的 DEA – BCC 模型，对长三角地区制造业向中西部地区技术转移的效率方面进行了测算。结果表明，研究地区的技术和规模效率均未达到有效预期，各项投入和产出组合并未在生产前沿面上。因此，长三角地区制造业的技术转移存在较大的提升空间，我国东、中、西部资源的合理配置和发挥效用也存在较大的改进空间。

在国家宏观层面：

（1）加快建设健全各大产业转移示范区，统筹规划，合理布局，实现产业的平稳顺利转移。培育和建设加工贸易承接转移示范地是支持内陆延边地区承接产业梯度转移、推动区域协调发展的重要举措。应强化发展规划引导，加工贸易承接转移示范地区，制定相关发展规划，完善政策措施，明确承接发展重点，改善承接转移环境等；加大承接转移工作力度，加强对社会资金的引导，通过政府和社会资本合作模式、产业基金等，促进各类公共服务的改善。大力加强承接转移示范地区建设，打造中西部地区产业吸收、引进和创新的良好氛围，有助于东部地区，特别是长三角地区进一步提高产业层次空间，向着高技术附加值和产业链更高端攀升；同时，通过产业转移带动中西部地区社会经济发展，为中西部地区创造更多的就业契机。

（2）加强产业政策层面的调控，出台有利于中西部地区承接产业转移的政策法规。通过宏观政策的优惠条件，引导外国资本从沿海地区产业向中西部地区转移。同时，有关部门也应积极酝酿中西部地区承接产业转移的一揽子鼓励政策，在税收减免、放宽外资引入条件、土地价格、用人用工等方面，给予转出方和承接方双重优惠措施。

在地方政府层面：

（1）建立健全人才引进政策。着力吸引高等人才和海外人才，大力扶持科研机构，为地区产业提供人才储备和技术、知识支撑。随着《中国制造2025》颁布，中国进入工业 4.0 时代，制造业将会遭遇相当程度的人才瓶颈，不仅要面临高级人才匮乏的挑战，还面对低端人力过剩的境地。要想真正摆脱一直处于产业链低端的位置，就必须加快高端人才队伍的建设，完善科研机构和专业技能学校发展体系，大力引进海外人才、留住本土高级人才、培育制造业专用的尖端人才。

（2）在地方税收、投资和信贷方面给予产业必要的优惠和支持。产业向中西部地区转移仅仅出于转出地迫于产业升级转型的压力是远远不够的，还需要承接地政府、社会各方面提供具有吸引力和竞争力的优惠条件，吸引东部地区的重点产业将部分或全部生产环节转移至中西部地区，以带动中西部经济、社会和人文发展。

（3）在注重经济发展的同时，关注资源利用效率和使用状况，监督产业真正做到节能减排、资源充分利用，注重环境保护和资源节约。我国煤炭、石油、天然气等能源资源大都分布在中西部地区，许多资源依赖型产业为了节省成本、靠近生产原料地，纷纷将产业迁往中西部地区。产业转移虽然能够很大程度上带动当地经济发展，为当地解决大量的待就业人口，但是资源浪费和环境破坏问题不容小觑。要想实现制造业的长足发展，必须注重生态环境的保护以及资源的合理利用。

二、启示

中国作为世界上最大的发展中国家，在第四次国际产业转移的浪潮中抓住了机遇，成为产业转移的主要承接梯队。随着近 40 年的产业承接，长三角地区制造业发展得到了率先发展，基础设施的建设健全以及相关产业链的完善使得长三角更具经济实力和创造力，随后产业转型升级的需要也使得产业转移成为不可阻挡的趋势，形成"沿海地区—东部内陆地区—中西部地区"的转移梯度与层次。但是，东部与中西部地区由于经济发展水平不平衡，产业很难自然而然地实现转移。长三角地区作为东部地区的经济重镇，必将在产业转型和升级中经历阵痛。只有改善长三角地区技术转移的效率和结构问题，更加合理、有效地配置资源，才能扭转在经济发展不平衡中的角色，实现我国社会、经济的均衡发展。

第5章

长三角地区交通基础设施
对区域经济的影响

长三角地区是"一带一路"与长江经济带的重要交汇地带，在我国现代化建设大局和全方位开放格局中具有举足轻重的战略地位。长三角城市群经济腹地广阔，拥有众多现代化江海港口群和机场群，高速公路网比较健全，公路铁路交通干线密度全国领先，立体综合交通网络基本形成。长三角城市群的建设一直在向"交通一体化"发展：用高铁网络加速区域"内循环"，逐步实现高铁建设对长三角地区的全覆盖；利用同城效应带动产业优化布局，加快上海向周边地区进行产业转移的长期趋势。因此，研究长三角交通基础设施建设对区域经济的影响不仅是对长三角地区的交通运输和经济发展之间的传导机制做出具体研究，而且期望能将长三角交通基础设施的作用辐射到周边相对欠发达地区，从而揭示交通运输行业在我国区域协调发展中的重要作用。

第 1 节　研究背景

根据2016年5月国务院批准的《长江三角洲城市群发展规划》，长江三角洲城市群共包括26个城市，总体面积达到21.17万平方公里，约占我国全部国土面积的2.2%。长江三角洲位于长江的下游地区，濒临黄海与东海，地处江海交汇之地，沿江沿河港口众多。其优越的地理位置、发达的现代经济，催生了长三角蓬勃发展的交通运输业。

在世界各国的区域经济开发中，以重要干线为依托形成的交通经济带已经成为经济发展的强大驱动力。每年我国的政府支出中有很大一部分是用于交通基础设施建设的，交通设施的发展极大地促进了不同地区间要素和产品的流通，交通运输与宏观经济发展之间相辅相成、密不可分。长期以来，我国各地区的地理区位条件、资源禀赋和经济发展水平差异导致交通运输网络呈现出东部稠密、西部稀疏的空间分布格局。

从数据上来看，1998～2017年，江苏、浙江和上海（以下简称"江浙沪"）每年对交通运输固定投资占全社会固定投资总额的比例并不是呈现增长的趋势（见图5－1）。由此可见，长三角地区交通基础设施建设的速度相比其他领域存在一定的滞后，造成这种滞后的主要原因是长三角基础设施的总量规模大，增量空间有限。然而，随着长三角一体化的推进，产品、要素的自由流动势必会倒逼该地区交通基础设施供给结构的优化升级，现有的投资趋势显然与一体化的交通运输需求不符。

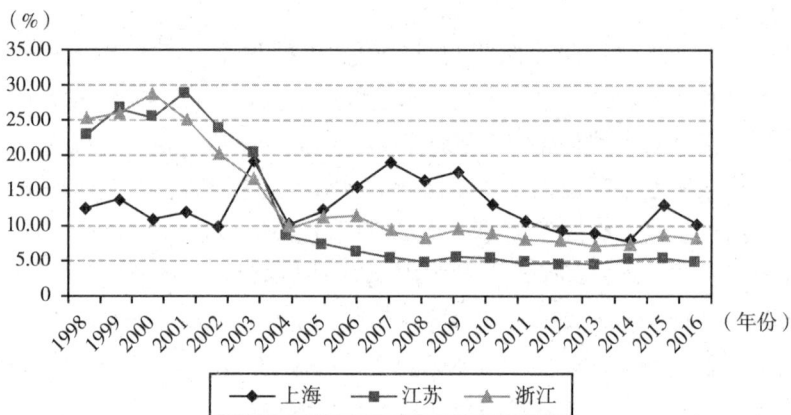

图5－1　1998～2016年江浙沪交通运输固定投资占全社会固定投资总额比重
资料来源：根据江浙沪统计年鉴数据计算得出。

第2节　文献综述与相关理论

国内外学者针对交通基础设施与国民经济之间关系这一问题开展了大量的研究工作，这些研究基于不同的时间跨度和地理尺度，得出的结论也不尽相同。从国内研究来看，韩彪（1994）提出交通运输的"脉冲式发展"这一概念，他创新性地将基础交通运输的发展划分为"渐变时期"和"剧变时期"，指出渐变期和剧变期在交通基础设施发展过程中交替出现，即所谓的"脉冲式"发展。李泊溪、刘德顺（1995）分析了中国基础设施水平区域差异状况，并考察了这种差异对区域经济发展水平的影响，研究发现，基础设施水平与经济增长之间存在着很强的正相关关系，我国基础设施水平的区域差异状况与地区人均国民收入的差异状况存在着很大程度的吻合。张学良（2007）使用面板数据对中国交通基础设施水平与我国区域经济增长之间的关系进行研究，得出如下结论：我国交通基础设施与经济增长表现出很强的空间聚集特征，主要集中在东部沿海发达地区，从交通基础设施对经济增长贡献的区域差异来看，中部地区交通基础设施对经济增长的贡献最大，表明交通先行在中部崛起中起着重要作用。张学良、孙海鸣（2008）运用协整理论和误差修正模型对交通基础设施与经济增长的关系进行了进一步研究，他们发现，交通基础设施与经济增长存在着长期稳定的均衡关系，经济增长是交通基础设施发展的单向格兰杰原因。张镝、吴利华（2008）通过协整检验和误差修正模型进行实证研究，证明了从1952年至2006年，我国经济增长与交通基础设施建设之间具有双向因果关系。董大鹏等（2009）运用向量自回归模型实证分析了东北地区交通基础设施与经济增长之间存在着的长期稳定的均衡关系，他们得出结论：交通基础设施与经济发展之间具有正向的相互促进作用，并且两者之间表现出双向格兰杰因果关系。王家庭和赵亮（2009）基于1979~2007年我国数据的时间序列分析发现，交通运输发展与经济增长之间并不存在双向的因果关系。

从国外研究来看，奥地利学者阿努夫·格鲁布勒（Arnulf Grubler，1990）在其《基础设施的涨落——运输的进化动力学与技术变迁》一文中突破性地提出了运输业进化与技术变迁动力学的概念，他认为，新运输基础结构会逐渐发展直到基本取代旧的交通基础设施，长期来看，不同的交通运输基础设施之间是相互更替的。肯·格林威廉（Ken Gwilliam，1997）利用柯布－道格拉斯生产函数研究了美国1970年至1980年各州之间的高速公路对经济的影响，得出了不显著的结论。克鲁格曼（Krugman，1993）认为交通基础设施与经济发展之间没有因果关系。布尔曼和里特维尔德（Buurman & Rietveld，1999）将交通基础设施投资对经济增长的效应与供需角度相结合进行研究，他们认为从需求角度来看，交通基础设施的短期效应表现为建设过程中创造就业以及增加收入，长期效应表现为经营、维护过程中的创造就业和提高收入；从供给角度来看，交通基础设施的长期效应是通过降低运输成本提高整个社会的生产率。里特维尔德（Rietveld，2000）继续了对交通基础设施的深入研究，证明了在本地、区域和国家三个层次上，交通基础设施投资会明显影响到经济的增长。从方法论角度来看，国外使用计量方法对交通基础设施与经济增长之间关系进行的论证相对于理论分析出现较晚。20 世纪 80 年代末，阿绍尔（Aschauer，1989）开创性地动用计量方法来分析基础设施与经济增长之间的关系，他将基础设施投资的减少与生产率的降低联系起来，运用时间序列模型，得出了公共投入的减少是导致生产率下降的原因的结论。随后，霍尔兹（Holtz，1994）和巴罗（Barro，1995）受到他的启发，将总投资分为基础投资与非基础投资来研究基础设施投资与经济增长的关系。

通过对上述文献的梳理可以发现，对于交通运输基础设施与经济增长之间的关系，目前国内外都存在着三类结论：（1）不存在因果关系：交通基础设施与宏观经济发展之间的关系不显著；（2）单向因果关系：一种观点是经济发展是促进交通基础设施发展的前提条件，另一种观点为交通基础设施建设是经济增长的重要动力，并且变量之间的反向作用关系并不明朗；（3）双向因果关系：交通基础设施与国民经济相互促进，国民经济的发展是交通运输行业前行的基础，交通基础设施的完善反过来也能促进经济的发展。由此可见，对这一问题的研究需要考虑时间范围与空间尺度的异质性。

第 3 节　长三角内部交通基础设施与区域经济的相关性分析

一、变量的选择

为方便回归模型的构建和数据的处理，本章选取公路和内河航运作为长三角地区交通基础设施的代表，这一选择主要基于以下考量：首先，公路运输在长三角货运总量中所占比重最高，平均占比约为 60%，相比而言，铁路运输的比重较低，仅占 5% 左右；其次，江浙沪地区水系发达，水网密布，以长江黄金水道为代表的内河航运在货运总量中所占比重仅次于公路，其对长三角经济社会发展的贡献不容忽视。将 1998～2016 年江浙沪各交通运输方式的年度货运量占总货运量的百分比作图，如图 5-2 所示。

货运量是一定时期内某种交通运输方式实际运送的货物数量。在我国，年度货运量是制定运输计划和考核运输任务完成情况的主要依据之一，并且与宏观经济息息相关。由图 5-2 可知，江浙沪地区货运大多选择公路运输与内河航运，并且在 2012 年以后，水运又一次呈现高速发展态势，有逐渐追平公路货运的趋势。研究表明，货运量与宏观经济的相关性远大于客运量，基于此，本章选取公路和内河航运这两种交通基础设施的营运里程长度，以各自的年度货运量占年度总货运量的比重作为权重进行加权，得出衡量交通基础设施的存量指标 T 作为自变量，即：

$$T = T_{ship} \times \left(\frac{N_{ship}}{N_{ship} + N_{road}} \right) + T_{road} \times \left(\frac{N_{road}}{N_{ship} + N_{road}} \right) \tag{5.1}$$

其中，T 为交通基础设施指标，T_{ship} 为内河航运营运里程，T_{road} 为公路营运里程，N_{ship} 为内河航运年度货运量，N_{road} 为公路年度货运量。

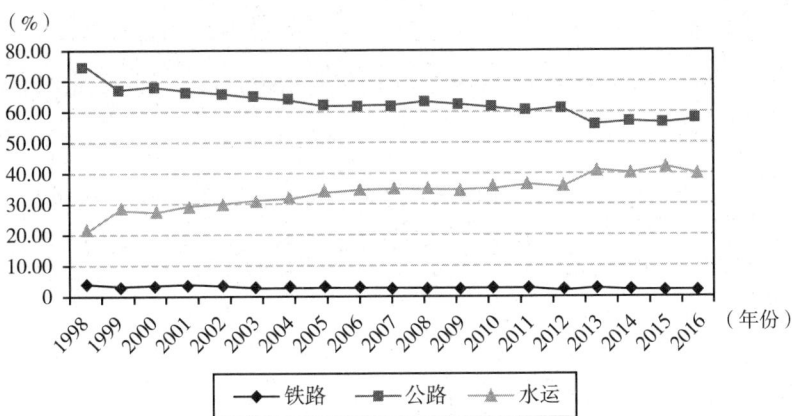

图 5 - 2 1998～2016 年江浙沪各交通运输方式货运量占比

资料来源：根据江浙沪统计年鉴数据计算得出。

为估计各生产要素对总产出的贡献率，通常使用柯布 - 道格拉斯生产函数。其设定如下：

$$Y = AL^{\alpha}K^{\beta} \tag{5.2}$$

其中，Y 为社会总产出，A 为技术水平，L 为劳动力，K 为资本存量，α 为劳动的产出弹性，β 为资本的产出弹性。

本章主要研究长三角交通基础设施对区域经济的影响，为此，我们扩展了传统的柯布—道格拉斯生产函数，引入了交通基础设施（T）这一新的生产要素。具体设定如下：

$$Y = AL^{\alpha}K^{\beta}T^{\gamma} \tag{5.3}$$

其中，γ 表示交通基础设施对总产出的贡献程度。为克服数据的异方差性，对上式进行对数变换，可得：

$$\ln Y = c + \alpha \ln L + \beta \ln K + \gamma \ln T \tag{5.4}$$

根据式（5.4）的计量模型，选取产出、劳动、资本、交通基础设施四个观测变量。国内生产总值（GDP）数据来自国家统计局以及江浙沪两省一市的统计年鉴，选取 1978～2016 年的年度数据，使用以 1978 年为基期的 GDP 平减指数计算江浙沪实际 GDP，以此消除历年通货膨胀的影响。选取 1978～2016 年江浙沪三地统计年鉴中三次产业总就业人数作为劳动力的观测数据。资本存量 K 的数据则根据单豪杰（2008）的估算方法得到。

二、平稳性检验

使用 Stata 14.0 软件对时间序列 $\ln(T)$，$\ln(GDP)$，$\ln(K)$ 以及 $\ln(L)$ 分别进行 ADF 检验，结果如表 5-1 所示。

表 5-1　　　时间序列 $\ln(GDP)$，$\ln(T)$，$\ln(K)$ 和 $\ln(L)$ 单位根检验结果

变量	ADF 值	1% 临界值	5% 临界值	10% 临界值	P 值	结论
$\ln(GDP)$	-2.543	-4.270	-3.552	-3.211	0.1836	不平稳
$\ln(T)$	-1.036	-4.270	-3.552	-3.211	0.6895	不平稳
$\ln(K)$	-2.958	-4.270	-3.552	-3.211	0.2150	不平稳
$\ln(L)$	-1.623	-4.270	-3.552	-3.211	0.7897	不平稳

根据表 5-1 可知，四个时间序列 $\ln(GDP)$，$\ln(T)$，$\ln(K)$ 和 $\ln(L)$ 的 ADF 值都无法拒绝存在单位根的原假设，由此可见，上述时间序列均为非平稳序列。将上述非平稳序列进行一阶差分后，再一次进行 ADF 检验，检验结果如表 5-2 所示。

表 5-2　　　一阶差分后的时间序列 $\ln(GDP)$ 和 $\ln(T)$ 的单位根检验结果

变量	ADF 值	1% 临界值	5% 临界值	10% 临界值	P 值	结论
$d\ln(GDP)$	-3.541	-4.279	-3.556	-3.214	0.0320*	平稳
$d\ln(T)$	-7.562	-4.279	-3.556	-3.214	0***	平稳
$d\ln(K)$	-4.632	-4.279	-3.556	-3.214	0***	平稳
$d\ln(L)$	-5.578	-4.279	-3.556	-3.214	0***	平稳

注：***、**、*分别表示在 1%、5% 和 10% 的显著性水平下通过检验。

由表 5-2 可知，在 10% 的水平之下，四个一阶差分后的时间序列 $d\ln(GDP)$，

$d\ln(T)$, $d\ln(K)$ 和 $d\ln(L)$ 都是平稳的，显示出一阶单整过程。

三、协整分析

本章使用 Stata 14.0 软件对变量进行协整分析的结果如表 5 – 3 所示。

表 5 – 3　　　　　　　　　　协整检验结果

协整关系	特征值	秩统计量	5% 临界值
0	—	60. 4761	54. 64
1	0. 56371	28. 6683*	34. 55

如表 5 – 3 所示，以上序列之间存在协整关系，协整秩为 1，说明江浙沪区域经济的总产出 Y 与交通基础设施 T、劳动力 L、资本存量 K 之间存在稳定的长期关系。

四、回归分析

根据前文的平稳性分析、协整分析以及式（5.4），可构建本章的交通基础设施对经济增长的回归模型：

$$\ln Y_t = c + \alpha \ln L_t + \beta \ln K_t + \gamma \ln T_t + \varepsilon_t \tag{5.5}$$

其中，下标 t 为时间，ε_t 为随机误差项，为白噪声过程。

根据上述计量模型，结合江浙沪 1978 ~ 2016 年的观测数据，使用 Stata 14.0 软件可以估计出各要素的产出弹性。回归结果如下：

$$\ln GDP = -1.362 + 0.654\ln L + 0.692\ln K + 0.106\ln T$$
$$(-3.98) \quad (2.74) \quad (20.69) \quad (8.94)$$
$$R^2 = 0.9987 \quad Adj\text{-}R^2 = 0.9980 \quad F = 6142.86$$

上述回归结果显示，各要素的产出弹性均显著为正。值得注意的是，由于柯布 – 道格拉斯生产函数满足规模报酬不变的条件，即 $\alpha + \beta + \gamma = 1$，因此，需要将各生产要素的回归系数做标准化处理：

$$\alpha' = \alpha/(\alpha + \beta + \gamma) = 0.45, \beta' = \beta/\alpha + \beta + \gamma = 0.48, \gamma' = \gamma/\alpha + \beta + \gamma = 0.07$$

根据回归分析可知，江浙沪交通基础设施建设对区域经济发展起到正向推动作用。由回归系数可知，1978～2016年，江浙沪的交通基础建设对社会总产出的贡献率为7%，对区域经济的增长起到了不可忽视的作用。

第4节　长三角内部交通基础设施冲击的动态随机一般均衡分析

一、模型适用性

动态随机一般均衡（DSGE）模型用于研究各种外生随机冲击对经济系统的影响及传导机制，因此，本章首先检验交通基础设施对经济系统冲击的随机性。

选择1978～2016年江浙沪三地统计年鉴中交通运输行业社会总产值的年度增长率代表交通基础运输对区域经济的冲击，用变量 $\Delta \ln GDP_T$ 表示。使用Stata 14.0 软件对时间序列 $\Delta \ln GDP_T$ 是否为白噪声过程进行检验，结果如表5-4所示。

表5-4　　　　　　　　时间序列 $\Delta \ln GDP_T$ 白噪声过程检验结果

原假设	$\Delta \ln GDP_T$ 是白噪声过程
Q 统计量	16.5975
P 值	0.3728
结论	不能拒绝原假设

由白噪声检验结果可知，时间序列 $\Delta \ln GDP_T$ 是纯随机过程，因此，本章认为在江浙沪地区，交通基础设施冲击属于随机冲击，可以使用 DSGE 模型分析江浙沪交通基础设施冲击对区域经济的影响。

二、模型的假定

（1）三部门经济系统：家庭部门，企业部门，交通部门；为研究交通基础设施对区域经济的影响，将交通运输行业作为一个独立部门从企业部门中分离出来。

（2）封闭型经济体系：不存在对外的进出口。

（3）经济中，各个市场均为完全竞争市场；均衡状态下，商品市场和劳动力市场出清。

（4）全社会总资本存量 K 分为两个部分，一部分是交通基础设施资本，另一部分为交通基础设施以外的其他资本存量。

三、模型构建

1. 家庭部门

假定经济体中存在无数同质且具有无限寿命的家庭，因此，整个家庭部门可由一个代表性家庭来表示。代表性家庭的目标是在有限的资源约束之下寻求终生效用的最大化。为考察交通基础设施对宏观经济的影响程度和传导机制，本章在传统的家庭效用函数中引入了交通基础设施消费。这一设定主要基于如下考量：交通基础设施的不断完善可以为家庭节省出行时间，提供出行便利，增加出行方式的选择，由此提高家庭的效用水平。效用函数的具体设定如下：

$$U(C_t, L_t, T_t) = \frac{c_t^{1-\theta} - 1}{1-\theta} + \eta \ln(1-L_t) + \tau \ln T_t \tag{5.6}$$

其中，C_t 为第 t 期家庭的消费情况，L_t 为第 t 期家庭提供的劳动时间，T_t 为第 t 期交通基础设施情况，θ 为家庭消费的风险规避系数，η 为家庭效用对闲暇的偏好程度，τ 为家庭效用对交通基础设施的偏好程度。

家庭的目标是追求终生效用最大化，其跨期目标函数为：

$$\max \sum_{t=0}^{\infty} \omega^t \left[\frac{c_t^{1-\theta} - 1}{1-\theta} + \eta \ln(1-L_t) + \tau \ln T_t \right], \omega < 1 \tag{5.7}$$

其中，ω 为折现因子。

家庭的决策受到预算约束的影响，即在均衡条件下，家庭为获得效用所做的支出 C_t，I_t，T_t 之和必须等于其总收入，也就是总产出 Y_t：

$$Y_t = C_t + I_t + T_t \tag{5.8}$$

其中，I_t 第 t 期家庭的投资支出。

资本积累方程为：

$$K_{t+1} = (1-\delta)K_t + I_t \tag{5.9}$$

其中，K_{t+1} 和 K_t 分别为第 $t+1$ 期和第 t 期的资本存量水平，δ 为资本折旧率。

将式（5.9）代入式（5.8）可得：

$$Y_t = C_t + K_{t+1} - (1 - \delta)K_t + T_t \tag{5.10}$$

式（5.10）中，左边等于第 t 期家庭的总收入，右边等于第 t 期家庭的总支出，在稳态时，收支应平衡，两者相等，成为式（5.7）的约束条件。

2. 企业部门

在经济体中，假定存在两种企业，一种就是提供交通基础设施的企业，另一种是生产最终消费品的企业。生产最终消费品的企业面临完全竞争市场，该类企业通过出售最终消费品来追求利润最大化，企业投入要素除了资本和劳动外，还包含交通基础设施，生产函数同样采用规模报酬不变的柯布－道格拉斯生产函数。值得注意的是，在企业部门中，我们并没有将交通运输行业视为一个独立存在的部门，而是将其看作最终商品生产的一种特殊的投入要素。企业的总产出可以表示为：

$$Y_t = A_t L_t^\alpha K_{it}^\beta T_t^\gamma \tag{5.11}$$

其中，Y_t 第 t 期企业的总产出，A_t 为第 t 期科技水平，L_t 为第 t 期劳动力投入，K_{it} 为第 t 期除交通设施以外的资本投入，T_t 为第 t 期交通基础设施投入。α 为劳动投入对企业总产出的弹性，β 为资本投入对企业总产出的弹性系数，γ 为交通基础设施对企业总产出的弹性，因为生产函数的规模报酬不变性质，因此有：$\alpha + \beta + \gamma = 1$。

A_t 表示科技水平，也是一种外生随机冲击，服从一阶自回归方程：

$$\ln A_t = (1 - \rho_A) \ln \bar{A} + \rho_A \ln A_{t-1} + \varepsilon_t^A \tag{5.12}$$

其中，$\bar{A}$ 为技术水平变量的稳态值，ρ_A 为相邻两期技术冲击间的相关系数，ε_t^A 为随机误差项，服从均值为零，序列不相关的正态分布。

第 t 期的资本存量由两部分组成：$K_t = K_{it} + K_{jt}$，其中，K_{jt} 为全社会固定资产投资中交通基础设施的资本存量。

企业作为最终产品的生产商，目标是追求既定成本下的利润最大化，即：

$$\max[Y_t - (L_t W_t + K_t R_t)] \tag{5.13}$$

其中，W_t 为每单位劳动获得的实际工资水平，R_t 为资本的租金率。

式（5.13）中，$L_t W_t + K_t R_t$ 是家庭的总收入，也表示企业的生产成本。因此，$Y_t - (L_t W_t + K_t R_t)$ 表示企业利润函数。将式（5.11）代入式（5.13），求解厂商利润最大化的一阶条件可以得到厂商的劳动力和资本需求函数。

3. 交通部门

模型将交通部门从经济体中独立出来，成为与家庭部门，企业部门相并列的第三个部门。同时交通部门也作为社会的一个公共基础部门，用变量 T_t 表示其部门产出。作为资金密集型部门，本章选定资金和土地作为其生产要素投入，则其部门产出将取决于交通运输资本存量和投入的土地量，公式表示如下：

$$T_t = K_{jt} G_t \tag{5.14}$$

其中，K_{jt} 为第 t 期全社会固定资产投资中交通基础设施的资本存量，G_t 为第 t 期投入交通部门的土地量。考虑到 T_t 作为经济体系的外生交通基础设施冲击，假定其服从如下的一阶自回归方程：

$$\ln T_t = (1 - \rho T)\ln \bar{T} + \rho_T \ln T_{t-1} + \varepsilon_t^T \tag{5.15}$$

其中，$\bar{T}$ 为交通基础设施的稳态值，ρ_T 为相邻两期交通基础设施冲击间的相关系数，ε_t^T 为随机误差项，服从均值为零，序列不相关的正态分布。

四、模型求解

在本章中，将模型设置为一个三部门经济，在完全竞争的状况下，家庭部门追求预算约束之下的终生效用最大化，企业部门追求既定成本水平下的利润最大化。求解家庭和企业部门最大化的一阶条件，结合资源约束方程可以得到经济系统的均衡方程组。

$$\frac{\eta}{1 - L_t} = \alpha C_t^{-\theta} A_t L_t^{\alpha-1} K_{it}^{\beta} K_{jt}^{\gamma} G_t^{\gamma} \tag{5.16}$$

$$\frac{\tau}{\kappa_{jt}} = C_t^{-\theta} A_t L_t^{\alpha} K_{it}^{\beta-1} K_{jt}^{\gamma-1} G_t^{\gamma}(\beta K_{jt} - \gamma K_{it}) + C_t^{-\theta} Gt \tag{5.17}$$

$$\frac{\tau}{G_t} C_t^{-\theta}(K_{jt} - \gamma A_t L_t^{\alpha} K_{it}^{\beta} K_{jt}^{\gamma} G_t^{\gamma-1}) \tag{5.18}$$

$$\gamma K_{jt} = \beta K_{jt} \tag{5.19}$$

$$R_t = \beta \frac{Y_t}{K_{it}} \tag{5.20}$$

上述方程组刻画了经济体的动态一般均衡，此外，经济系统还要满足以下条件：

（1）初始资本存量 K_0 给定；

（2）在均衡处，劳动供给为一个常数；

（3）最优化的资源约束需满足横截条件（TVC）：

$$\lim_{t \to \infty} \omega^t u_c (C_t, 1 - L_t) K_{t+1} = 0 \tag{5.21}$$

式（5.21）表示无限期内，有限资本的折现价值等于0。式（5.16）~式（5.20）是模型最优化问题取得内部解的充分必要条件。模型动态最优化问题的均衡解可通过一组内生变量序列 $\{Y_t, C_t, I_t, K_{it}, K_{jt}, R_t, A_t, L_t, G_t, K_t, T_t\}$ 来表示。通过对均衡方程组在稳态附近对数线性化，可以分析模型在遭受外生冲击时的演化路径。对数线性化的结果如下：

$$\widehat{l_t}(1 - \bar{L})\eta = \alpha[(-\theta)\widehat{c_t} + \widehat{a_t} + (\alpha - 1)\widehat{l_t} + \beta \widehat{k_{jt}} + \gamma \widehat{k_{jt}} + \gamma \widehat{g_t}] \tag{5.22}$$

$$\tau \widehat{g_t} = \theta \widehat{c_t} + \gamma \bar{K}_j \frac{\bar{Y}}{\bar{G}} \left\{ \widehat{k_{jt}} - \gamma \left[\widehat{a_t} + \alpha \widehat{l_t} + \beta \widehat{k_{it}} + \gamma \widehat{k_{jt}} + (\gamma - 1)\widehat{g_t} \right] \right\} \tag{5.23}$$

$$\gamma \widehat{k_{it}} = \beta \widehat{k_{jt}} \tag{5.24}$$

$$\widehat{r_t} = \beta(\widehat{y_t} - \widehat{k_{it}}) \tag{5.25}$$

$$\widehat{y_t} = \widehat{a_t} + \alpha \widehat{l_t} + \beta \widehat{k_{it}} + \gamma \widehat{t_t} \tag{5.26}$$

$$\bar{Y} y_t = \bar{C} \widehat{c_t} + \bar{I} \widehat{l_t} + \bar{K}_j \bar{G} (\widehat{k_{jt}} + \widehat{g_t}) \tag{5.27}$$

$$\bar{K} \widehat{k_t} = (1 - \delta) \bar{K} \widehat{k_{t-1}} + \bar{I} \widehat{I_t} \tag{5.28}$$

$$\bar{K} \widehat{k_t} = \bar{K} \widehat{k_{it}} + \bar{K}_j \widehat{k_{jt}} \tag{5.29}$$

$$\widehat{t_t} = \widehat{k_{jt}} + \widehat{g_t} \tag{5.30}$$

$$\widehat{a_t} = \rho_A + \widehat{a_{t-1}} + \varepsilon_t^A \tag{5.31}$$

$$\widehat{t_t} = \rho_T \widehat{t_{t-1}} + \varepsilon_t^T \tag{5.32}$$

式（5.22）~式（5.32）中，带"^"号的大写字母表示该变量的稳态值，带"^"号的小写字母表示对该变量对其稳态的百分比偏离，即 $\widehat{var_t} = \frac{\Delta var_t}{var}$。生产函数式（5.11）对数线性化的结果为式（5.26）；对家庭预算约束式（5.8）对数线性化，结果为式（5.27）；对资本积累过程式（5.9）进行对数线性化，结果为式（5.28）；技术和交通基础设施的冲击式（5.12）和式（5.15），线性变化结果为式（5.31）及式（5.32）。模型结果中共有11个变量，因此，对数线性化之后得到11个方程式。

第5节　长三角内部交通基础设施动态一般均衡模型的参数校准

一、数据来源与分析

模型中所涉及的数据包括以下部分。

（1）社会总产出：数据来源为1978～2016年江浙沪三地统计年鉴中地区生产总值数据，并通过各年的GDP平减指数进行调整，得到年度实际生产总值。

（2）消费水平：数据选取三地统计年鉴中居民消费的年度数据，同时根据1978年消费价格定基指数进行调整，剔除价格水平变化的影响。

（3）新增投资：选取江浙沪三地统计年鉴中固定资产投资总额的年度数据。

（4）资本存量：参考单豪杰（2008）的永续存盘法对江浙沪三地历年的社会资本存量进行估算。在DSGE模型中，将社会总资本存量 K_t 分为交通基础设施资本存量 K_{jt} 和其他社会资本存量 K_{lt}。由于统计年鉴中2003年才开始对社会资本存量分经济类别进行统计，因此难以准确估算两者在社会总资本存量中所占比重。根据2003～2016年的江浙沪资产存量分类数据可知，交通基础设施资本存量 K_{jt} 占总资本存量的比例在7%～9%范围内波动，基于此，将 K_{jt} 在 K_t 中所占比重校准为8%，K_{lt} 占比校准为92%。

（5）就业人数：数据来源于江浙沪三地统计年鉴中三次产业总就业人数的统计数据。

（6）交通基础设施投入的土地要素：如前文中选择变量时所述理由，选择内河航运与公路运输作为江浙沪货运的代表运输方式，因此，模型选择内河航运和公路运输的营运里程数来度量交通基础设施投入的土地要素。

本章使用EViews 9.0软件对以上六个变量进行H-P滤波，通过滤波图来分析1978～2016年期间江浙沪三地的区域经济剔除趋势项后的波动状况。得到的滤波图如图5-3～图5-8所示。

通过H-P滤波图，可以看出，从1978年改革开放以来，江浙沪区域经济在长期稳步增长的趋势之下，经历了多次较大的短期波动。其中，居民消费C、资本存量K、固定投资I与区域经济总产出Y的波动存在较高的相关性。

而就业人口 L 以及交通基础设施 T 的波动形势与区域经济总产出波动的相关性不高，呈现非周期性，因此其可能会对江浙沪的实体经济造成冲击。

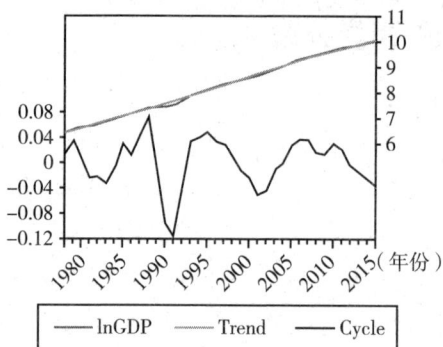

图 5-3　1978~2016 年区域经济
总产出 Y 波动

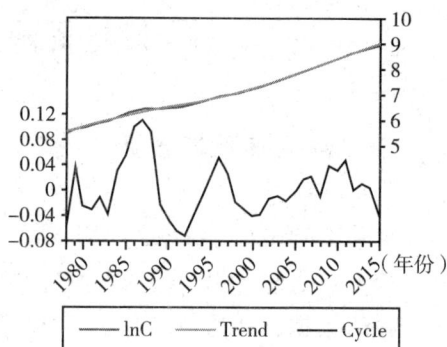

图 5-4　1978~2016 年居民
消费 C 波动

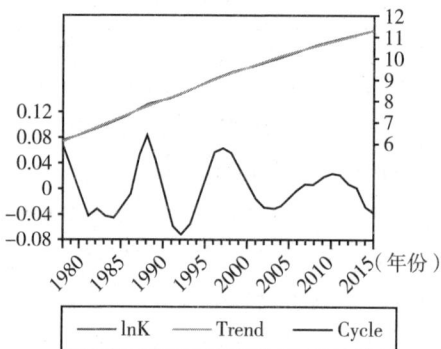

图 5-5　1978~2016 年资本存量 K 波动

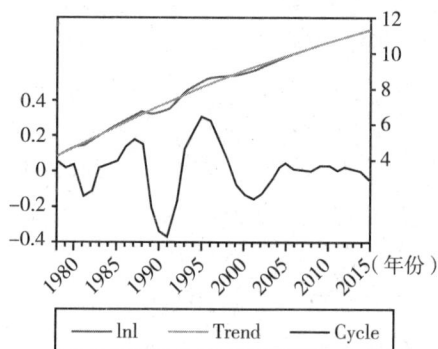

图 5-6　1978~2016 年固定投资 I 波动

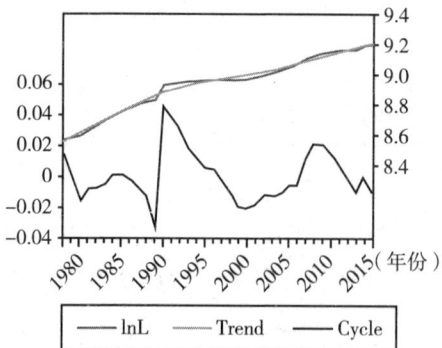

图 5-7　1978~2016 年
就业人口 L 波动

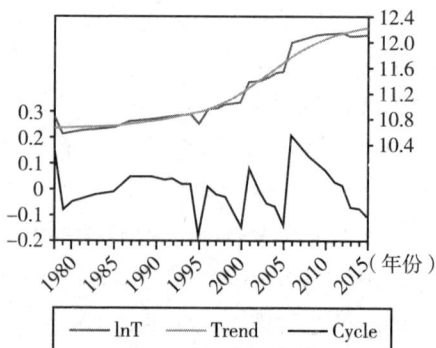

图 5-8　1978~2016 年交通
基础设施 T 波动

二、参数的校准与估计

参数的校准是根据之前学者们的研究结果，将相关参数的估值结果引用到本模型中。

（1）家庭风险规避系数 θ。国内学者顾六宝和肖红叶（2005）选择 K-R 模型和 A-P 模型两种估算方法得出的我国消费风险规避系数分别为 3.169 和 3.916。本章采用他们的方法，再结合实际观测数据，得到该参数的平均估计值为 3.543，以此作为模型中风险规避系数的校准值。

（2）偏好系数。李和扎克（Li & Zax，2003）根据 1995 年我国居民收入调查数据估计出城镇居民的劳动力供给弹性 0.054，本章以他们的估算结果为基准，将劳动力供给弹性的倒数 η 校准为 20。交通基础设施的偏好系数 τ 衡量了交通基础设施的变动对家庭效用的影响，本章通过家庭的交通基础设施消费对总消费的弹性来校准这一参数，校准结果为 1.5。

（3）折旧率 δ。在上文中资本存量 K 的估算中，选用了单豪杰（2008）的方法，因此在校准折旧率时也采用单豪杰的估计值，取 $\delta = 10.96\%$。

（4）投入要素的弹性系数。由前文回归分析的估计结果可得 $\alpha = 0.45$，$\beta = 0.48$，$\gamma = 0.07$。

（5）资本回报率稳态值 $\bar{R}$。当模型处于稳态时，资本回报率的取值为 $\bar{R} = \left(\sum_{t=1978}^{2016} \frac{\beta Y_t}{K_{it}} \right) / 38$，根据江浙沪三地 1978～2016 年的实体经济数据计算可得，模型中的资本回报率稳态值 $\bar{R} = 1.2698$。

（6）贴现率 ω。在稳态处，贴现率 $\omega = \frac{1}{R}$，根据上文中计算得出的 $\bar{R}$ 可得贴现率 $\omega = 0.7875$。

（7）劳动力供给稳态值 $\bar{L}$。我国学者曾湘泉、于泳（2006）以及都阳、陆旸（2011）都利用菲利普斯曲线以及卡尔曼滤波法，分别对我国的劳动失业率进行过估算，认为我国劳动失业率在 4.8%～5.6% 以及 3.78%～5.42% 之间。本章综合考虑这两种结论，将自然失业率校准为 5.0%，则劳动力供给稳态值 $\bar{L} = 0.95$。

（8）技术冲击。由于稳态处技术冲击只存在水平效应，无波动效应，因此稳态值 = 1。根据规模报酬不变的柯布－道格拉斯生产函数式（5.3）可知，

$\ln A_t = \ln Y_t - \alpha \ln L_t - \beta \ln K_t - \gamma \ln T_t$，由于前文中使用 Stata 14.0 软件已经计算出 α，β，γ 的值，再根据技术冲击的一阶自回归方程：$\ln A_t = (1 - \rho_A) \ln \bar{A} + \rho_A \ln A_{t-1} + \varepsilon_t^A$ 以及江浙沪三地 1978～2016 年实际经济数据可以估计出 $\rho_A = 0.512$，$\varepsilon_t^A = 2.149$。

（9）交通基础设施冲击。稳态值 $\bar{T}$ 同样设为 1，根据交通基础设施外生冲击的一阶自回归方程：$\ln T_t = (1 - \rho_T) \ln \bar{T} + \rho_T \ln T_{t-1} + \varepsilon_t^T$，可以计算出相关系数 $\rho_T = 0.9549$，随机误差 $\varepsilon_t^T = 0.4718$。

从上述分析可得，本章构建的 DSGE 模型的参数校准结果如表 5 - 5 所示。

表 5 - 5　　　　　　　　　　DSGE 模型参数校准结果

θ	η	τ	δ	α	β	γ	$\bar{R}$
3.543	20	1.5	0.1096	0.45	0.48	0.06	1.2698
ω	$\bar{L}$	$\bar{A}$	ρ_A	ε_t^A	$\bar{T}$	ρ_T	ε_t^T
0.7875	0.95	1	0.512	2.149	1	0.9549	0.4718

三、实证与模拟结果对比

本章选择使用 Dynare 软件对模型进行脉冲响应分析。以此考察交通基础设施冲击对主要宏观经济变量（产出 Y_t、投资 I_t 和交通基础设施资本存量 K_{jt}）的影响程度，脉冲响应结果如图 5 - 9 所示。

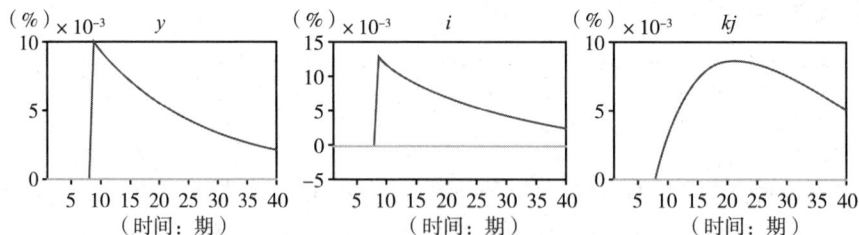

图 5 - 9　模型中各变量对外生交通基础设施冲击所作出的反应

由图 5 - 9 可以看出，当模型在第 8 期施加了一个正向的外生交通基础设施冲击时，区域经济总产出 Y_t、交通基础设施的资本存量 K_{jt} 以及居民投资支出 I_t 均迅速上升，随后逐渐向均衡状态下降，趋势持续到 40 期之后。不同的是，区域经济总产出 Y_t 和居民投资支出 I_t 在基础交通设施冲击之后瞬间达到最大响应值。而交通基础设施的资本存量 K_{jt} 对冲击的响应存在一定的滞后性，在大约第 18 期 K_{jt} 的响应值达到最大。

将 Dynare 模拟的经济中各变量的标准差与江浙沪 1978 年至 2016 年实体经济中各变量的标准差相除，得到 Kydland-Prescott（K-P）比率。K-P 比率的大小反映了模拟经济中能解释实际经济变量波动的百分比，K-P 值越接近 1，则模型拟合效果越好，对实体经济的解释能力越强。本章的模拟结果与江浙沪实际经济的对比结果如表 5-6 所示。

表 5-6　　　　　　　　　　模拟与实证结果对比

变量	模拟经济标准差	实际经济标准差	K-P 比率（%）
产出 Y	3.27	5.48	59.67
居民消费 C	1.01	3.97	25.54
资本存量 K	5.48	7.32	74.86
投资 I	1.58	2.40	65.83
劳动 L	0.47	1.31	35.88

由表 5-6 可知，总产出 Y、资本存量 K 以及投资 I 的 K-P 值均达到了 50% 以上，说明本章构建的 DSGE 模型在解释这三个变量的波动上与江浙沪的实际经济存在较好的一致性。但是对于居民消费 C 和劳动 L，模型的拟合效果一般，对这两个变量波动的解释程度不高。因此，从（K-P）值的分析来看，在区域经济中加入交通基础设施冲击构建的 DSGE 模型对江浙沪实体经济具有较好的拟合性，但是对个别变量的解释力度较低，这说明模型尚存在一定的不足，仍有待改进。

第 6 节　长三角交通基础设施对其他区域经济影响的实证检验

上文通过理论模型和数值模拟考察了长三角基础设施建设对区域经济的促进作用，为确保理论分析与经验事实的一致性，本节从实证层面进一步检验这种促进作用。

本节的实证模型借鉴了巴罗的增长模型。结合相关文献的研究结论，本节将投资额、人力资本、资本存量、区域开放程度，地理位置以及交通基础设施建设情况作为区域经济增长的解释变量，计量模型设定如下：

$$ggdp_{i,t} = \alpha \times ggdp_{i,t-1} + \beta \times \ln gdp_{i,t-1} + \gamma \times transport_{i,t} + \phi \times X_{i,t} + f_i + \varepsilon_{i,t}$$

$$(5.33)$$

其中 $ggdp$ 代表人均实际 GDP 的年均增长率，在计算实际 GDP 时，以 1998 年为基期消除通货膨胀影响。为减小经济波动带来的影响，确保模型的稳健性，本节还计算了 5 年的 GDP 移动平均增长率。$\ln gdp$ 代表人均 GDP 的自然对数值；X 表示影响经济增长的其他因素，包含资本存量、人力资本和政府支出。$transport$ 表示各地区交通基础设施建设情况，用铁路营运里程和公路里程表示。由于不同区域之间地理、环境、气候存在差异，这种差异可能会对经济带来一定的影响，而这种差异又难以量化，所以利用 f 表示不同区域之间的固定效应，即不随时间变化的个体效应对经济的影响。

资本 k 采用资本存量的自然对数表示，估计资本存量时采用了前文中单豪杰（2008）的估计方法。人力资本 edu 用人均受教育年限来表示。政府支出 gov 用地方财政支出占当地 GDP 的比例表达。$population$ 表示当地人口密度，单位为每平方公里常住人口数。

数据来自《中国统计年鉴》及地区统计年鉴，包含 27 个省区市在 1998 ~ 2017 年的数据。变量的统计描述如表 5 - 7 所示。$ggdp1$ 表示一年期的 GDP 增长率，$ggdp5$ 表示五年期的平均 GDP 增长率。

表 5 - 7　　　　　　　　　　　变量描述性统计

变量	观察值	均值	样本标准差	最小值	最大值
$ggdp1$	513	0.094	0.047	-0.251	0.218
$ggdp5$	432	0.094	0.029	-0.019	0.191
$\ln gdp$	540	7.672	0.768	6.061	10.374
$transportation$	540	11.430	5.749	1.250	16.210
k	540	12.080	0.890	9.795	15.494
edu	540	9.020	1.343	5.539	13.711
gov	540	0.143	0.053	0.049	0.370
$population$	540	412.860	523.870	6.472	3 388.580

1. 模型计量方法

模型（5.33）为动态面板计量模型，其特点是将被解释变量的滞后项作为解释变量，这种设定形式将不可避免地引起内生性问题。此外模型中包含很多受到经济增长影响的解释变量，这些解释变量与经济增长存在双向因果关系，所以最小二乘法估计的前提条件难以满足。为解决这些问题，通常采用广义矩估计（GMM）进行参数估计。

2. 实证结果分析

表5-8列出模型的估计结果和显著性水平。模型1选取一期GDP增长率作为被解释变量，模型2选取五期GDP增长率作为被解释变量。从表中可以看出，使用五期移动平均的GDP增长率会减小经济波动的影响，并且模型的拟合优度更高。在模型2中，交通基础设施建设对经济增长有显著的促进作用，在1%的显著性水平下通过假设检验，说明从经济增长的长期趋势来看，交通基础设施建设可以促进经济增长，而从短期（模型1）来看，交通基础设施对经济的正向促进作用不显著。

表5-8　　　　　　　　　　　交通基础设施对经济的影响

被解释变量	模型1	模型2
	*ggdp*1	*ggdp*5
ggdp	0.176 (2.816)*	0.2844 (5.723)**
ln*gdp*	−0.302 (5.62)***	−0.171 (8.69)***
transport	1.87E−04 (1.09)	8.53E−04 (8.54)*
k	0.26 (4.57)***	0.377 (6.32)***
edu	0.036 (2.32)*	0.172 (4.1)**
gov	−303 (2.88)***	−0.213 (4.55)***
population	7.21E−05 (1.43)	9.88E−06 (1.2)
const	0.201 (0.204)	0.337 (0.114)

注：***、**、*分别表示在1%、5%和10%的显著性水平下通过检验。

从交通基础设施的体量来看，江浙沪地区相比西部地区有明显优势。西部地区的经济发展相对缓慢也受到其交通设施不完善的限制，进而逐步扩大与江浙沪地区的发展差距，造成了经济发展不均衡的特点。

此外还可以观察到，无论是模型1还是模型2，人均GDP系数均为负，并且通过假设性检验，说明经济发展水平较低的地区，具有较高的经济增长速度，即存在显著的追赶效应。人力资本 edu 系数为正，分别在10%和5%的水平下显著，说明提高人民群众知识水平，可以提高科技发展水平，从而间接促进经济增长。而较为贫困的地区由于在教育领域投入有限，导致人力资本不足，进而限制了科技水平进步和经济发展，形成恶性循环。

人口密度系数为正，但未通过显著性检验。事实上，人口密度的增大一方面可以提高消费，提供更多的劳动力，促进经济增长，而经济增长带来的高收入又会吸引其他地区的人才聚集到经济发达地区。在这个"循环积累因果运动"过程中，交通基础设施的建设会降低人员流动成本，提高地区间的通达性，从而充当经济发展的润滑剂。另一方面，人口密度的空间分布差异也可能造成资源配置的两极分化。因此，人口密度的双面性可能是导致其不显著的原因。

3. 要素分解

为进一步考察解释变量（尤其是交通基础设施建设）对经济增长的贡献度，本章利用观测数据和表5-8的回归结果对经济增长速度进行分解。先计算各省人均实际GDP增长率与全国平均水平的差距，再计算各省的解释变量与全国平均水平的差距。最后将被解释变量差距分解成解释变量的差距。这样可以凸显出各因素对经济发展差距的贡献率。

表5-9为1998~2017年27个省份与全国平均水平差距的分解结果。我们将这些省份按照与江浙沪的距离分为四类：第一类是关联最紧密的接壤省份，这些省份可以与江浙沪地区进行直接的资源运输和资本交换，交通基础设施的建设将对这些最邻近的省份起到最大的辐射作用；第二类是与江浙沪相隔一个省份的区域，与之前接壤的省份相比，江浙沪一些高速公路或铁路的建设可能无法直接作用于这些地区，但也会受到一定的影响；第三类是相隔两个省份的区域，这些区域与江浙沪的交通设施只有少部分的关系，并且随着距离的增加，运输成本将上升，这会减弱贸易往来和经济的影响作用；第四类是更远的区域，这些区域可以认为在江浙沪的交通设施正向溢出作用之外。

表 5 - 9 　　　　　　　　　　要素分解

地区	增长率差异	transport	k	edu	gov	population
与江浙沪地区接壤						
山东	0.279	1.280	1.865	0.888	−0.099	0.973
安徽	0.712	0.454	−5.820	2.242	−0.009	0.274
江西	0.629	−1.589	−4.427	−1.236	−0.003	−0.662
福建	0.670	2.116	1.332	−1.680	−0.084	−0.580
与江浙沪相隔一个省份						
河北	−0.020	−1.259	−3.510	0.630	−0.066	−0.133
河南	−0.510	0.392	−4.824	−1.285	−0.057	0.893
湖北	−0.010	0.681	−4.819	−0.677	−0.044	−0.335
湖南	−0.106	0.454	−7.046	−0.400	−0.037	−0.368
与江浙沪相隔两个省份						
陕西	−0.024	−3.437	2.484	2.508	0.008	−1.014
山西	−0.463	−1.300	−1.760	1.139	0.005	−0.876
辽宁	−0.031	−4.076	−1.807	4.193	−0.033	−1.203
重庆	0.012	−1.579	−2.957	3.087	−0.097	−1.474
与江浙沪相隔较远						
吉林	−0.458	−0.609	0.890	4.616	−0.002	−0.473
四川	0.097	−3.674	−1.930	−1.930	0.007	−1.072
云南	−0.859	−2.466	−7.279	−4.680	0.099	−1.353
甘肃	−0.117	−6.760	−4.829	−2.694	0.129	−1.566
青海	−0.447	−8.772	1.937	−3.422	0.282	−1.857

由表 5 - 9 可知，第一组主要位于中国东部，交通基础设施建设水平和经济发展水平均高于全国平均水平。以福建为例，交通基础设施和人力资本都远高于全国水平。在其周边的浙江省和江苏省，交通设施建设好于全国，但人力资本低于全国平均水平。可能的原因是，上海地区良好的交通和经济状况吸引了大量的人才流入，从而使本地人力资本降低。这也可以说明如果一些地区以经济发展吸引人才，良好的交通基础设施会导致资源进一步向长三角聚集。

第二组主要位于中国中部地区，资本存量低于全国水平，大部分地区交通基础设施略高于全国。这些区域受江浙沪地区的作用效果减弱，经济增长速度不如与江浙沪接壤的省份。

第三组为西部省份，有较高的人力资本，较低的交通基础设施水平。这些省份中例如山西依赖于自然资源的开采，产业结构较为单一，造成经济增长较慢。

第四组主要位于中国西部，这些省份具有丰富的自然资源，但由于交通基础设施的落后，资本储备不足，自然资源没有得到充分利用，进一步导致经济增长的缓慢。中国在 2000 年实行的西部大开发战略，目的是加强西部地区与发达地区的交流与合作，通过建设交通设施，显著加快了西部地区的经济发展速度。

为了说明江浙沪交通基础设施的作用，本章选取安徽省和河南省来说明接壤省份受到正向溢出效应强于非接壤省份。安徽省与江苏省和浙江省接壤，人均 GDP 增长率高于全国 0.712%，交通基础设施禀赋高于全国 0.454。河南省交通基础设施禀赋高于全国 0.392，与安徽省的差距不大，且上述两省在资本存量、人力资本和政府资本投入的情况很接近。但由于河南省未与江浙沪地区接壤，不能与其建立起最高效的贸易和资本运输通道，人均 GDP 增速低于全国 0.51%。

第 7 节　结论与政策建议

一、结论

本章考虑到长三角地区地理位置的实际情况，选择了公路和内河航运作为交通基础设施的代表，以此为基础研究交通基础设施对区域经济的影响。在交通基础设施与区域经济的相关性分析中，通过平稳性检验和协整检验得出如下结论：1978~2016 年，江浙沪区域经济的总产出与交通基础设施、劳动力、资本存量之间是存在长期稳定的正向关系的。从柯布－道格拉斯生产函数的回归分析结果来看，1978~2016 年，江浙沪的交通基础建设对社会总产出的贡献约为 7%，对区域经济的增长起到了不可忽视的作用。

在上述检验与回归分析的基础上，本章将交通基础设施看作经济系统的外生冲击，构建了一个包含家庭、最终产品厂商和交通基础设施供应商的三部门经济的 DSGE 模型，通过考查经济中各个微观主体的决策行为来研究交通基础设施对区域宏观经济的影响。数值模拟结果显示，正向的交通基础设施冲击会提高区域的产出、投资和资本存量水平，由此可见交通基础设施对长三角区域经济发展具有显著的促进作用。模型主要变量的 K-P 比率表明本章所构建的 DSGE 模型对江浙沪实体经济的拟合性较好，但由于部分变量的 K-P 值较低，说明理论模型仍存在改进的空间。

最后，本章在 DSGE 模型数值模拟的基础上，引入了巴罗的经济增长计量模型，从实证层面进一步检验长三角交通基础设施的经济促进效应。实证结果表明，长三角交通基础设施发展程度对其他地区的经济发展具有明显的促进作用。良好的交通状况有利于人才的引进和科技水平的提高。从地区的交通基础设施的溢出效应来看，按照相邻程度排序：东北部大于中部大于西部。江浙沪地区交通网络密集，各省份之间有众多运输线路相连，资本的运输与经济的联系更加紧密。基础设施在促进本地经济发展的同时，也发挥了减少省份之间运输成本的作用，促进其他地区的经济发展。中西部地区的交通基础设施对于本地的作用要更加明显，与江浙沪的溢出效应关联较小。

二、政策建议

1. 总体层面，支持交通基础设施建设

从长期来看交通基础设施建设确实对经济发展存在显著的积极作用。因此，从国家总体层面应加强交通基础设施的建设，切实完善交通基础设施网络。首先是从时间跨度上注重长期效果。从模型结果来看，交通基础设施建设的正面效应并不能立刻显露出来，这可能导致主政官员或规划者出于个人考虑而对建设交通基础设施持保守态度。交通基础设施建设是一个长期化系统化的工程，可以持续性地为经济发展提供帮助，不在"一朝一夕"，而在"百年基业"。因此有规划、有布局、有重点地开展交通基础设施建设，可以使交通基础设施投资达到更好的效果。

2. 因地制宜，积极推进交通基础设施建设

从各区域来看，应当因地制宜。先是积极推进中西部地区的交通基础设施建设。由于存量上的差异，中西部地区的公路与铁路里程存在一定的劣势，制约了经济发展的速度。因此对中西部地区要注重"量"的提升。其次，虽然东部地区尤其是长三角地区在公路和铁路历程上都位居前列，但也不能因此忽略交通基础设施建设，更要注重"质"的提升，关注建设对经济发展背后的逻辑，让每一笔投资都充分发挥作用。

3. 以点带面，充分发挥其他经济发展较快地区的领头作用

从本章研究结果来看，长三角对于周边经济发展确实存在不同程度的溢出作用，在控制相关变量后，要素禀赋相似但与长三角远近有所差异的两个省份依旧保持了显著的经济增速差距。因此，应当充分发挥长三角等经济较好区域的领头作用，真正做到"先富带动后富"，相邻省份之间可以形成产业互补与产业协作，利用便捷的交通和资本流动，实现经济的快速增长。

同时，长三角的溢出效应随着间隔距离的增长而逐渐衰减，单个区域的辐射能力存在天花板，但这种以点带面的形式是可取的。我国幅员辽阔，各区域均存在具有较大经济发展潜力的城市，应当积极塑造一批类似长三角的经济增长极，辐射周边，带动经济发展。比如我国正在积极建设的粤港澳大湾区，是我国另一大经济实力突出，区域竞争力强的城市群。此外，以北京为中心的"首都经济圈"、雄安新区等，都可以在现在或未来作为经济发展的中心区域，积极发挥领头作用和外溢效应，促进周边地区经济持续健康发展。这些区域的交通基础设施建设，同样值得政策制定者密切关注。

第 6 章

长三角地区的金融集聚
与区域经济增长

区域不平衡是我国经济发展不平衡问题的主要方面。由于我国幅员辽阔，自然和历史条件各不相同，东部沿海地区和中西部地区经济发展水平存在着较大的差距。如何充分发挥率先发展地区对后进地区的带动作用，促进区域经济协调发展是备受关注的重要问题。长三角地区工业化水平高，经济增长速度和效益领先全国，综合竞争力强，是我国区域经济发展的增长极。长三角地区的金融业发达，聚集了众多金融机构与金融人才，上海成为最具竞争力的全国性金融中心。长三角地区既是我国经济最发达的地区，也是金融业高度集聚发展的地区。金融业的特点和功能决定了它具有跨地区支持经济发展的潜力，利用好这一优势，充分发挥金融辐射作用，是兼顾效率与公平、促进区域协调发展的途径。产业转移、区域经济转型升级和创新发展都离不开金融支持。长三角地区金融发展的优势能否辐射带动全国经济协调发展，是一个十分有意义的话题。本章将对长三角金融集聚对区域经济增长的作用进行分析，并采用空间计量方法对金融集聚与区域经济增长的关系进行实证研究。

第 1 节　文献回顾

金融与经济发展之间关系的研究开始于戈德史密斯（Goldsmith，1969），此后学者们对这一问题进行了大量的研究。在金融集聚方面，金德伯格（Kindleberger，1973）较早开始了对金融中心的研究，并用规模经济解释了金融集聚的形成。藤田、克鲁格曼和维纳布尔斯（Fujita, Krugman, Venables, 2001）合著的《空间经济学》开创性地将新经济地理学引入了主流经济学中，大大丰富了产业集聚等空间经济问题的研究方法。安瑟林（Anselin, 1988），埃洛斯特等（Elhorst et al., 2015）在空间计量经济学方面的贡献为空间经济学问题提供了实证工具。国内有关金融集聚与区域经济发展问题的研究大多建立在以上文献的基础之上。

关于金融集聚形成的原因，滕春强（2006）认为，产业集聚发展的需求、社会根植性与制度根植性、金融企业的特征是金融集聚的内在动力，此外，政府调控、外部竞争、信息等外部动力也起到了促进集聚的作用。黄解宇（2011）认为，空间外在性、不对称信息与默示信息、内部与外部规模经济促使了金融集聚的发生。车欣薇等（2012）认为，地理因素导致的机会成本、规模效应、金融业份额和默示信息是金融集聚发生的原因。孙国茂、范跃进（2013）认为，金融中心的形成可以划分为自然形成和政府引导两种模式，金融中心的形成主要依赖金融发展水平、资源禀赋和经济基础、区位优势和专业人才等条件。

刘军、黄解宇、曹利军（2007）分析了金融集聚影响实体经济的机制，认为金融集聚是一个"通过金融资源与地域条件协调、配置、组合的时空动态变化，金融产业成长、发展，进而在一定地域空间生成金融地域密集系统的变化过程"，金融集聚通过集聚、扩散和金融功能影响实体经济。孙国茂、范跃进（2013）梳理了金融中心理论，从金融中心的形成、本质和功能的角度，对我国金融中心的实现路径进行了分析。王丹、叶蜀君（2015）基于演化博弈模型分析认为，企业的编码信息能力、风险系数和收益系数影响了金融集聚对区域内知识溢出的效应，区域间知识水平差距过大而形成的知识锁定局面阻碍了知识溢出。

随着新经济地理学的发展受到我国学者的关注，一些学者尝试将金融因素引入新经济地理学的框架中来分析金融集聚与区域经济的关系。谭余夏（2013）在局部溢出模型和知识溢出双增长模型的基础上，建立了含有金融资源创造部门的 FNEG 模型，说明集聚程度会影响经济增长率，低集聚地区的增长与经济金融开放度密切相关。倪鹏飞、刘伟、黄斯赫（2014）在新经济地理学自由资本模型（FC 模型）基础上建立了证券市场资本流动模型，说明证券市场在短期会加剧区域差距，而在长期其发展会促进区域差距收敛，并用系统广义矩估计（SYS-GMM）方法验证了结论。张辉等（2016）将金融部门看作金融合约的生产部门引入 FC 模型，说明金融异质性和信息扩散能够提高区际金融协作效率，推动后发地区经济发展。

实证方面文献的做法可以分为两类，一类运用传统的计量模型，构造反映金融集聚的指标来对金融集聚与经济增长的关系进行研究；另一类采用了空间计量的方法，检验不同地理单位上观测值的空间交互效应。

李林、丁艺、刘志华（2011）将空间计量经济学用于金融集聚溢出效应的实证研究，他们分别应用 SLM、SEM 等模型对省级截面数据进行了空间计量分析，发现我国金融集聚对周边地区的经济增长存在溢出效应，并且相对于证券和保险业，银行业的溢出效应最明显。钱明辉、胡日东（2014）的实证结果发现：中国区域性金融中心具有显著的空间辐射能力。张志超（2016）对四川省的数据进行了检验，发现金融集聚对周边地区的溢出效应并不明显。

一些学者从不同机制的角度对金融集聚的作用进行了实证检验。孙晶、李涵硕（2012）将区位熵作为金融集聚的度量指标，运用 2003～2007 年东、中、西部省际面板数据检验了金融集聚与产业结构升级的关系，发现各区域银行业对产业结构升级存在明显的促进作用。王弓、叶蜀君（2016）分析了金融集聚对城镇化水平的影响及其路径，并通过实证检验发现金融集聚本身无法对周边区域发挥辐射效应，而结合知识溢出、资本深化、产业升级三种路径后对周边地区城镇化的辐射效应显著提高。张虎、韩爱华（2017）从金融创新的空间效应角度进行了实证分析，发现金融集聚对金融创新有正向熊彼特效应，而金融创新对周边地区存在涓滴效应。曹霞、张路蓬（2017）从金融支持对技术创新影响的角度，实证分析了省际间的金融支持对技术创新的空间溢出关系，发现银行业发展规模及效率对技术创新影响最大。

根据已有的文献，一般认为集聚产生的规模经济、扩散效应和金融产业的功能等是金融集聚影响区域经济增长的主要因素。实证方面近年来应用空间计量经济学方法研究金融集聚的溢出效应的方法开始出现，这些文献以全国范围省际层面的数据居多。本章将借鉴文献中的成果，总结和分析金融集聚影响区域经济的机制，并以长三角地区城市为样本，运用空间计量方法进行实证研究，检验金融集聚的空间溢出效应。

第 2 节　理论分析与研究假设

金融发展与区域经济发展有着密切的关系，我国金融业还不发达，金融资源还是一种稀缺资源，区域之间金融水平差距还比较大。金融产业的空间布局本身具有非均质性，金融集聚是我国金融产业发展的一个必经过程（黄解宇，2012）。金融集聚发展的初期，金融集聚通过极化效应将金融资源、金融机构、金融人才吸引到金融中心，形成规模效应。集聚区内金融机构和从业者之间通过密切来往，相互协作，共享信息和基础设施，降低成本，提高资金利用效率，金融业的相互竞争，使得集聚区内整体金融业的服务水平也得到提高。金融业的进步又便利了实体经济的发展，从而促进了区域经济的增长。因此，本章提出如下假设。

假设 1： 金融集聚能够促进区域内的经济增长，证券市场，银行信贷市场的发展对区域经济的增长起着推动作用。

由于金融业的特点，金融集聚除了影响本地经济发展，还能够在空间上发挥作用。

金融产业与大部分实体经济行业不同，其专以资本和提供资本服务为经营对象，相对于巨大的资金量而言，金融业因地理位置的差别而产生的运输成本对金融业的制约较小，因而它们能够不局限于本地，而是在更大的范围内提供金融服务，通过专业的金融从业人员的活动，为周边以外的地区企业提供投融资便利，提升其他地区的金融环境，降低交易成本。同时，由于金融市场的发展，使得金融能够实现跨地区的资源配置，优化资本的空间流动。

长三角地区向中西部地区的梯度产业转移是优化产业空间布局，实现长三角产业转型升级和区域经济协调发展，缩小区域经济发展差距的一条有效路径。产业转移的承接和产业升级需要大量资本的投入，在市场机制下金融服务的支持对产业转移起着不可忽视的作用。作为承接地的后进地区通常也是金融产业不发达的地区，缺乏良好的金融生态环境，融资渠道窄，因而金融集聚地区的金融支持和合作可以弥补承接地的金融服务的不足，提高区际产业转移的深度。率先发展地区的金融发展水平越高，金融产品越丰富，对外辐射的能力越强，则越有助于推动周边地区实体经济的发展。

金融业是知识密集型的行业，金融人才在金融业发展中占据了非常重要的作用。金融中心往往承担了金融人力资本的生产功能，金融集聚使得金融从业者汇聚在一起，增加了他们交流、协作的机会，因而往往集聚区的从业人员有较好的机会能提供高水平的金融服务。区域间金融合作和金融从业人员的迁移使得金融知识有机会向周边地区外溢，为周边地区金融业的发展提供可供复制的经验，促进区域金融环境的协调发展。因此，本章提出如下假设。

假设 2： 金融集聚对经济增长的影响具有溢出效应。金融集聚不仅能够促进区域内部实体经济的增长，还能够对周边地区的经济增长产生积极的推动作用。

长三角地区金融业集聚程度高，证券市场也处于较高的发展水平，金融机构和上市公司众多。党的十九大报告提出，增强金融服务实体经济能力，提高直接融资比重。证券市场在筹集资金、分散风险和优化资源配置方面对实体经济的支持起着非常关键的作用。相比于银行信贷通常更关注本地市场，证券市场跨区域筹集资金和配置资源的特征更明显。地区经济的增长需要依靠产业结构的优化调整升级，在产业结构优化升级和产业转移的过程中，发达的证券市场能够为发达地区的技术创新和后进地区的产业调整升级提供大量资金，从而发挥其溢出效应。当前我国经济发展进入新常态，创新驱动成为经济增长的新动力。各地区都把创新驱动发展战略作为加快经济发展的重要战略。技术创新及其成果转换作为一项高风险的活动，迫切需要金融的支持。大部分地区金融业以传统银行业为主，能承受的风险较低，偏好技术和产品较为成熟的产业，而高风险高收益的创新活动需要金融市场的支持。金融集聚为聚集区内的金融发展提供了有利条件，出现能够承受不同等级风险的金融安排，形成有效分散风险的金融市场。金融创新使得金融服务面向的范围得到扩大，金融集聚区的信息优势和大量高水平的从业人员能够实现甄别优质创新项目，提供资金支持的功能，从而形成金融创新与技术创新的双轮驱动。因此，本章提出如下假设。

假设 3：金融业各部门的溢出效应存在差异，证券市场的溢出效应对周边区域经济增长的作用更大。

第 3 节　长三角金融业集聚的空间布局和局部相关分析

一、金融集聚的空间布局

区位熵常被用于度量产业集聚度，本章亦采用区位熵来度量长三角四省（市）的金融业集聚状况。某一地区 i 金融业的区位熵（E_i）的计算方法如下：

$$E_i = \frac{F_i / Y_i}{F / Y}$$

其中，F_i 为地区 i 的金融业增加值，F 为全国金融业增加值，Y_i 为地区 i 的地区生产总值，Y 为全国的国内生产总值。数据来自各市统计年鉴和国家统计年鉴。区位熵以金融业在地区 i 的生产总值中所占的比重与全国金融业在国内生产总值中所占的比重之比来衡量该地区金融业的集聚程度。区位熵（E_i）越大，表明该地区集聚水平越高。如果 $E_i > 1$，说明该地区金融业产值的份额高于全国份额，说明该地区金融业集聚程度高，金融业存在外向功能；如果 $E_i < 1$，则说明该地区金融集聚的程度低。长三角四省（市）2011~2015 年的金融业区位熵见表 6-1。

表 6-1　　　　　　　　　　上海、江苏、浙江、安徽各地金融业区位熵

城市	2011年	2012年	2013年	2014年	2015年	城市	2011年	2012年	2013年	2014年	2015年
上海	1.89	1.86	1.89	1.99	1.97	宣城	0.34	0.35	0.34	0.42	0.63
南京	1.43	1.54	1.53	1.53	1.37	黄山	0.44	0.45	0.46	0.58	0.63
杭州	1.69	1.56	1.52	1.32	1.12	扬州	0.68	0.72	0.70	0.69	0.62
苏州	0.94	1.05	1.07	1.02	0.97	舟山	1.18	1.12	1.02	0.85	0.61
台州	1.25	1.06	1.04	1.02	0.92	池州	0.43	0.46	0.47	0.66	0.60
金华	1.35	1.29	1.29	1.21	0.86	铜陵	0.53	0.56	0.55	0.49	0.60
无锡	0.80	0.86	0.81	0.81	0.83	泰州	0.61	0.66	0.64	0.63	0.59
合肥	0.79	0.79	0.78	0.83	0.83	宿州	0.15	0.17	0.15	0.27	0.57
衢州	0.91	0.84	0.89	0.90	0.83	淮南	0.24	0.25	0.24	0.55	0.53
嘉兴	0.97	0.94	0.91	0.90	0.81	徐州	0.54	0.55	0.58	0.58	0.53
湖州	1.04	0.93	0.92	0.89	0.81	宿迁	0.52	0.63	0.62	0.58	0.52
丽水	1.11	1.11	1.04	0.94	0.79	安庆	0.32	0.34	0.37	0.48	0.51
南通	0.67	0.74	0.76	0.78	0.72	连云港	0.58	0.58	0.55	0.57	0.51
宁波	1.17	1.05	1.00	0.80	0.71	盐城	0.45	0.51	0.53	0.55	0.51
温州	1.27	0.96	0.74	0.60	0.68	蚌埠	0.41	0.42	0.44	0.47	0.48
常州	0.89	0.88	0.83	0.77	0.68	淮北	0.39	0.40	0.42	0.47	0.48
绍兴	1.01	1.08	1.00	0.80	0.66	滁州	0.35	0.35	0.36	0.45	0.48
芜湖	0.39	0.38	0.36	0.52	0.66	马鞍山	0.35	0.37	0.36	0.42	0.44
镇江	0.64	0.69	0.66	0.76	0.66	淮安	0.43	0.45	0.44	0.45	0.42
阜阳	0.42	0.43	0.45	0.59	0.65	亳州	0.23	0.24	0.24	0.38	0.41
六安	0.31	0.33	0.32	0.43	0.64						

从表6-1可见，上海作为全国范围的金融中心之一，金融集聚程度远高于其他地区，并且集聚度总体在升高。江苏、浙江的省会南京和杭州的金融集聚程度也高于全国水平，长三角城市群中的主要城市在这四省份范围内也处于较高水平，而其他城市的金融集聚水平则较低，大部分位于0.5以下，说明区域间金融发展水平存在着较大的差距。

二、金融集聚的局部相关分析

为了解各地区金融集聚水平的局部空间相关关系，本章用 Moran's I 散点图法对各地区的金融区位熵进行分析。Moran's I 散点图以各地理单位的标准化观测值与其邻近单位的标准化观测值之间的关系来呈现各单位之间的相关关系。设定空间权重矩阵 W，其中当地区 i 与地区 j 相邻时 $w_{ij}=1$，当地区 i 与地区 j 不相邻时 $w_{ij}=0$，并将 W 标准化。将各地区金融业区位熵的标准化值 z 作为横轴，将其空间滞后项 Wz 作为纵轴，得到2015年和2011年各地金融业区位熵的 Moran's I 散点图（见图6-1和图6-2）。由于空间权重矩阵 W 经过了标准化，Wz 实际上度量了各地区周围邻近地区区位熵标准化值的加权平均值，因而反映了各个地区金融集聚程度与其周围地区金融集聚程度之间的相关性。标准化的区位熵反映了各地区集聚程度在整体分布中的相对位置。将大于0的城市视为集聚程度相对较高，而将小于0的城市视为集聚程度相对较低，可以将坐标轴上的四个象限对应于四种不同的情况。

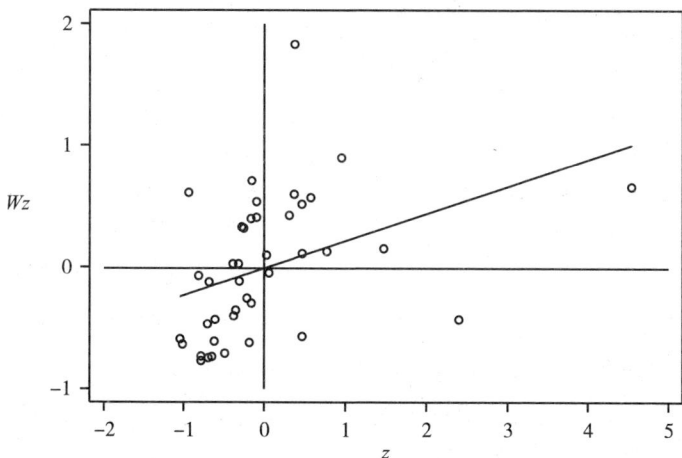

图6-1　2015年金融业区位熵 Moran's I 散点图

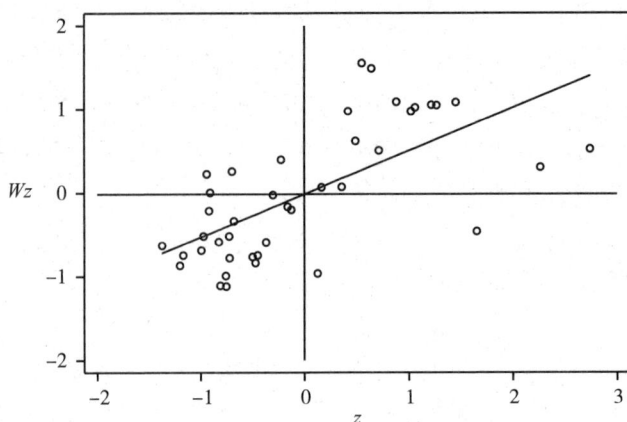

图6-2 2011年金融业区位熵Moran's I散点图

由图6-1和图6-2可以看出，大部分城市分布在第一象限和第三象限。第一象限中的城市表明金融集聚程度高的城市周围的各城市平均集聚程度也高；第三象限中的城市表明金融集聚程度低的城市周围的各城市平均集聚水平也低，反映出地区金融集聚程度与周边地区金融集聚的相关性。各城市在图中的分布类型如表6-2所示。

表6-2　　　　　　　　　　　金融集聚空间相关情况

类型	城市	类型	城市
高一高	上海，苏州，杭州，嘉兴，湖州，金华，衢州，丽水，无锡，台州，宁波	高一低	南京，合肥，南通
低一高	马鞍山，绍兴，温州，常州，镇江，黄山，宣城，泰州，舟山	低一低	滁州，安庆，扬州，六安，芜湖，池州，铜陵，淮南，盐城，亳州，淮安，徐州，阜阳，宿州，蚌埠，淮北，宿迁，连云港

由表6-2可见，上海作为金融中心的集聚效应比较明显，周边发展了许多高金融集聚水平的城市，而其中以对浙江的辐射作用较大，南京、合肥、南通虽然金融集聚水平较高，但没有能够带动周边地区金融业的发展，而众多金融集聚水平较低的后进地区则聚在一起。

第4节 模型设定与计量检验

一、模型设定

空间计量经济学模型是处理一系列具有空间关联的地理单位之间的互动效应的重要方法之一，它通过描述地理单位之间空间关系的空间权重矩阵 W，将空间滞后项引入模型，从而考察地理单位之间的空间交互效应。埃尔霍斯特（Elhorst，2015）给出的一般的嵌套的空间计量模型形式如下：

$$Y = \delta WY + X\beta + WX\theta + u$$
$$u = \lambda Wu + \varepsilon$$

W 与不同项相乘分别体现了三种交互效应：WY 是内生交互效应，WX 是外生交互效应，而 Wu 是误差项的交互效应。施加限制 $\lambda = 0$ 得到的空间杜宾模型（Spatial Durbin Model，SDM）包括了某一地理单位的被解释变量受其他单位的被解释变量和解释变量的影响，常被用来检验变量之间的空间溢出效应。为了考察金融资源集聚对周边地区经济增长的影响，本章采用 SDM 来估计其溢出效应：

$$PGDP = \beta_0 + \delta W \times PGDP + \beta_1 DFIR + \beta_2 INDFIR + \beta_3 INSURE + \beta_4 FDI + \beta_5 FIS$$
$$+ \beta_6 Tech + \beta_1' W \times DFIR + \beta_2' W \times INDFIR + \beta_3' W \times INSURE$$
$$+ \beta_4' W \times FDI + \beta_5' \times FIS + \beta_6' W \times Tech + u$$

其中 $PGDP$ 为人均地区生产总值（万元）；$DFIR$ 是反映地区证券市场（直接融资）发展情况的指标，用股债筹资总额（其中股票融资包括首发、增发、配股、可转债等）在地区生产总值中所占的比重表示；$INDFIR$ 是反映地区银行信贷市场（间接融资）发展状况的指标，用人民币存贷款余额之和在地区生产总值中所占的比重表示；$INSURE$ 是反映地区保险业发展情况的指标，用保费收入占地区生产总值的比重表示。FDI、FIS、$Tech$ 为控制变量，分别代表外资、财政和技术，FDI 用实际使用外资额占地区生产总值的比重表示，FIS 用一般财政预算内支出占地区生产总值的比重表示，$Tech$ 用人均专利申请授权量表示（人数取各地区全社会从业人数）。本章采用一阶邻近矩阵作为空间权重矩阵 W，即若地区 i 与地区 j 相邻，则 $w_{ij} = 1$，否则 $w_{ij} = 0$。系数 β 是当地的解释变量对地区生产总值的影响（直接效应），系数 β' 是相邻地区的解释变量对本地区地区生产总值的影响（间接效应），反映了本章关注的空间溢出效应。

二、数据来源和处理

根据长江三角洲城市群发展规划，长三角城市群在上海、江苏、浙江、安徽范围内，本章选取上海市及江苏、浙江、安徽三省各地级市共计 41 个城市作为样本，采用 2011～2015 年的面板数据进行实证检验。各地区人均地区生产总值、地区生产总值、实际使用外资额和一般财政支出数据来自国研网区域经济数据库。专利申请授权量、全社会从业人数来自各省（市）统计年鉴。人民币存贷款余额数据和保费收入来源于 Wind 经济数据库，分地区股债融资额数据依据 Wind 统计数据整理得到。空间权重矩阵 W 根据地图数据借助 Geoda 和 Stata 按照"车相邻"的原则得到，即两个城市有共同的边则认为相邻[1]。变量的描述性统计如表 6 – 3 所示。

表 6 – 3   变量描述性统计

变量	观测数	均值	标准差	最小值	最大值
PGDP	205	5. 7333130	2. 9395590	1. 1202000	13. 670200
DFIR	205	0. 2845211	0. 3000624	0. 0134232	1. 899070
INDFIR	205	2. 5014370	0. 8701570	1. 3277880	5. 851943
INSURE	205	0. 0279490	0. 0081700	0. 0135750	0. 060263
FDI	205	0. 0047050	0. 0027560	0. 0002990	0. 014209
FIS	205	0. 1626690	0. 0623140	0. 0760230	0. 355500
Tech	205	32. 3022500	28. 1884300	0. 8849080	141. 768700

表 6 – 3 中均值结果显示证券市场、银行信贷市场、保险市场的发展水平存在较大差异，银行信贷市场发展水平最高，而保险市场发展水平较低。证券市场发展水平的变异系数（标准差/均值）最高，为 1. 05。银行信贷市场和保险市场的变异系数分别为 0. 348 和 0. 292，表明证券市场发展水平数据的离散程度相对较高。

---

① 由于浙江舟山市是一个孤岛，会导致估计的困难，考虑到舟山与沿岸的宁波市地理位置十分接近，本章认为舟山与宁波相邻。

三、实证结果与分析

由于空间效应的存在，空间计量模型违背了经典假设，因而通常不采用 OLS 估计，而是使用最大似然法估计。利用 Stata 对面板数据的 SDM 模型估计的结果如表6－4所示。

表6－4　　　　　　　　　　　SDM 的极大似然估计结果

模型		系数	标准误	z	p 值
核心变量	C	4. 8712220***	1. 1080380	4. 40	0
	$DFIR$	0. 6729979***	0. 2384384	2. 82	0. 005
	$INDFIR$	0. 9751625***	0. 2380501	4. 10	0
	$INSURE$	− 8. 4887690	22. 7274000	− 0. 37	0. 709
	FDI	− 56. 4206900*	32. 7965300	− 1. 72	0. 085
	FIS	− 8. 2849910**	3. 3555460	− 2. 47	0. 014
	$Tech$	0. 0093979***	0. 0035657	2. 64	0. 008
交互项	$W \times DFIR$	1. 8007870***	0. 4713317	3. 82	0
	$W \times INDFIR$	− 0. 6386523	0. 4006078	− 1. 59	0. 111
	$W \times INSURE$	− 45. 3335900	31. 7828500	− 1. 43	0. 154
	$W \times FDI$	− 79. 8145000	56. 9793900	− 1. 40	0. 161
	$W \times FIS$	− 1. 3226490	5. 0285980	− 0. 26	0. 793
	$W \times Tech$	0. 0124525**	0. 0053752	2. 32	0. 021
δ		0. 4013390***	0. 0747614	5. 37	0
logL		−211. 0192			
R^2		0. 7082			

注：***、**、*分别表示在1%、5%和10%的显著性水平下通过检验。

从估计结果可以看到，$DFIR$ 和 $INDFIR$ 的系数在 1% 显著性水平下均显著，而 $INSURE$ 的系数在 1%、5%、10% 显著性水平下都不显著，说明证券市场和信贷市场发展水平对人均经济增长有显著影响，而保险业的发展水平对人均经济增长的影响不显著。$DFIR$ 和 $INDFIR$ 的系数均为正，从整体上看，金融业的集聚促进了本地区人均经济的增长。因此，假设1得到了验证。

滞后项中，$W \times DFIR$ 的系数在 1% 显著性水平下显著，且系数为正，而 $W \times INDFIR$ 的系数不显著，表明地区证券市场的发展水平不仅能促进本地区的人均经济增长，还能对其他地区的经济增长产生溢出效应，而信贷市场的发展仅对本地的经济产生了作用，对周围地区的经济作用不显著。这可能是因为直接融资比间接融资能够更灵活地发挥异地金融服务的作用。因此，假设 2 和假设 3 得到了验证。

表 6-5 报告了各变量的平均直接效应、平均间接效应（溢出效应）和平均总效应。平均直接效应反映了各地区解释变量对本地区人均生产总值影响的平均状况，证券市场和银行信贷市场的平均直接效应均为正，而保险市场的平均直接效应为负，表明本地证券市场和银行信贷市场的发展有利于本地经济的增长。平均间接效应反映了各地区解释变量的溢出效应，证券市场的平均间接效应为正，而银行信贷和保险的平均间接效应为负但不显著，表明证券市场的发展水平对于区域人均生产总值的影响具有较强的溢出作用。

表 6-5　　　　平均直接效应、平均间接效应、平均总效应

变量	平均直接效应	平均间接效应	平均总效应
DFIR	0.907793 ***	3.2223110 ***	4.1301040 ***
INDFIR	0.940025 ***	−0.3310737	0.6089515
INSURE	−11.650600	−78.9954700 *	−90.6460400 ***
FDI	−66.963700 **	−160.7780000 *	−227.7417000 ***
FIS	−8.668130 ***	−7.9939750	−16.6621000 ***
Tech	0.011102 ***	0.0251826 ***	0.0362844 ***

注：*** 、** 、* 分别表示在 1% 、5% 和 10% 的显著性水平下通过检验。

第 5 节　结论

本章首先通过区位熵和 Moran's I 散点图对长三角地区各城市金融业增加值集聚的空间布局进行了分析，较高的金融集聚水平发生在以上海为核心的小部分长三角城市中，并且这种集聚具有地理上的相关性，往往金融业高集聚的城市周围也分布着高集聚的其他城市，而后进地区也扎堆出现。通过分析，本章认为，金融集聚能够通过集聚带来的规模经济、跨地区的金融服务功能以及

支持产业转移升级和技术创新促进区域经济的发展，并且通过金融业的知识溢出使得周边地区的金融服务水平得到发展。本章运用空间计量方法对长三角地区金融集聚对区域经济增长的影响进行了研究，选取了江苏、浙江、上海、安徽四省（市）的41个城市作为样本，用空间杜宾模型对2011～2015年的面板数据进行了实证检验，得出结论：长三角地区金融集聚对人均意义上的区域经济增长有着积极的影响，具体来看，证券市场和信贷市场发展均能促进地区经济的增长，而保险业的影响不显著；而在对周边地区的影响方面，证券市场发展的溢出效应显著，信贷市场的溢出效应不显著。

金融是现代经济的核心，与实体经济有着密不可分的联系，我国的金融发展水平还不高，地区之间金融资源存在着差距，金融集聚是金融发展的一个必经过程。研究金融集聚与区域经济的发展，对于从金融的视角探索区域经济协调发展有着重要的意义。利用长三角地区金融集聚的优势，充分发挥金融中心的辐射作用，对于扭转区域发展不平衡的局面，承担"先富带动后富"的责任，能够起到重要的支持作用。实现这一点，需要：（1）坚持金融服务实体经济的本质功能，防止金融脱实向虚。金融集聚推动区域经济的发展是通过对实体经济的支持实现的，脱离了这一点，不仅加大了金融风险，也使得金融集聚带动周边地区发展的作用不复存在。（2）健全完善金融市场，推动金融制度和金融产品创新发展，提升金融服务水平，形成与创新驱动发展相适应的多层次金融市场体系。（3）加强区域金融协作，并将金融集聚核心地区的可复制经验推广开来，因地制宜探索"金融小镇"等金融集聚的新模式。

第 7 章

产业关联、结对扶贫
与区域协调发展

　　东西部结对扶贫作为党中央落实到 2020 年消除绝对贫困并继续推进区域协调可持续发展的重要举措之一，自开展以来，取得了丰硕的成果，也积累了一定的经验。本章运用传统的两区域投入产出模型，编制了苏陕、浙川、沪滇区域间投入产出表，分别比较分析三组结对扶贫地区产业关联的特征，并根据结对扶贫地区间产业关联特征，提出相应的政策建议，以加快产业有序转移，提高区域间结对扶贫的溢出效率。

第 1 节　研究背景与文献回顾

　　改革开放以来，在我国经济高速增长的同时，经济发展不平衡的区域性特征也越来越明显，形成了差距显著的东、中、西三大地带，这与我国全面、协调的发展目标是不相符的。针对我国东部地区和西部地区发展差距较大、贫困人口集中于西部地区的特点，我国于"八七扶贫攻坚计划"时期就提出了东西结对扶贫的构想，并从 1996 年开始正式付诸实施。2016 年 7 月，习近平总书记在银川主持召开东西部结对扶贫座谈会上进一步强调，东西部结对扶贫和对口支援，是推动区域协调发展、协同发展、共同发展的大战略，是加强区域合作、优化产业布局、拓展对内对外开放新空间的大布局，是实现先富帮后富、最终实现共同富裕目标的大举措。东西部结对扶贫在取得显著成效的同时，仍然存在与精准扶贫、精准脱贫要求不相适应的问题。一方面，地区之间协作扶贫的优势互补、互惠互利协作关系有待进一步加强，有些发达地区对落后地区还是以单向的"输血式"扶贫为主，落后地区的"造血"机制尚未具备；另一方面，西部落后地区普遍缺乏具有竞争力的能够支撑该地区发展的主导性产业，而东西部结对扶贫的产业转移还处于零散的、不系统的产业搬迁。充分发挥东部地区产业的带动作用，形成地区间优势互补的协作关系，显然对推动区域协调发展具有一定的积极作用。

回顾已有文献，学术界普遍认为我国区域经济发展的差异呈现阶段性扩大趋势①，即中西部地区经济增长速度不及东部地区经济增长的速度（陈秀山和徐瑛，2004；贺灿飞和梁进社，2004；王小鲁和樊纲，2004；许召元和李善同，2006）。影响区域经济发展不均衡的原因有多种，由于区位条件、资源禀赋、发展基础等原因存在发展不平衡，是几乎所有国家在发展过程中都不同程度存在过的现象（吴国宝，2017）。王小鲁和樊纲（2004）通过分析资本、劳动力、人力资本等生产要素在各地区间的配置和流动状况，认为生产率的差别和由此引起的资本流动是导致东西部差距扩大的主要因素。朱承亮等（2009）运用随机前沿模型分析中国1985～2007年经济增长效率，认为中国区域经济差异的原因在于较低的技术效率水平和由此导致的技术进步对经济增长较低的贡献率。陈长石等（2015）运用新的发展不平衡分解方法，通过对广东、辽宁等七个省份的分析，认为不同省份之间的发展不平衡程度差距较大，并且导致不同省份发展不平衡的空间因素差异明显，从行业分解结果来看，农业是影响省际发展不平衡的首要因素，而后是建筑业。覃成林等（2011）运用人口加权变异系数二重分解法，指出影响中国区域发展不平衡的最主要原因是四大区域间发展不平衡，其次是四大区域内发展不平衡，而更深层次的原因是四大区域间的产业发展差异大于其各自内部的产业发展差异。就产业而言，工业对中国区域发展不平衡影响最大，其次是其他服务业和批发零售及住宿餐饮业，金融业和房地产业的影响在增强。

近些年国内一些学者从区域空间溢出和产业关联等方面入手，探索区域经济之间的联系和带动作用。潘文卿和李子奈（2008）通过多区域投入产出模型，从最终产品对总产品的影响角度分析了长三角以及环渤海、珠三角对中国内陆地区经济发展的带动作用发现，三大增长极对内陆地区的增长效应只有10.9%，且主要集中在中部，对西部、东北部、西南部的增长带动力较小。吴

---

① 通过梳理近年来我国各省份GDP的年度增长率，发现重庆、贵州、西藏等西部省份的经济增长速度连续几年处于前列，区域经济发展差异是否呈现出阶段性扩大趋势，还需要进一步论证。

福象和朱蕾（2010）通过对我国三大地带间的产业关联的溢出和反馈效应研究表明，我国东部地区对中西部的溢出效应不及后者对前者的显著，中部地区没有发挥区域经济的纽带作用，这在很大程度上限制了区域协调作用的发挥。潘文卿（2012）以新经济地理学模型为基础，通过计量发现空间溢出效应是中国地区经济发展不可忽视的重要影响因素，市场潜能每增长 1%，地区人均 GDP 增长率将提高 0.47%，同时实证分析也发现这种空间溢出效应会随着地区间距离间隔的增加而减少。孙宁华和洪银兴（2013）认为发达地区率先发展可以通过扩散效应带动欠发达地区的发展，东部地区的劳动和资源密集型产业向中西部地区转移，有利于实现全国范围内的快速、协调发展。并以江苏为例探索了东部地区如何在现代化过程中发挥"先试先行"的作用。覃成林和杨霞（2017）通过构建包含空间外溢的区域经济增长收敛模型分析指出先富地区通过经济增长的空间外溢带动了部分邻近的地区共同富裕，但这种带动作用的有效范围有限，而且其程度也存在差异。陆铭（2017）通过空间政治经济学视角，认为在区域发展方面，人口的自由流动有助于实现区域经济"在集聚中走向平衡"，而朱江丽和李子联（2016）则认为我国东西部地区存在明显经济差距，深化户籍改革、促进人口流动会造成地区差距的进一步扩大。程进文和杨利宏（2018）认为提高我国中西部地区的空间关联性可促进地区均衡发展和提高空间效率。

以上研究对影响区域均衡发展的因素进行了分析，并从东部、中部、西部、大经济区等层面来分析区域间的相互联系和影响，但是，上述研究以整体分析和邻近的区域分析为主，而且，所得到的相关结论也并不完全一致。然而，在现实经济活动中，发达地区对落后地区的结对扶贫作为推动区域均衡发展的重要方式之一，协作地区往往都是非地理邻近的。非地理邻近的发达地区对落后地区是否存在溢出效应，以及两地产业之间存在怎样的联系？基于此，本章尝试运用投入产出分析技术，以江浙沪和对应协作帮扶的陕川滇为研究对象，以产业关联为突破口，通过比较分析苏陕、浙川、沪滇相互之间的溢出效应和反馈效应，对帮扶协作地区的交互关系进行实证分析，从而为我国东西部地区精准扶贫，进而为区域协调发展提供决策上的理论支持。

本章接下来的结构安排如下：第 2 节介绍区域间投入产出模型框架，第 3 节对数据来源与区域间投入产出表编制进行说明；第 4 节利用投入产出分析技术，对苏陕、浙川、沪滇相互影响的溢出效应和反馈效应进行定量的测度，并进行比较分析；最后是研究结论和政策建议。

第 2 节　区 域 间 投 入 产 出 模 型 框 架

区域间投入产出模型首先是由艾萨德（Isard，1951）提出的，其前期基础是运用区域间商品和劳务流动情况，计算出各区域之间的数据流量，再与各区域投入产出模型相结合得到的模型。在此基础上，米勒（Miller，1963）最早运用投入产出技术来测度不同地区间的经济反馈效应。他建立的两地区间投入产出模型为：

$$\begin{bmatrix} A^{11} & A^{12} \\ A^{21} & A^{22} \end{bmatrix} \begin{bmatrix} X^1 \\ X^2 \end{bmatrix} + \begin{bmatrix} Y^1 \\ Y^2 \end{bmatrix} = \begin{bmatrix} X^1 \\ X^2 \end{bmatrix} \tag{7.1}$$

式中，A^r 是区域 r 内的直接消耗系数矩阵，如矩阵 A^{11} 中元素 a_{ij}^{11} 为区域 1 部门 j 生产出的单位产品对部门 i 产品的直接消耗数量；A^{tr} 为区域 t 与 r 之间直接消耗系数矩阵，如矩阵 A^{21} 中元素 a_{ij}^{11} 为区域 1 部门 j 生产出的单位产品对区域 2 部门 i 产品的直接消耗数量；X^1，X^2 分别代表区域 1 和区域 2 的总产出；Y^1，Y^2 分别代表区域 1 和区域 2 的最终产品。上式中中间产品加最终产品之和即是总产品。

求解上述方程叫以得到区域 1 和区域 2 的总产出：

$$X^1 = [(I - A^{11}) - A^{12}(I - A^{22})A^{21}]^{-1}Y^1$$
$$+ [(I - A^{11}) - A^{12}(I - A^{22})A^{21}]^{-1}A^{12}(I - A^{22})^{-1}Y^2 \tag{7.2}$$
$$X^2 = [(I - A^{22}) - A^{21}(I - A^{11})A^{12}]^{-1}Y^2$$
$$+ [(I - A^{22}) - A^{21}(I - A^{11})A^{12}]^{-1}A^{21}(I - A^{11})^{-1}Y^1 \tag{7.3}$$

以区域 1 为例，式（7.2）中区域 1 的总产出被分解成了两个部分：第一部分是为满足本地区的最终需求而产出的总产品，包括本地区内不同部门间的相互作用效应以及本地区与其他地区间的相互作用效应；第二部分是为了达到区域 2 的最终需求而产出的总产品，它是地区 2 最终产出的变化对区域 1 总产出的一种溢出效应。

为了将区域内乘数效应、区域间溢出效应与反馈效应分解开，或者说清晰地考察它们之间的关系，朗德（Round，2001）提出可以将区域 1 的里昂惕夫（Leontief）逆矩阵提出，那么式（7.2）可以更改成：

$$X^1 = [(I - A^{11}) - A^{12}(I - A^{22})A^{21}]^{-1}(1 - A^{11})^{-1}Y^1$$
$$+ [(I - A^{11}) - A^{12}(I - A^{22})A^{21}]^{-1}(1 - A^{11})^{-1}A^{12}(I - A^{22})^{-1}Y^2 \tag{7.4}$$

简写为：

$$X^1 = F^{11}L^{11}Y^1 + F^{11}S^{11}L^{22}Y^2 \tag{7.5}$$

其中：

$$\begin{cases} L^{ii} = (1 - A^{ii})^{-1}, i = 1 \text{ 或 } 2 \\ S^{12} = (1 - A^{11})^{-1}A^{12} \\ F^{11} = [(I - A^{11}) - A^{12}(I - A^{22})A^{21}]^{-1} = (1 - S^{12}S^{21})^{-1} \end{cases}$$

式（7.5）中，L^{11} 为区域 1 的里昂惕夫逆矩阵，可用来测度区域内的乘数效应，它反映了区域内不同部门间相互影响的结果。从上面公式可以看出，由乘数效应所带来的产出增加量只是区域 1 总产出增加量的一部分而非全部。因为区域 1 产出增加量除了区域内的乘数效应还有区域 2 对区域 1 的溢出效应和反馈效应。

S^{12} 为区域 2 对区域 1 的溢出效应的测度公式，其与区域 2 的总产出 $L^{22}Y^2$ 相乘即为区域 2 总产出的变化对区域 1 总产出变化的影响。

F^{11} 为区域 1 反馈效应的测度公式，区域 1 的反馈效应可看成是区域 1 总产出的变化通过影响区域 2 总产出的变化再反过来对区域 1 总产出变化的影响。$S^{12}S^{21}$ 代表区域 1 总产出的变化对区域 2 总产出变化的影响以及由此再反过来由区域 2 对区域 1 总产出产生的影响，但这种反馈性影响是直接影响，而既包含直接影响又包含间接影响的全部反馈效应用逆矩阵 $(1 - S^{12}S^{21})^{-1}$ 来测度。

从上面的理论研究可以发现，区域内乘数效应能够对区域间溢出效应产生影响，而区域间的溢出效应又对区域间反馈效应产生影响。基于以上定义，两区域的投入产出模型可以进行如下的乘法分解：

$$\begin{bmatrix} X^1 \\ X^2 \end{bmatrix} = \begin{bmatrix} F^{11} & 0 \\ 0 & F^{22} \end{bmatrix} \begin{bmatrix} I & S^{12} \\ S^{21} & I \end{bmatrix} \begin{bmatrix} L^{11} & 0 \\ 0 & L^{22} \end{bmatrix} \begin{bmatrix} Y^1 \\ Y^2 \end{bmatrix} \tag{7.6}$$

也就是说，区域间投入产出模型中里昂惕夫逆矩阵可以分解为：

$$L = \begin{bmatrix} F^{11} & 0 \\ 0 & F^{22} \end{bmatrix} \begin{bmatrix} I & S^{12} \\ S^{21} & I \end{bmatrix} \begin{bmatrix} L^{11} & 0 \\ 0 & L^{22} \end{bmatrix} = \begin{bmatrix} F^{11}L^{11} & F^{11}S^{12}L^{22} \\ F^{22}S^{21}L^{11} & F^{22}L^{22} \end{bmatrix} \tag{7.7}$$

从式（7.7）可以看出，区域间投入产出模型中反映最终产出对总产出影响的里昂惕夫逆矩阵可以分解成区域内乘数效应、区域间溢出效应与区域间反馈效应的乘积。但这样的分解并不能把三种效应完全区分开来。例如，对 $F^{11}L^{11}$ 而言，既包括区域 1 最终产出增加对区域 1 总产出造成的影响（体现在 L^{11} 上），也包括区域 1 最终产出增加对区域 2 总产出造成影响进而由区域 2 带给区域 1 的反馈效应（体现在 F^{11} 上），因此这一反馈效应既包括了区域内的乘数效应又包括了区域间的反馈效应。又如，对 $F^{22}S^{21}L^{11}$ 来说，既包括区域 1 最终产出增加单元对区域 2 总产出造成的影响（体现在 $S^{21}L^{11}$ 上），又包括了由区域 1 对区域 2 的外溢性影响所带来的区域 2 的反馈性影响（体现在 F^{22} 上）。因此，为了测算纯粹的区域间反馈效应而排除区域内的乘数效应，（Round，2001）把式（7.6）进一步表示成加法分解的形式：

$$\begin{bmatrix} X^1 \\ X^2 \end{bmatrix} = \left\{ \begin{bmatrix} L^{11} & 0 \\ 0 & L^{22} \end{bmatrix} + \begin{bmatrix} 0 & S^{12} \\ S^{21} & 0 \end{bmatrix}\begin{bmatrix} L^{11} & 0 \\ 0 & L^{22} \end{bmatrix} + \begin{bmatrix} F^{11}-I & 0 \\ 0 & F^{22}-I \end{bmatrix}\begin{bmatrix} I & S^{12} \\ S^{21} & I \end{bmatrix}\begin{bmatrix} L^{11} & 0 \\ 0 & L^{22} \end{bmatrix} \right\}\begin{bmatrix} Y^1 \\ Y^2 \end{bmatrix}$$

$$= \begin{bmatrix} L^{11}Y^1 \\ L^{22}Y^2 \end{bmatrix} + \begin{bmatrix} S^{12}L^{22}Y^2 \\ S^{21}L^{11}Y^1 \end{bmatrix} + \begin{bmatrix} (F^{11}-I)\ L^{11}Y^1 + (F^{11}-I)\ S^{12}L^{22}Y^2 \\ (F^{22}-I)\ S^{21}L^{11}Y^1 + (F^{22}-I)\ L^{22}Y^2 \end{bmatrix} \quad (7.8)$$

式（7.8）中，右边第一部分是测度区域内的乘数效应，第二部分是测度区域间的溢出效应，第三部分是测度区域间的反馈效应。从第三部分可以看出，区域间的反馈效应包括两个部分：一部分是由本地的最终产出变化诱发的，另一部分是由另一地区最终产出变化诱发的。

为了将乘数效应、溢出效应、反馈效应所反映的产出变化所产生的影响一致起来，潘文卿、李子奈（2007）将区域内乘数效应、区域间溢出效应和区域间反馈效应分别改进为：

$$L^{rr} = (I - A^{rr})^{-1} \quad (7.9)$$

$$S^{tr}L^{rr} = (I - A^{tt})^{-1}A^{tr}L^{rr} \quad (7.10)$$

$$(F^{rr}-I)L^{rr} = [(I - S^{rt}S^{tr})^{-1} - I]L^{rr} \quad (7.11)$$

式中，$r,t=1,2$ 代表区域 1 和区域 2。这里区域间反馈效应式（7.11），已排除了区域内的乘数效应。通过对乘数、溢出和反馈矩阵的各列向数值进行求和，就可以得到区域间溢出和反馈效应。

记求和算子 $e=(1,1,\cdots,1)$，e' 为其转置矩阵，则区域间溢出效应和反馈效应的测度矩阵如下。

（1）后向测度的效应：

区域间溢出效应：

$$SO^{tr} = eS^{tr}L^{rr} \quad (7.12)$$

区域间反馈效应：

$$FB^{rr} = e(F^{rr} - I)L^{rr} \tag{7.13}$$

这里，SO^{tr} 为 $1 \times n$ 行向量，其中元素 SO_j^{tr} 表示 r 地区第 j 个部门最终产出增加 1 个单位时所引发的 t 地区总产出的增加量。FB^{rr} 也为 $1 \times n$ 行向量，元素 fb_j^{rr} 表示 r 地区第 j 部门最终产出增加 1 个单位，由于引发 t 地区总产出的增加而反过来再次引发本地区总产出的增加量。

（2）前向测度的效应：

区域间溢出效应：

$$SO^{tr} = S^{tr}L^{rr}e' \tag{7.14}$$

区域间反馈效应：

$$FB^{rr} = (F^{rr} - I)L^{rr}e' \tag{7.15}$$

与后向测度的主要分析行向量产生的效应不同，前向测度主要分析列向量产生的效应。

同时，为了从总体上分析一个区域对另一个区域的溢出效应以及对本区域的反馈效应，可以通过部门结构向量对后向测度的行向量进行加权相加，计算加权的区域间溢出效应与反馈效应：

加权区域间溢出效应：

$$aeS^{tr}L^{rr} \tag{7.16}$$

加权区域间反馈效应：

$$ae(F^{rr} - I)L^{rr} \tag{7.17}$$

其中，a 为 r 地区最终使用的部门结构行向量。

第 3 节　数据来源与区域间投入产出表编制说明

一、数据来源

本章使用的数据主要来源于《中国地区投入产出表 2012》。结合国家统计局发布的《2017 年国民经济行业分类（GB/T 4754—2017）》和《高技术产业（制造业）分类（2013）》，将制造业划分为低端制造业、中低端制造业、中高端制造业和高端制造业，同时依据辛格曼服务业四分法把服务业划分为生产性、分配性、消费性和社会性服务业四大类型。最终将投入产出表中的 42 个行业部门经过分类合并，调整为 12 个行业（见表 7 – 1）。

表 7 – 1　　　　　　　　　我国行业部门的调整与合并

序号	行业名称	调整说明
1	农林牧渔业	不变
2	采矿业	投入产出表中代码为 02 ~ 05 的行业
3	低端制造业	投入产出表中代码为 06 ~ 10、22 ~ 24 的行业
4	中低端制造业	投入产出表中代码为 11 ~ 15 的行业
5	中高端制造业	投入产出表中代码为 16 ~ 19 的行业
6	高端制造业	投入产出表中代码为 20、21 的行业
7	电力、热力、燃气及水生产和供应业	投入产出表中代码为 25 ~ 27 的行业
8	建筑业	不变
9	生产性服务业	投入产出表中代码为 32 ~ 34 的行业
10	分配性服务业	投入产出表中代码为 29 ~ 30、35 的行业
11	消费性服务业	投入产出表中代码为 31、41 的行业
12	社会性服务业	投入产出表中代码为 36 ~ 40、42 的行业

二、区域间投入产出表编制说明

区域间投入产出研究的前提是区域间投入产出表的编制，本章采用 MRIO 模型进行区域间投入产出表的编制。编制过程简要说明如下：

1. 区域间流量的估算和调整

本书采用由里昂惕夫和斯特劳特（Leontief & Strout，1963）提出的引力模型估算区域间商品的流量，进而求解区域间贸易矩阵。

引力模型的计算公式为：

$$t_i^{RS} = \frac{X_i^R d_i^s}{\sum_R X_i^R} Q^{RS} \qquad (7.18)$$

式（7.18）中，t_i^{RS} 是部门 i 从地区 R 到地区 S 的流出量，X_i^R 是 R 地区部门 i 的总产出量，d_i^s 是地区 s 对部门 i 的总需求量，$\sum_R X_i^R$ 是所有地区部门 i 的

总产出量，Q^{RS} 为从地区 R 到地区 S 产品流动的摩擦系数。上面后三项从投入产出表中能直接求出，而摩擦系数的计算根据常用的运输量分布系数来测算。

计算模型为：

$$Q^{RS} = \frac{H^{RS}}{\dfrac{H^{RO}H^{OS}}{H^{OO}}} \qquad (7.19)$$

式（7.19）中，H^{RS} 为从地区 R 到地区 S 产品的运输量，H^{RO} 为地区 R 产品总的发送量，H^{OS} 为地区 S 产品总的到达量，H^{OO} 为全部地区产品总的发送量。计算数据来源于《中国交通年鉴2013》中国家铁路行政区域间货物交流表。

根据引力公式计算出区域间的流量之后，以各区域国内省外流出的行乘数和国内省外流入的列乘数对所有部门产出进行区域间流动矩阵的 RAS 调整，经过反复迭代使行、列同时满足约束，最终形成所有部门产出的区域间流动矩阵。

2. 系数矩阵的计算

区域间投入产出表的行向平衡关系为：

$$CAX + CF + E - M = X \qquad (7.20)$$

其中，X 为总产出，F 为各区域的最终需求，E、M 分别为各区域的出口和进口向量，A 为所有区域的直接消耗系数矩阵，C 为区域间贸易系数矩阵。

根据前文计算，X、F、E、M 这几个向量都为已知向量，现在主要确定直接消耗系数矩阵 A 和区域间贸易系数矩阵 C。

其中，直接消耗系数矩阵由直接消耗系数 a_{ij} 构成，计算公式为：

$$a_{ij} = x_{ij}/X_j \qquad (7.21)$$

贸易系数矩阵由 c_i^{RS} 构成，计算公式为：

$$c_i^{RS} = t_i^{RS} / \sum_R t_i^{RS} \qquad (7.22)$$

式（7.22）中，c_i^{RS} 为前面由引力模型计算的区域间贸易流量。

3. 区域间投入产出表的编制

根据前面公式计算出每个矩阵中的元素，按照各自的排列方式放置到各个矩阵中，再加上出口和进口就可以根据区域间投入产出表的行列平衡关系编制出初步的区域间投入产出表。在此基础上，利用各省份的总投入和总产出作为控制变量进行 RAS 调整，进行反复迭代，直到行比例与列比例接近 1，为了便于处理，合并数据时将出口、进口和误差项合并为一项列入其他类，这就完成了区域间投入产出表的编制工作。

第4节 实证结果

本章根据中共中央办公厅、国务院办公厅于 2016 年 12 月 7 日印发的《关于进一步加强东西部扶贫协作工作的指导意见》中的省际帮扶结对关系，选取长三角的江苏、浙江、上海与对应结对的陕西、四川、云南为研究对象，为了便于比较省际帮扶结对的产业联系强弱，分别将苏陕、浙川、沪滇作为三个整体进行研究。根据研究需要，本章分别编制了江苏和陕西、浙江和四川、上海和云南三组区域间投入产出表，下面研究过程中只列出了以上六个地区的相关数据。

一、三组结对地区的产业关联

通过对各组结对地区区域间投入产出表进行计算，得出的每组地区的乘数效应、溢出效应和反馈效应汇总如下（见表 7 – 2）。

表 7 – 2　　　　　　　三组结对地区乘数、溢出、反馈效应汇总

项目	江苏			陕西		
	乘数效应	溢出效应	反馈效应	乘数效应	溢出效应	反馈效应
12 部门加总	30.2110	0.7341	0.4107	14.1421	9.1872	0.2139
12 部门平均	2.5176	0.0612	0.0342	1.1785	0.7656	0.0178

项目	浙江			四川		
	乘数效应	溢出效应	反馈效应	乘数效应	溢出效应	反馈效应
12 部门加总	37.3486	0.7765	0.0643	16.1010	1.1808	0.0389
12 部门平均	3.1124	0.0647	0.0054	1.3418	0.0984	0.0032

项目	上海			云南		
	乘数效应	溢出效应	反馈效应	乘数效应	溢出效应	反馈效应
12 部门加总	26.2962	0.7261	0.1297	13.2216	2.9332	0.0706
12 部门平均	2.1914	0.0605	0.0108	1.1018	0.2444	0.0059

注：表中区域间溢出效应为本地区对同组其他地区的溢出效应。

从表 7－2 可以看出，江浙沪与各自结对扶贫的地区产业关联差异非常明显。从各地区内部产业关联程度来看，江浙沪各省市内部的产业联系紧密程度远远高于陕川滇，从数值表现为长三角两省一市 12 部门加总的乘数效应分别为 30.21、37.35、26.30，而对应的西部地区分别为 14.14、16.10、13.22。从数值可知①，浙江的产业关联程度最高，江苏次之，西部地区的产业关联程度都比较低，云南的产业关联程度最弱。

从产业的溢出效应来看，被帮扶地区对帮扶地区的溢出效应全部大于后者对前者的溢出效应，其中，陕西对江苏的溢出效应最高，达到 9.19，而江苏对陕西的溢出效应仅为 0.73，不足前者的 1/12；云南对上海的溢出效应为 2.93，反之则为 0.73，约为前者的 1/4；而浙江和四川之间的溢出效应相互之间都不高，四川对浙江的溢出效应为 1.18，后者对前者的溢出效应为 0.78，两者仅相差 0.4。

再从区域间反馈效应来看，在数值上表现为长三角两省一市均高于各自的结对地区，江苏的反馈效应最高，为 0.41；上海次之；浙江最弱，仅为 0.06。从组间来看，江苏和陕西的反馈效应均远远高于其他两组，上海和云南次之，浙江和四川的反馈效应最弱。

通过以上分析可以发现，从帮扶结对地区之间产业的关联程度来看，江苏和陕西的产业关联程度最强，上海和云南的产业关联程度次之，浙江和四川的产业关联程度最弱。但从总体上看，被帮扶地区内部的产业关联相对偏低，帮扶地区对其产业的溢出效应也比较低。

二、三组结对地区产业的后向关联

表 7－3 为三组结对地区各产业后向关联的乘数效应、溢出效应和反馈效应的测度结果。从数据来看，三组地区不同产业各种效应表现有如下特征。

从三组地区各产业区域内乘数效应来看，既表现出一致性特征，也表现出明显的差异性。一致性主要表现在帮扶地区各产业的乘数效应均高于被帮扶地区，这表明与帮扶地区相比，被帮扶地区的产业仍呈现分散化特征，产业的集聚能力较弱。而从同一地区不同产业的贡献度来看，各地区产业又呈现出差异化特征，主要表现为：江苏、浙江的制造业和建筑业的乘数效应排名均靠前，

---

① 由区域内乘数效应的计算公式 $L^{rr} = (I - A^{rr})^{-1}$ 可知，各地区的乘数效应只与本地区直接消耗系数有关，故所有地区的乘数效应相互之间可以直接进行比较。

表 7-3　三组结对地区产业后向关联的乘数、溢出、反馈效应汇总

效应	省份	1	2	3	4	5	6	7	8	9	10	11	12
							行业						
乘数效应	江苏	2.3516	2.2663	2.5902	2.6608	2.8393	3.0361	2.2981	2.6776	2.3259	2.3614	2.4430	2.3607
	陕西	1.1229	1.1190	1.1793	1.2763	1.1915	1.1665	1.3361	1.2257	1.1172	1.1336	1.1470	1.1270
	浙江	2.6220	3.1256	3.1017	3.4639	3.8054	3.7476	3.2338	3.4307	2.4756	2.8855	2.8359	2.6209
	四川	1.1989	1.3881	1.3469	1.4666	1.4343	1.4593	1.4790	1.4125	1.1960	1.2412	1.2506	1.2270
	上海	2.1213	2.0979	2.1757	2.1599	2.1823	2.4181	2.0440	2.2212	2.1848	2.3041	2.2015	2.1853
	云南	1.0927	1.1142	1.1009	1.1514	1.0869	1.0619	1.1649	1.1483	1.0648	1.0695	1.0975	1.0685
溢出效应	江苏	0.0316	0.1023	0.0555	0.0853	0.0694	0.0597	0.1194	0.0762	0.0284	0.0324	0.0411	0.0327
	陕西	0.5136	0.5082	0.8877	0.7961	1.3389	1.2569	0.3305	1.0807	0.5705	0.5600	0.7083	0.6358
	浙江	0.0460	0.0684	0.1579	0.0775	0.0606	0.0573	0.0780	0.0641	0.0273	0.0362	0.0737	0.0296
	四川	0.0701	0.0806	0.1575	0.0835	0.1376	0.1121	0.0649	0.0917	0.0524	0.0763	0.1761	0.0780
	上海	0.0667	0.0421	0.0709	0.0805	0.0418	0.0241	0.0974	0.0783	0.0361	0.0617	0.0737	0.0526
	云南	0.0853	0.2450	0.1090	0.2318	0.4244	0.5329	0.1877	0.3274	0.2411	0.2379	0.1295	0.1813
反馈效应	江苏	0.0188	0.0497	0.0318	0.0475	0.0469	0.0408	0.0548	0.0446	0.0158	0.0173	0.0228	0.0198
	陕西	0.0121	0.0115	0.0185	0.0219	0.0345	0.0301	0.0067	0.0298	0.0101	0.0106	0.0139	0.0146
	浙江	0.0043	0.0047	0.0167	0.0057	0.0046	0.0043	0.0042	0.0047	0.0024	0.0028	0.0071	0.0025
	四川	0.0030	0.0021	0.0071	0.0025	0.0030	0.0023	0.0016	0.0025	0.0015	0.0024	0.0082	0.0027
	上海	0.0092	0.0055	0.0099	0.0155	0.0084	0.0054	0.0181	0.0169	0.0074	0.0125	0.0110	0.0100
	云南	0.0025	0.0063	0.0031	0.0067	0.0100	0.0087	0.0042	0.0098	0.0055	0.0058	0.0035	0.0046

注：表中区域间溢出效应为本地区对同组其他地区的溢出效应。

江苏的服务业数值居中，农业和采矿业排名靠后，而浙江排名居中的为水电气业和采矿业，服务业和农业的数值则排名靠后；上海高端制造业、服务业、建筑业对经济的拉动作用靠前，其他制造业和农林牧渔业居中，采矿业和水电气业最弱；四川的水电气业、中低端以上制造业和建筑业排名靠前，采矿业和低端制造业居中，服务业和农业排名靠后；陕西和云南除水电气、低端制造业和建筑业靠前外，其他产业对经济的拉动作用差距并不明显。以上分析可以发现，长三角两省一市内部产业结构集聚化特征明显，上海已经形成了三二一产业发展格局，江苏处于制造业占主导，服务业和其他产业均衡发展阶段，浙江则是制造业占绝对主导地位，服务业发展相对滞后的产业格局①。而被帮扶三省内部的产业结构呈现明显的分散化特征，没有突出性主导产业，三省乘数效应排名前两位的均为水电气的生产供应业和中低端制造业，这两个行业恰恰是能源富集行业，说明被帮扶地区经济增长对能源依赖还比较严重，仍没有摆脱"靠山吃山、靠水吃水"的发展现状。

从三组结对地区产业溢出效应来看，除浙江的低端制造业和水电气业两个产业对四川的溢出效应大于后者对前者的溢出效应外，其余被帮扶地区的各产业溢出效应均大于对应帮扶地区产业的溢出效应，特别是陕西各产业对江苏的产业溢出效应非常明显，多数产业对江苏的溢出效应是江苏对陕西溢出效应的15倍以上，浙江与四川各产业相互间的溢出效应相对均衡，差别不是特别明显。再从结对地区各产业相互之间溢出效应的大小来看，江苏对陕西溢出效应靠前的两个产业为水电气业和采矿业，其次为制造业和建筑业，最后为服务业和农业，而后者对前者溢出效应的产业排序为制造业和建筑业靠前，服务业居中，农业、采矿业和水电气业最后。从江苏和陕西各产业相互溢出效应来看，江苏对陕西溢出效应靠前的几个产业均是陕西的主导产业，而陕西对江苏溢出效应靠前的几个产业同样为江苏的主导产业。与江苏和浙江产业相互间的溢出效应类似，浙江对四川溢出效应靠前的几个产业依次为为低端制造业、水电气业、中低端制造业、消费性服务业和采矿业，四川对浙江溢出效应靠前的几个产业依次为消费性服务业、低端制造业、中高端制造业、高端制造业、建筑业、中高端制造业，两个地区相互间溢出效应最强的产业基本上也都是对方的主导产业。上海和云南产业间溢出效应也遵循这一规律，即本地区对另一地区溢出效应较强的产业均为另一地区乘数效应较高的产业。同时也发现一个地区

---

① 由于本章的数据来源为2012年，随着阿里巴巴等一批具有国际竞争力的服务产业崛起，目前浙江的服务业发展现状有待进一步论证。

乘数效应最高的产业对另一个地区的溢出效应却最小，比如水电气业作为陕西、四川和云南乘数效应最高的产业，对对方的溢出效应都比较小。这也解释了为什么东部地区的制造业和服务业迟迟不能对西部地区对应产业形成有效的带动作用。

从三组结对地区产业反馈效应来看，江苏各产业的反馈效应均高于陕西各产业。浙江的消费性服务业和社会性服务业反馈效应相比四川较低，其余产业则相反。上海则在采矿业、中高端制造业和高端制造业的反馈效应低于云南。同时发现帮扶地区的反馈效应与本地区的乘数效应存在一致性，即本地区乘数效应较大的产业，反馈效应也较大，而被帮扶地区产业反馈效应的规律性并不明显。表明帮扶地区大多数产业受被帮扶地区相对较大的外溢性效应的影响，其自身的发展通过与被帮扶地区的相互作用，主导产业能获得更大的发展空间。

三、三组结对地区产业的前向关联

表7-4为三组结对地区各产业前向关联的乘数效应、溢出效应和反馈效应的测度结果。从数据来看，表7-4与表7-3既存在一致性，也表现出明显的差异，具体表现为：从数据的一致性来看，帮扶地区各产业的乘数效应仍远高于被帮扶地区的乘数效应，区域间溢出效应和反馈效应总体上与产业后向关联一致，即被帮扶地区各产业的溢出效应相对帮扶地区较大，而各产业的反馈效应相对帮扶地区较小。同时区域间溢出效应也基本遵循本地区对另一地区溢出效应较强的产业均与另一地区乘数效应较高的产业相对应这一规律。

从数据的差异性来看，对乘数效应而言，上海、陕西和云南产业乘数效应与后向产业关联差异并不明显，而其他地区差异却非常明显，以中低端制造业乘数效应为例，江苏、浙江、四川的乘数效应分别为4.56、6.06、2.10，而在后向产业关联的乘数效应分别为2.66、3.66、1.47。同时，不同地区最终产出对一些部门表现出的乘数效应排序也与后向产业关联不同，比如江苏后向关联乘数效应前三位的是高端制造业、中高端制造业和建筑业，而前向关联乘数效应前三位则为中低端制造业、低端制造业和分配性服务业。对溢出效应而言，与结对地区后向关联各个产业相互溢出不同，前向关联的个别产业之间存在溢出效应非常微弱甚至为0的情况。比如陕西的采矿业和水电气业最终产出的变化对江苏相关产业的溢出效应为0。反馈效应存在与之类似的情况。

表7-4 三组结对地区产业前向关联的乘数、溢出、反馈效应汇总

效应	省份	行业											
		1	2	3	4	5	6	7	8	9	10	11	12
乘数效应	江苏	2.2174	2.0000	2.9257	4.5526	2.5671	2.5512	2.0000	2.0117	2.3305	2.8322	2.1139	2.1087
	陕西	1.1393	1.3639	1.2070	1.4489	1.1097	1.0215	1.3583	1.0181	1.1279	1.2075	1.0588	1.0810
	浙江	2.3195	2.0973	2.7039	6.0584	3.4525	2.7220	3.9814	2.0000	3.7796	3.6956	2.1703	2.3681
	四川	1.3919	1.5255	1.2040	2.0939	1.4173	1.3195	1.3747	1.0000	1.3105	1.3160	1.1476	1.0000
	上海	2.0055	2.0005	2.2770	2.3776	2.0814	2.3714	2.0000	2.0354	2.2866	2.7988	2.0253	2.0368
	云南	1.1640	1.1131	1.0663	1.2635	1.0285	1.0038	1.1985	1.0553	1.0629	1.1606	1.0496	1.0555
溢出效应	江苏	0.0405	0.2241	0.0504	0.1884	0.0286	0.0072	0.0595	0.0018	0.0333	0.0736	0.0128	0.0139
	陕西	0.3479	0	1.8531	3.1625	0.9378	0.6924	0	0.0496	0.5716	1.0896	0.2183	0.2646
	浙江	0.0613	0.0838	0.2643	0.1350	0.0218	0.0162	0.0824	0	0.0586	0.0329	0.0098	0.0104
	四川	0.0312	0.0038	0.4001	0.2464	0.1780	0.0539	0.0695	0	0.0723	0.1058	0.0141	0.0057
	上海	0.0436	0.0599	0.1342	0.1519	0.0035	0.0024	0.1071	0.0211	0.0550	0.1151	0.0155	0.0168
	云南	0.0167	0.0007	0.1004	0.4831	0.5893	0.4291	0	0.0611	0.2449	0.8572	0.0604	0.0904
反馈效应	江苏	0.0134	0	0.0967	0.1528	0.0361	0.0143	0	0.0011	0.0290	0.0506	0.0077	0.0090
	陕西	0.0159	0.0440	0.0183	0.0753	0.0075	0.0020	0.0135	0.0004	0.0085	0.0226	0.0030	0.0029
	浙江	0.0029	0.0002	0.0295	0.0115	0.0057	0.0009	0.0039	0.0036	0.0036	0.0052	0.0006	0.0003
	四川	0.0042	0.0021	0.0202	0.0055	0.0008	0.0004	0.0022	0	0.0018	0.0013	0.0003	0.0002
	上海	0.0011	0.0001	0.0056	0.0244	0.0202	0.0073	0	0.0015	0.0146	0.0478	0.0028	0.0043
	云南	0.0015	0.0050	0.0078	0.0204	0.0006	0.0004	0.0054	0.0009	0.0064	0.0183	0.0020	0.0019

注：表中区域间溢出效应为本地区对同组其他地区的溢出效应。

第5节 结论与政策建议

本章运用传统的两区域投入产出模型，编制了苏陕、浙川、沪滇三组区域间投入产出表，分别比较分析了三组结对地区产业前、后向关联的区域内乘数效应、区域间溢出效应和反馈效应。通过实证分析，得到的结果既与已有文献有一致之处，同时又有一些新的发现。与已有文献相一致的结论主要有：江苏、浙江、上海为代表的东部地区各产业的乘数效应均远大于以陕西、四川、云南为代表的西部地区，区域间溢出效应上则是东部省份对西部结对帮扶省份各产业的溢出效应总体上小于后者对前者的溢出效应，而区域间反馈效应又表现出与区域间溢出效应相反的结果。

本章研究新的发现主要有，第一，从区域内乘数效应来看，江、浙、沪均形成了层次分明的产业结构，服务业和制造业成为推动地方经济增长最主要的推动力；而陕、川、滇的产业结构仍然呈现分散化特征，经济增长的主要推动力仍然以资源型产业为主。第二，对结对地区各产业相互溢出效应而言，存在溢出错位现象，即本地区对另一个地区溢出效应较强的产业未必是本地区的主导产业，而是与另一个地区的主导产业相对应的产业。可以表述为对甲乙两个地区而言，A、B产业为甲地区的主导产业，C、D产业为乙地区的主导产业，甲地区对乙地区溢出效应最强的两个产业为C、D产业，乙地区对甲地区溢出效应最强的两个产业为A、B产业。第三，对结对地区各产业的反馈效应而言，由于发达地区的主导产业本身的集聚效应较强，加上结对地区对本地区主导产业的溢出效应也较强，发达地区产业的反馈效应存在强者恒强的马太效应。

上述结论的政策意义在于，推动区域协调发展，要注意以下几点：第一，促进区域均衡发展，东部地区的带动作用不可或缺，但从目前来看，东部地区对西部地区产业的溢出效应仍然较弱，扶贫必先扶产，针对西部地区产业结构普遍分散的现状，培育经济增长点，实现产业转型升级，形成有稳定"造血"功能的主导性产业应该是结对扶贫的主攻方向；第二，要根据结对扶贫地区间产业关联特征，东西部地区要充分发挥产业间比较优势，创造产业转移的便利条件，通过提高区域间结对扶贫效率，达到东西部协作双赢的局面；第三，东西结对扶贫的形式可以多样化，兼顾结对扶贫的经济效应和社会效应，通过教育、培训、医疗等社会性服务业扶贫，培养专业人才，提高整体素质，最终形成"扶贫"与"扶志"、"扶智"和"扶产"相结合的区域协调发展新格局。

第8章

长三角地区经济增长的
空间溢出效应
——基于金融集聚的视角分析

在金融深化过程中，资本积累加快，资源配置效率提高，从而带动了产业升级并促进了经济发展。金融发展不仅能促进本地经济发展，更能带动周边地区的经济发展。长三角地区有上海这个发达的国际金融中心，还有众多的商业银行、证券公司、基金公司和保险机构等，金融集聚程度高，对周边地区的溢出效应明显。因此，研究长三角地区的金融集聚在促进区域协调发展、扭转区域发展不平衡的作用上具有现实意义。本章主要利用 Moran's I 指数、空间滞后模型和空间误差模型研究长江三角洲城市群经济增长中的空间溢出效应，并检验金融集聚在经济增长的空间溢出效应中的影响大小，进一步从金融规模、金融效率以及金融深度等金融集聚的三个维度来研究金融集聚对经济增长的影响路径。

第 1 节　研究背景

改革开放后，我国经济高速发展，长三角地区依托独特的区位优势和政策支持，工业化和城市化迅速发展，成为国内综合实力最强的地区。长三角地区在带动其周边地区经济发展、缩小区域发展差距的作用一直备受关注。2016年，国家发展和改革委员会发布《长江三角洲城市群发展规划》，指出长三角城市群正处于转型提升的创新发展阶段，目标是将长三角发展为"我国经济社会发展的重要支撑"。长江三角洲地区在带动全国经济增长中发挥了重要的作用，但是，长三角地区内部的发展差距较大。长三角地区经济增长的带动作用首先更直接地体现在长三角内部经济发达地区对经济欠发达地区或经济落后地区的带动上面。这种长江三角洲内部的经济空间效应表现在相似经济发展水平的城市在空间上的集聚，以及经济发展水平高的地区对周边地区的辐射和溢出效应。

对于长三角地区的地理范围界定，传统的长三角地区包括上海、江苏、浙江两省一市。历史上由于长三角地区产业升级和产业转移的需要，泛长三角地区这一概念应运而生。对泛长三角的范围界定最为广泛的是"1＋3"模式，即以上海为龙头，加入江苏、浙江、安徽三省。目前较为广泛认可的长江三角洲城市群是在此基础上，又选取三省一市中的 26 个经济联系紧密的城市，形成城市群。该定义来自国家发展和改革委员会 2016 年颁布的《长江三角洲城市群发展规划》。本章对长三角城市群的城市范围选取即采用该城市范围[①]，除上海市外还包含江苏省的 9 个城市、浙江省的 8 个城市以及安徽省的 8 个城市。

本章的论证思路如图 8－1 所示。引言部分与文献综述部分结合长江三角洲地区的现实情况以及金融集聚的理论研究成果进行论述，说明长江三角洲地

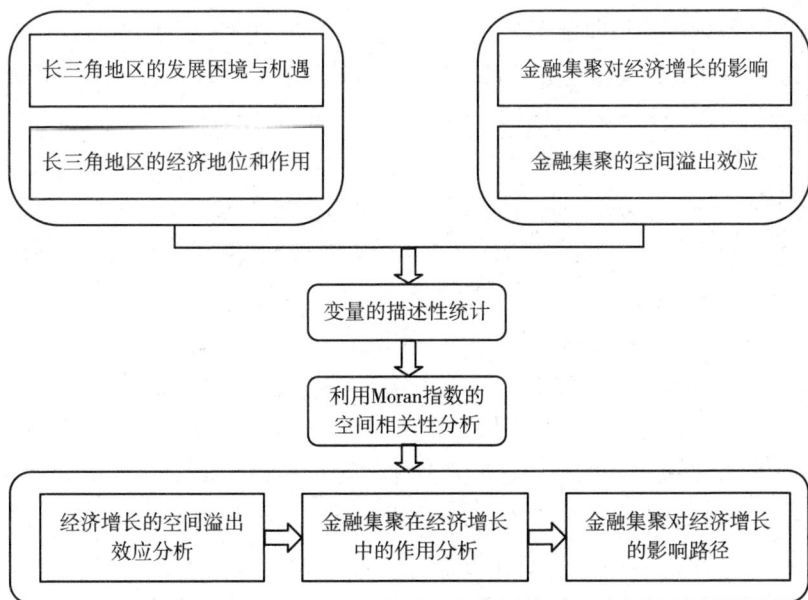

图 8－1　本章思路结构

———————————
① 长三角城市群具体包括：上海市，江苏省的南京、无锡、常州、苏州、南通、盐城、扬州、镇江、泰州，浙江省的杭州、宁波、嘉兴、湖州、绍兴、金华、舟山、台州，安徽省的合肥、芜湖、马鞍山、铜陵、安庆、滁州、池州、宣城。

区经济发展水平高但是区域内部的发展差距大，并介绍了我国经济增长的空间溢出效应和金融集聚研究的理论成果。Moran 统计值 I 的计算证实了长江三角洲城市群内部经济发展水平确实存在空间相关性。接下来本章简述了实证分析中用到的空间误差模型和空间滞后模型以及模型的具体设定。本章的实证分析分为三个步骤，分别为经济增长的空间溢出效应分析、金融集聚在经济增长中的作用分析和金融集聚对经济增长的影响路径分析。最后总结了本章的研究结论，并提出了相关政策建议。

第 2 节　文献综述

在经济发展的空间溢出效应研究方面，吴玉鸣（2004）通过时空数据模型研究了 1998 ~ 2002 年我国 31 个省区市经济增长的空间依赖性及其引起的省域内部经济增长的不均衡。林光平（2005）等采用地理空间权重矩阵和经济空间权重矩阵，利用空间滞后模型和空间误差模型得出 1978 ~ 2002 年我国地区间的经济发展存在收敛性，但收敛趋势在减缓。潘文卿（2012）根据 Moran's I 指数及 Moran 散点图判断我国的经济发展存在全域和局域的空间相关性，且这种相关性随时间加强，局域相关性突出地反映了经济发展的空间溢出效应。随着空间计量经济学的发展，国外学者近年来也关注到我国经济增长的空间溢出效应。布伦等（Brun et al.，2002）通过引入关于沿海与内陆的虚拟变量进行回归，得出了沿海地区对内陆地区的经济增长具有正向空间溢出效应。

关于长三角地区经济增长的空间溢出效应，学界也已有一定的研究成果。张学良（2009）通过空间计量分析法得出长三角经济具有显著的空间相关性和空间溢出性。毕秀晶（2013）通过 ArcGIS 空间分析技术描述了长三角区域空间人口格局的演变特征，又利用空间误差模型和空间滞后模型回归得出长三角经济空间演变的影响因素，该文章指出，长三角地区地市间差异缩小的原因之一是长三角地区的大都市群的溢出效应带动了非大都市群的发展。

在金融集聚的空间溢出效应方面，刘红（2008）通过理论模型和计量分析，说明了金融集聚的集中和扩散，分别对金融集聚地和周边地区产生增长效应和溢出效应。增长效应通过需求关联和资本溢出传导。对周边的溢出效应包括资源集中后的福利补偿效应和市场集聚到一定程度后向周边扩散的涓流效应，可以表现为带动周边地区科技进步、人力资本提升、资本积累等形式。在上海市金融集聚及其和上海、江苏和浙江三省市经济增长之间关系的向量自回归（VAR）脉冲影响函数的动态分析中，得出金融集聚地本身的金融集聚对当地的经济增长具有滞后的促进作用。对周边省市产生了经济增长的冲击作用。李红（2014）通过金融人力资本、金融集聚规模与金融产出密度作为衡量金融集聚程度的指标，利用空间杜宾模型考察我国金融集聚的空间外溢性发现。加入空间权重矩阵后，上述自变量系数均为正，由此得出周边城市的金融发展情况对本地区经济的增长具有直接的影响，以往未考虑周边地区金融发展情况的研究是不完善的，并总结得出金融集聚不仅显著促进当地经济增长，在邻近城市还存在显著空间溢出效应。张浩然（2014）利用区位熵作为金融集聚程度的衡量指标，采用偏微分矩阵空间杜宾模型，得出了与李红相似的结果。李林（2011）则利用银行存款余额、A 股发行总股本和保费收入作为金融集聚程度的指标，对比空间滞后模型、空间误差模型和空间杜宾模型对我国金融集聚与区域经济的关系研究，也得出了相似的结论，另外还指出"银行业溢出效应最明显，证券业溢出效应最小，符合我国的金融发展的实际情况"。

总结以上分析可以发现，现有对金融集聚的空间溢出效应的研究大多都采用空间计量经济学的研究方法并涉及 Moran 指数的测量。在模型选择方面，多数研究成果利用空间杜宾模型将投资、人力资本等一些影响经济发展的因素对本地区以及对邻近地区的影响量化。也有少数研究成果采用了空间滞后模型和空间误差模型的比较分析，利用空间计量方法研究经济发展的空间溢出效应，或是研究某项影响经济发展水平的因素自身的空间溢出性。在研究范围方面，在空间相关性被引入经济发展因素研究的初期，研究成果主要是从全国整体的角度，以此来考虑溢出效应在我国经济发展中的作用，这些研究成果为研究我国的经济增长提出了新的思路，并为以后对溢出效应的研究提供了参考。在这一思路被学者广泛接受并采纳后，一些学者尝试将这一方法运用于如长三角、京津冀等我国典型的经济发展地区的分析上。在研究思路上也有些转变，不再是宏观地研究经济发展水平的空间相关性，而将研究的重点转向某一特定因素对本地和周边地区的影响，即某一因素的空间溢出效应。同时，出现了很多利用上述三个空间计量模型研究如城市化水平、政策制定、金融集聚等因素对地区经济增长的空间溢出效应的理论成果。

不难发现，现有对小区域内经济增长本身的空间溢出研究较少，尤其采用空间计量经济学方法并选择空间滞后模型和空间误差模型对长三角经济发展的空间溢出效应的研究还比较少见。此外，考察长三角城市群内金融集聚对周边城市的经济发展溢出效应的影响路径上很少有学者研究。本章试图利用空间计量模型和空间误差模型这两个基本的空间计量方法，首先利用 Moran 指数、

Moran 散点图及空间回归模型验证长江三角洲城市群的经济发展具有空间相关性，表现为经济发展水平出现空间集聚现象。其次通过研究金融集聚的空间溢出效应在长江三角洲城市群经济发展的影响，并试图分析金融集聚在长江三角洲城市群内对经济增长的溢出效应的影响路径。

第 3 节 长三角城市群经济发展的空间格局

一、变量的描述性统计

本章采用人均 GDP 作为衡量地区经济发展水平的指标。按照 2016 年国家发展和改革委员会发布的《长江三角洲城市群发展规划》中提到的长三角城市群定义，选取相同的 26 个城市为对象。2006～2015 年各城市人均 GDP 数据来自国研网统计数据库。表 8-1 是对研究对象 26 个城市人均 GDP 的描述性统计，可以看出从 2006 年至 2015 年峰度和偏度都明显下降。峰度下降且由正变为负，绝对值增加，这说明原始数据即人均 GDP 偏离正态分布，且集中程度减弱，出现偏离平均值较大的较高值和较低值。由此可以粗略得出，2006～2015 年三省一市的经济发展差距增大。2006～2015 年，偏度减小，但始终大于零，说明人均 GDP 始终保持正偏态或右偏态；平均数大于中位数和众数，说明长江三角洲城市群中较多的城市发展低于平均水平，少数城市远高于平均水平。由三省的发展增量可以看出各省平均发展增量差距较大，经济增量和发展速度都有较大的差距。

表 8-1　　　　　　　长江三角洲城市群人均 GDP 的描述性统计

指标	最大值	最小值	平均值	偏度	峰度	样本数
Y_{2006}	78 801.00	8 503.00	33 412.04	0.78	0.35	26
Y_{2015}	136 702.00	31 101.00	80 420.88	0.08	-0.80	26
$\Delta Y_{江苏}$	72 263.00	43 652.00	62 073.11	-0.95	1.46	9
$\Delta Y_{浙江}$	60 431.00	35 372.00	46 179.25	0.20	-1.81	8
$\Delta Y_{安徽}$	49 899.00	22 392.00	31 004.63	1.35	0.04	8
$\Delta Y_{整体}$	72 263.00	22 392.00	47 008.85	-0.09	-1.27	26

注：$\Delta Y = Y_{2015} - Y_{2006}$。

二、空间相关性分析

根据地理学第一定律，一个空间单元内的信息与其周围单元有相似性。一个地区的发展会受到相邻地区的影响。在分析长三角金融集聚对经济增长的影响之前，还应分析长三角地区城市经济发展是否具有空间相关性。目前对空间相关性的检验主要有 Moran 指数 I 和吉尔里（Geary）系数 C。本章采用 Moran 指数 I 进行分析，其定义为：

$$I = \frac{\sum_{i=1}^{n} \sum_{j=1}^{n} w_{ij}(Y_i - \bar{Y})(Y_j - \bar{Y})}{S^2 \sum_{i=1}^{n} \sum_{j=1}^{n} W_{ij}} \tag{8.1}$$

I 的取值范围为 $-1 \leqslant I \leqslant 1$，当 I 接近 1 时表明空间正相关，当 I 接近 -1 时表示空间负相关，当 I 接近于 0 表示空间无相关性。其中，n 为观测城市数量，Y_i 表示第 i 地区的观测值，在本章即代表第 i 个城市的人均 GDP，$S_2 = \frac{1}{n} \sum_{i=1}^{n} (Y_i - \bar{Y})^2$，表示第 i 个地区观测值的方差，W_{ij} 是空间权重矩阵。对于空间权重矩阵的计算有四种方式，分别为衡量局域性关联、准局域性关联、准长程关联和长程关联（陈彦光，2009）。前两者衡量相邻关系，指的是只有两地区相邻才能互相影响。后两者衡量的是距离关系，两地距离越近相互影响越大，距离越远相互影响越小。长江三角洲城市群内的空间影响显然不限于仅相邻城市才能产生影响，因此本章采用准长程关联和长程关联这两种方式，根据所选取的 26 个城市的地理坐标计算出城市间的距离，考虑城市间的互相影响受到相隔距离的影响，由此得出相应的空间权重矩阵。

表 8-2 是按上述空间权重矩阵的计算方法得出的 2006~2015 年长三角 26 个主要城市人均 GDP 的 Moran 统计值和 p 值。从表 8-2 的结果可以看出，在长三角的主要城市群的人均 GDP 确实表现出正向的空间相关性，除 2010 年以外，其余所有年份的 Moran's I 统计值均通过了 10% 的显著性检验。并且从时间角度考虑，Moran 指数在 2015 年达到近十年的最高值 0.33，较之前几年有了明显的增长，这说明长三角主要城市群人均 GDP 发展的正向的空间相关性是具有增强趋势的。以上分析说明，长江三角洲城市群的经济增长水平具有空间相关性，因此在研究长三角地区城市经济增长时，应该考虑地区间的空间溢出效应，而不能简单地采用普通回归模型。

表 8 – 2 长三角 26 个主要城市人均 GDP 的 Moran 统计值

年份	Moran's I	p 值
2006	0. 187941	0. 046
2007	0. 171685	0. 057
2008	0. 160023	0. 065
2009	0. 110836	0. 100
2010	0. 099754	0. 124
2011	0. 160839	0. 075
2012	0. 154874	0. 088
2013	0. 126724	0. 102
2014	0. 131804	0. 100
2015	0. 328618	0. 009

单纯的 Moran's I 指数虽然能看出各城市间的经济发展水平具有正向的空间相关性，也就是发展程度高的城市周边更多的也是发展程度高的城市，反之发展水平较低的城市周边也多为发展水平低的地区。但值得注意的是，单纯依据 Moran's I 指数还不能看出真正是上述两种情况中的哪一种。安塞林（Anselin）指出，"该指标与 Moran 散点图配合使用能对局域相关的格局与特征给予较为清晰的刻画"（Anselin，1996）。为此，本章选取 2006 年和 2015 年的数据分别作出两个年份的 Moran 散点图，如图 8 – 2 所示。

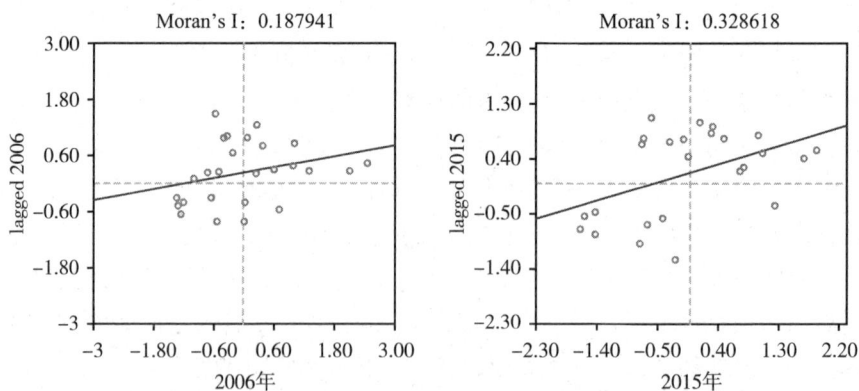

图 8 – 2 2006 年与 2015 年长江三角洲城市群 GDP 指数 Moran 散点图

Moran 散点图中位于第一、三象限的点代表相同人均 GDP 发展水平的城

市相聚集，第二、四象限的点代表发展水平相异的地区互相聚集，称为非典型
观测值。具体来说，位于第一象限的点说明 GDP 高的地区被同样 GDP 高的地
区所包围，位于第二象限的点说明 GDP 低的地区被 GDP 高的地区所包围，位
于第三象限的点说明 GDP 低的地区被同样 GDP 低的地区所包围，位于第四象
限的点说明 GDP 高的地区被 GDP 低的地区所包围。对比两图可以看出，2006
年非典型观测值数量有 10 个，而 2015 年该值减少为 7 个，更多的观测值出现
在第一、三象限。这说明，从 2006 年至 2015 年，长三角地区的经济发展的空
间集聚性变得更加明显，更多城市被经济发展程度相近的城市包围，只有少数
城市被与自身发展差距较大的城市包围。

第 4 节　模 型 设 定

一、空间误差模型与空间滞后模型

通过上述 Moran 指数 I 的计算和 Moran 散点图的刻画，可以得出长三角城
市群的经济发展呈现出空间相关性，因此在对解释变量和被解释变量进行回归
时应考虑到空间溢出因素的作用。空间计量经济学是由安塞林（Anselin）等
学者发展而来的，主流观点认为空间相关性可分解为两种情况：一种是空间实
质相关，表现为现实中存在的空间交互作用；另一种是空间扰动相关，可理解
为由归入随机干扰项的、未作为解释变量的因素的空间相关性引起的相关关
系。两种情况分别通过空间计量经济学的两个基本模型来衡量，分别是空间滞
后模型（SLM）和空间误差模型（SEM）。

空间滞后模型衡量被解释变量之间的空间依赖性引起的空间相关。参照时
间序列自回归模型的称法，空间滞后模型也被称作空间自回归模型（SAR），
其表达式为：

$$y = \rho W y + X \beta + \varepsilon \qquad \varepsilon \sim N(0, \sigma^2 I_n) \tag{8.2}$$

其中，y 是 $n \times 1$ 的列向量，y_i 是第 i 个地区的观测值；W 是空间权重矩阵；
ρ 是空间自回归系数，表示空间相关性的影响程度；X 是 $n \times k$ 阶矩阵，表示
对应 n 个地区的 k 个解释变量的观测值；β 为 k 个解释变量相应系数的列向
量；ε 是随机误差列向量。该模型的经济意义是被解释变量 y 由空间结构的影
响和自身的解释变量共同影响。

空间误差模型（SEM）是描述误差项在空间上相关，即空间扰动相关的模型，其表达式为：

$$y = X\beta + \varepsilon$$
$$\varepsilon = \lambda W_\varepsilon + \mu \quad \mu \sim (0, \sigma^2 I_n) \tag{8.3}$$

其中，λ 为空间自相关系数，ε 为回归残差向量，μ 为随机扰动项。空间误差模型的经济意义是在某一个截面个体发生的冲击会随着这一特殊的协方差结构形式传导到相邻个体，而这一传递形式具有时间延续性，并且随着相隔距离的增大而衰减。

关于空间滞后模型和空间误差模型之间的选择，安塞林和弗洛拉克斯（Anselin & Florax，2004）给出了如下判定方法："如果在共建依赖性的检验中发现空间滞后模型的拉格朗日乘数（LM-LAG）较之空间误差模型的拉格朗日乘数（LM-ERR）在统计上更加显著，且稳健 R-LM-LAG 显著而稳健的 R-LM-ERR 不显著，则空间滞后模型更为合适；相反 LM-ERR 较之 LM-LAG 在统计上更加显著，且 R-LM-ERR 显著而 R-LM-LAG 不显著，则空间误差模型更合适。"本章采用如上方法，先对回归变量采取普通最小二乘（OLS）回归，得出 LM-LAG 和 LM-ERR 的统计值后进行比较，由此得出空间误差模型和空间滞后模型哪一种对所选的回归变量具有更好的解释。

二、变量选取

本章的因变量选择长江三角洲城市群中 26 个城市的人均 GDP 作为经济增长的衡量指标。文章的实证研究部分分为三个阶段，分别研究的问题为：一是长江三角洲城市群经济增长的空间溢出效应；二是金融集聚在长江三角洲城市群经济增长的空间溢出效应中的影响因素；三是金融集聚对长江三角洲城市群经济增长的空间溢出效应的影响路径。

第一部分对经济增长进行空间计量回归时，根据古典经济学派关于经济增长的理论并结合本章对于金融集聚领域的研究，综合考虑后选取如下变量：人均储蓄存款衡量的金融规模（ft）、金融机构存款与贷款之比衡量的金融效率（fe），以及控制变量人力资本（edu）、投资水平（inv）和政府行为（gov）。在进行空间计量回归时再加入含有空间权重矩阵的人均 GDP 统计量。人力资本利用每万人在校大学生人数衡量，投资水平用人均社会固定投资总额衡量，政府行为用除科研教育外的财政支出占当年地区生产总值的比值衡量。人均储蓄存款数值越大说明金融规模更大，金融机构存款与贷款比越小意味着金融效率越高。

第二部分为研究金融集聚对经济增长的空间溢出效应，因变量为人均GDP（$pgdp$），自变量包括：金融业从业人口区位熵（lq）、人力资本（edu）、投资水平（inv）和政府行为（gov）。为了考虑空间效应，在使用空间计量模型时依旧加入含有空间权重矩阵的因变量统计量。在这一模型中选定金融业就业人口的区位熵作为衡量金融集聚的指标。区位熵是由哈格特（Haggett）提出的衡量生产的地区集中度的指标，目前被广泛应用于衡量产业集中度。其表达式为：

$$Lq = \frac{s_1/x_1}{s/x} \qquad (8.4)$$

其中，s_1 是城市某产业的相关指标，x_1 为城市所有产业的相关指标，s 是区域某产业的相关指标，x 是区域所有产业的相关指标。Lq 越大说明集聚程度越高。通常将区位熵与 1 进行比较。对金融集聚的区位熵有两种衡量方法，分别是城市金融业从业人数占城市总就业人数的比与区域金融业从业人数占区域总就业人数的比之商，或者是城市金融业总产值占城市生产总值的比与区域金融业产值占区域生产总值的比之商。本章选取金融业从业人数作为区位熵的指标，记作 Lq。

为了对金融集聚的形成路径具体分析，本章选取三个金融维度与金融业区位熵分别的乘积变量来衡量，以此分析每一个金融维度下的具体变量，通过影响相应维度，进而影响金融集聚程度，最终对本地和周边地区的经济增长产生怎样的影响。

关于如何确定金融维度及相应指标，参考茹乐峰（2014）、陈晓红（2011）等人对金融集聚水平的研究，本章从以下三个维度来衡量金融集聚的形成和特征：金融规模、金融效率和金融深度。金融规模选取人均储蓄存款（ft）作为其衡量指标。金融效率也可以理解为金融质量，选取金融机构存贷比（fe）作为衡量指标。对于金融深度，较为广泛的衡量指标是由戈德史密斯（Goldsmith）提出的金融相关比率，即全部金融资产总量与国民生产总值的比。由于我国的统计数据缺少对市级层面的全部金融资产总量值的记录，多数研究用银行存款加上银行贷款的总和代替全部金融资产总量（陈晓红，2011）。本章借鉴该方法作为金融深度的衡量指标，记作 Fir。为了进一步探究这三个金融维度对地区经济增长的影响路径，引入交叉系数试图说明各个维度对金融集聚和经济增长的影响大小。交叉系数分别为区位熵与金融规模的乘积（*LqFt*）、区位熵与金融效率的乘积（*LqFe*）以及区位熵与金融深度的乘积（*LqFir*）。

除金融业从业人口和总就业人口数据来自中经网经济数据库之外，其余数据来自国研网市级统计数据库。为了保证回归结果的可靠性并消除异方差，在回归时对以上部分变量取对数。

第5节 实证结果分析

一、经济增长的空间溢出效应分析

利用 GeoDa 空间计量分析软件对 2015 年的截面数据进行分析。根据空间计量回归的步骤，先对数据进行 OLS 回归，以此得出 LM_lag 值和 LM_err 值，比较两者显著性。OLS 模型设定为：

$$\ln(pgdp) = \beta_1 \ln(ft) + \beta_2 \ln(fe) + \beta_3 \ln(gov) + \beta_4 \ln(edu) + \beta_4 \ln(inv) + C$$

$$(8.5)$$

再根据以上判断选择空间滞后模型和空间误差模型。具体回归结果见表 8 – 3。OLS 回归后发现 LM_lag 的 P 值为 0.025，LM_err 的 P 值为 0.189，显然前者比后者更显著，且从 P 值来看前者显著，而后者并不显著。此外再对比空间误差模型（SEM）和空间滞后模型的结果后发现，SLM 的对数似然（Log-Likelihood）值为 15.24，小于 SLM 的 16.93。R^2 为 0.89，小于 SLM 的 0.91。由以上数据均可以得出空间滞后模型（SLM）对这一回归会更合适，SLM 模型可表示为：

$$\ln(pgdp) = \rho w_{pgdp} + \beta_1 \ln(ft) + \beta_2 \ln(fe) + \beta_3 \ln(gov) + \beta_4 \ln(edu) + \beta_4 \ln(inv) + C$$

$$(8.6)$$

表 8 – 3 空间滞后模型的回归结果显示，带有空间权重矩阵的滞后回归项系数 ρ 大于零且相当显著，再次说明了以人均 GDP 来衡量的长江三角洲城市群经济发展具有较强的空间溢出性。并且说明这种邻近城市的经济增长对于本地区经济增长具有正向的空间溢出效应。在参与回归的自变量中，除金融机构存款与贷款比不显著外，其余变量均表现出较强的显著性。从变量的回归系数可以看出，人均储蓄存款、人均固定资产投资总额以及地区教育

水平都对经济发展有正向的支持作用，财政支出占地区生产总值对经济发展有负面作用。回归结果的布劳施－帕甘（Breusch-Pagan）检验 P 值为 0.16407，不能拒绝原假设，即不存在异方差。对于空间自相关的 LR 似然比检验，P 值为 0.01675，说明模型中存在空间自相关，为此引入的空间回归模型具有较高的拟合度。

表 8－3　　　　　　　　　　　经济增长的空间溢出效应回归结果

变量	OLS			SLM		
	回归系数	标准差	P 值	回归系数	标准差	P 值
C	9.09227	0.26782	0	5.07214	1.68918	0.00268
$\ln\ (ft)$	0.46939	0.08036	0.00001	0.33229	0.08398	0.00008
$\ln\ (fe)$	-0.24709	0.23670	0.30898	-0.22638	0.18392	0.21838
$\ln\ (inv)$	0.24155	0.12020	0.05817	0.22783	0.09321	0.01451
$\ln\ (edu)$	0.02909	0.05322	0.59072	0.09608	0.04715	0.04155
$\ln\ (gov)$	-0.33508	0.12322	0.01320	-0.27846	0.09810	0.00453
ρ				0.35878	0.15041	0.01706
R^2	0.88			0.91		

二、金融集聚在经济增长的空间溢出效应中的作用分析

根据人均 GDP 的 Moran's I 指数以及上述回归分析，可以验证长江三角洲城市群经济增长的空间溢出效应，但导致这种现象出现的因素上述分析并没有说明。通过以往对金融集聚与经济增长的研究成果可以发现，金融集聚对本地区及周边地区的经济增长均有积极的促进作用。金融集聚的空间溢出效应是经济增长具有空间相关性的一个重要因素。因此提出假设：金融集聚在长江三角洲城市群中也是其经济增长具有空间溢出性的一个因素。

仍然以 2015 年长江三角洲城市群 26 个城市的横截面数据进行分析，首先将上文中的回归模型中加入金融业从业人口为指标的区位熵，为避免相似亦反映金融规模或金融效率自变量的干扰，去掉模型中的人均储蓄存款金额（ft）和金融机构存贷比（fe）两个自变量，再次按相同方法进行回归。新的回归模型中的自变量有区位熵（lq）、因变量人均固定资产投资额（inv）、

地区教育水平（*edu*）以及政府行为（*gov*），所有变量的测度指标均与前文一致。根据 OLS 回归的判定，LM-LAG 系数显著于 LMerr 系数，且前者在统计上显著后者在统计上不显著，因此空间滞后模型（SLM）更优，模型可表示为：

$$\ln(pgdp) = \rho w_{pgdp} + \beta_1 Lq + \beta_2 \ln(inv) + \beta_3 \ln(gov) + \beta_4 \ln(edu) + C \quad (8.7)$$

下文将空间滞后模型的回归结果列出，如表 8 - 4 所示。其中 *Lq* 系数显著且为正，说明金融集聚对于长江三角洲城市群的经济增长有正效应。其次，通过计算区位熵的 Moran's I 指数为 0.24，P 值为 0.02，说明该地区的金融集聚本身也具有空间相关性。通过以上两个方面的计算，验证了金融集聚是该地区经济空间具有相关性的一个因素。同样对这一回归模型进行异方差和空间自相关检验，Breusch-Pagan 检验 P 值为 0.26686，表明该模型不能拒绝不存在异方差的原假设。对于空间自相关的 LR 似然比检验，P 值为 0.00001，说明该模型具有一定的稳健性，引入空间回归模型具有较高的拟合度。

表 8 - 4　　　　　　　　　　金融集聚在经济增长中的作用回归结果

变量	SLM		
	P 值	回归系数	标准差
C	1.55587	1.25708	0.21583
Lq	0.17167	0.08722	0.04905
$\ln(inv)$	0.17958	0.09303	0.05357
$\ln(edu)$	0.22198	0.04649	0
$\ln(gov)$	-0.29044	0.11154	0.00922
ρ	0.66146	0.11054	0
R^2	0.89		

三、金融集聚的维度指标及其对经济增长的影响路径

在前文变量选取中描述了金融集聚的三个维度及选择原因，这三个维度分别是金融规模、金融效率以及金融深度，同时前文还描述了三个维度相应的衡量指标，具体如表 8 - 5 所示。

表 8 – 5　　　　　　　　　　本章选取的三个金融维度及相应指标

维度	一级指标	二级指标
金融规模	人均存款规模	城乡居民储蓄年末余额除以年末总人口
金融效率	金融机构存贷比	年末金融机构各项存款余额除以年末金融机构各项贷款余额
金融深度	金融相关比率	银行存款加银行贷款的总和除以国民生产总值

接下来将这三个指标作为自变量，金融业区位熵作为因变量进行空间计量回归。首先对三个自变量关于因变量进行 OLS 回归，回归结果表明 LM-LAG 显著于 LM-ERR，且前者显著而后者不显著，因此根据前文描述的判断标准，应当选择 SLM 模型进行回归，结果见表 8 – 6。除了以金融机构存贷比代表的金融效率结果不显著外，金融相关比率和金融规模都对金融集聚有着正向的影响。前者对金融集聚水平的影响更为显著，在影响程度上也高于金融规模。对 SLM 模型的回归结果进行 Breusch-Pagan 检验发现 P 值为 0.41555，不能拒绝不存在异方差的原假设。另外，SEM 模型的空间自相关的似然比（LR）检验，P 值为 0.01675，说明模型中存在空间自相关，应当利用空间计量模型消除空间自相关的影响；且带有权重矩阵的区位熵作为因变量参与回归的系数 P 值为 0.00219，具有高度的显著性，以上两点表明金融集聚程度也具有空间相关性。通过这一回归，不仅可以看出金融规模、金融效率和金融深度这三个维度指标对于金融集聚程度的影响大小，另外该模型的拟合优度为 0.89，说明这三个金融指标较好地描绘了金融集聚的程度大小。这表明，下文选取金融规模、金融效率和金融深度作为金融集聚的指标，从而考虑金融集聚对经济增长的影响路径是合理的。

表 8 – 6　　　　　　　　　　金融集聚维度的回归结果

变量	SLM		
	回归系数	标准差	P 值
C	0.47960	0.16316	0.00329
fir	0.17082	0.02930	0
ft	0.04177	0.01010	0.00004
fe	− 0.23428	0.01009	0.20616
ρ	− 0.36414	0.18528	0.00219
R^2	0.89		

　　根据上文关于金融集聚指标维度选取的论证可知，金融规模、金融效率、金融深度三个维度能够很好地对金融集聚程度进行衡量，是金融集聚程度的三种表现。本章接下来利用金融业从业人口区位熵与这三个维度相应的乘积构造出衡量金融集聚影响路径的三个交叉变量。进一步再加入控制变量对人均GDP进行空间计量回归，以此来说明金融集聚对经济增长的影响路径。

　　首先进行 OLS 回归发现，LM-ERR 更加显著，且通过 SLM 模型与 SEM 模型的结果对比后可以发现，SEM 模型的拟合度更优，更适合这一回归。SEM 模型的回归结果如下，括号内为相应系数的标准误：

$$\ln(pgdp) = 0.22447\ln(LqFt) - 0.270671\ln(LqFe) + 0.0384754\ln(LqFir) +$$
$$\quad\quad (0.121769) \quad\quad (0.122285) \quad\quad (0.161051)$$
$$\quad\quad 0.219223\ln(inv) + 0.138623\ln(edu) - 0.215116\ln(gov) + \varepsilon$$
$$\quad\quad (0.129051) \quad\quad (0.0501221) \quad\quad (0.108325)$$
$$\quad\quad \varepsilon = 0.713502W_\varepsilon + \mu$$
$$\quad\quad (0.121148) \quad\quad\quad\quad\quad\quad\quad\quad\quad\quad\quad\quad (8.8)$$

　　可以发现，区位熵与金融规模的乘积显著为正、区位熵与金融效率的乘积均显著为负，由于衡量金融效率的指标金融机构存贷比越小表明金融效率越高，因此回归结果说明金融集聚通过金融规模的扩大与金融效率的提高对经济增长产生正向的影响。在本章中，具体来说，金融机构存贷比的提高说明金融机构运用资金的效率提高了，随之带动金融业的发展和金融集聚的产生，由此带动了地区的经济增长；人均储蓄存款额增加意味着金融机构可用资金量也增加了，由此影响金融规模的扩大和金融集聚的形成，进一步拉动了地区经济的增长。这两个交叉变量的回归系数大小相近，含有金融效率的交叉变量的系数绝对值稍大，说明金融集聚通过金融规模和金融效率对经济增长的拉动程度相当，金融效率的提高从而提升金融集聚水平，进而对经济增长的拉动作用更加明显。

　　回归结果表明：通过金融相关比率提升带动金融集聚形成进而促进经济增长的这一路径回归系数并不显著，关于这一现象的原因可能是由于金融相关比率这一指标的自身特性。戈德史密斯（Goldsmith）在提出该指标的同时还指出，金融相关比率的提高并不是无止境的，相反金融相关比率有一定的界限。根据贝多广（2005）的研究成果，我国的金融发展存在增长、调整和稳定三个阶段。在后两个发展阶段，金融相关比率可能出现下降后收敛到某一水平的现象。因此，长江三角洲城市群由于各城市发展差距较大，处于不同的发展阶段，尤其包含上海等金融中心城市和一些金融发展极度缺乏的城市。这种处于金融发展的不同阶段会使得一些城市的金融相关比率可能仍在上升阶段，而一些经济发达城市可能正处在下降收敛的阶段，一些金融深化程度高的城市的金融相关比率并不一定高于金融深化程度相对低的城市。如果是在这种情况下，金融相关比率对金融业发展程度的衡量就会出现一定的偏差，这可能也是导致区位熵与金融相关比率乘积的系数不显著的一个原因。

第 6 节　结 论 与 启 示

本章通过计算长江三角洲城市群人均 GDP 的 Moran's I 统计值、Moran 散点图以及利用空间滞后模型进行空间计量回归后发现该地区人均 GDP 具有空间相关性，验证了该地区城市的经济发展具有显著的空间溢出性。其中，2006～2015 年长江三角洲城市群内的 26 个城市的人均 GDP 的 Moran's I 值除一年外均显著为正，说明该区域内 26 个城市的经济发展水平表现出了地域间的集聚性和空间溢出性。进一步观察 2006 年和 2015 年两个年份的 26 个城市人均 GDP 的 Moran 散点图后可以发现，非典型区域即第二、四象限的观测点数目减少，这说明 2015 年相比 2006 年该地区经济增长的空间集聚效应更加明显。这一部分的结论说明在分析长江三角洲城市群经济增长的因素时，应将空间溢出效应考虑到模型中，否则模型将不能很好地衡量经济情况，与现实有一定偏误。进一步利用空间计量模型分析，选择空间滞后模型或空间误差模型，可以得出这种空间溢出效应是由被解释变量之间的空间依赖性引起的空间相关，或者是由误差项引起的空间相关。对于以人均 GDP 为因变量的金融规模、金融效率以及三个控制变量为自变量的空间回归模型，本章按照 SLM 模型和 SEM 模型的判断准则发现空间滞后模型更优。说明长江三角洲城市群内的地区经济发展水平具有空间实质相关。

本章通过金融业区位熵的 Moran's I 和引入金融区位熵的空间滞后模型回归结果，说明了金融集聚是上述空间溢出性的成因之一。其中反映金融集聚是否存在空间溢出效应的金融业区位熵的 Moran's I 显著且为正。金融业区位熵作为自变量加入第一部分的空间回归模型中系数显著且为正。由此可以得出金融集聚本身具有空间溢出效应，加之金融集聚是该地区经济增长的因素之一，本章推测金融集聚也是造成长江三角洲城市群内经济增长呈现空间相关性的一个因素。

本章在以上两部分的基础上还研究了金融规模、金融效率和金融相关比率三个金融集聚的维度分别对长江三角洲城市群金融集聚的影响路径。关于这三个维度的选择以及每一维度对应的衡量指标的选取，本章参考了以往陈晓红等（2011）学者对金融集聚的研究成果，又在此基础上考虑数据的可得性，最终分别选定人均存款规模、金融机构存贷比和修改后的金融相关比率。结果显示空间滞后模型较空间误差模型更优，且模型的拟合优度较高，说明三个所选的解释变量确实能够在一定程度上反映该地区的金融集聚水平。因此接下来利用这三个指标与金融业从业人口区位熵的乘积构成的交叉系数变量可以作为研究金融业集聚程度对经济增长影响路径的回归解释变量。

本章将上述确定的三个交叉变量与人力资本、政府行为和投资水平三个控制变量一同作为自变量参与空间计量模型的回归，发现含有金融规模和金融效率的交叉变量的回归系数结果均显著，说明金融规模和金融效率通过提升金融集聚程度从而促进地区及周边城市的经济发展。回归结果中，带有金融相关比率的交叉变量系数不显著，从而得出金融集聚通过金融相关比率的拉动效果不明显，本章进一步从金融相关比率这一指标的自身特征分析了造成结果不显著的可能原因。金融集聚通过金融规模和金融效率对经济增长具有程度相当的正向拉动。

本章的研究成果具有一定的政策启示。首先，当前长江三角洲地区经济增长的地区差距较大，且存在经济的空间溢出效应。因此在各城市制定发展政策时，不仅应考虑本地区的发展现状，也应当统筹兼顾，同时考虑到带动周边地区的经济发展。其次，金融集聚对本地区和周边地区的经济增长均有带动作用。金融集聚程度高的地区应当在政策制定时合理利用当地的金融资源优势，充分实现资源的合理利用，最大化带动本地及周边地区的经济增长。最后，长江三角洲城市群中的各个城市应当努力从金融规模和金融效率层面提高本地区金融集聚程度。当金融规模达到一定水平后，更应当注重提升金融业的效率，加快资金的流通速度，通过合理化监管，金融工具创新等途径实现金融效率的提升。

第9章

长三角对"一轴两翼"的空间溢出效应研究

2019 年 12 月，中共中央、国务院印发了《长江三角洲区域一体化发展规划纲要》，长三角一体化发展上升为国家战略。在新的起点上，长三角被赋予了更加强烈的使命担当，也面临着更高层次统筹长江经济带和华东地区协调发展的机遇。长三角如何充分发挥区位带动作用和空间溢出效应，用好独特的资源禀赋和核心竞争力，与其他区域通力协作，融合发展，克服同质化竞争，对促进区域板块之间融合互动发展，进而推动区域高质量一体化发展具有重要的现实意义。

城市群是经济发展的引擎，是推动区域融合发展的重要战略之一。通过运用 2001~2016 年的有关数据，利用社会网络分析方法，本章测度了长三角城市群与"一轴两翼"区域经济增长的空间关联关系，并利用 QAP 方法分析了空间关联的影响因素。

第 1 节　研究背景与文献回顾

改革开放以来，我国经济快速发展，国内生产总值年均增长率接近 10%（Bian et al.，2018），但是区域经济发展不平衡不充分的矛盾也比较突出，东强西弱、南高北低、老少边贫的经济发展格局依然存在，这显然与我国全面、协调的发展目标是不相符的。针对这一矛盾，党的十六届三中全会就正式提出区域协调发展战略，党的十六届五中全会指出要充分发挥珠江三角洲、长江三角洲、环渤海地区对内地经济发展的带动和辐射作用，2018 年 11 月，中共中央、国务院发布的《中共中央 国务院关于建立更加有效的区域协调发展新机制的意见》进一步明确指出，以京津冀城市群、长三角城市群、粤港澳大湾区、成渝城市群、长江中游城市群等城市群推动国家重大区域战略融合发展，建立以中心城市引领城市群发展、城市群带动区域发展新模式，推动区域板块之间融合互动发展。得益于国家区域发展战略和独特的区位优势，长三角作为我国经济发展最活跃、开放程度最高、创新能力最强的区域之一，在全国经济体系中始终具有举足轻重的作用。

区域经济发展既存在差距又相互依存已经成为学界的共识。早在 20 世纪 50 年代，发展不平衡与经济增长就引起了发展经济学家的密切关注，产生了增长极理论（Perroux，1950）、累积循环因果理论（Myrdal，1957）、不平衡增长理论（Hirschman，1958）。20 世纪 80 年代，新经济地理学通过分析空间集聚的外部性，系统地探讨了与经济增长相关的溢出机制（Krugman，1991），随后学者们构建一系列空间经济模型及理论框架，从不同的视角研究影响空间经济的因素，并衡量空间经济的溢出效应（Quah，2002；Rossi-Hansberg，2005；Brock et al.，2008；Desmet et al.，2014）。

近年来，对我国跨区域的空间关联和空间溢出效应已有研究。由于考察的对象、采用的方法、构建的模型有所不同，得出的结论也并不一致，大部分研究认为我国区域经济增长存在空间溢出效应，且主要由东部地区向中西部溢出、沿海地区向非沿海地区溢出、发达地区向落后地区溢出（Ying，2000；Brun et al.，2002；Zhang & Felmingham，2002；Groenewold et al.，2008；Sun et al.，2015），但也有研究认为我国沿海地区对非沿海地区的溢出效应并不明显（潘文卿，李子奈，2007），同时也有研究指出我国东部发达地区对西部帮扶地区的产业溢出存在错位现象（崔建刚，孙宁华，2019）。随着国内市场一体化程度的提高，一个地区的经济发展扩大了市场容量，吸引了其他地区的产品涌入。因此，跨区域的溢出使得跨区域的经济增长产生了较强的相互关联性，这一点已被广泛接受，但溢出效应产生的渠道仍然是一个谜（Bai et al.，2012）。潘文卿（2012）通过对 1988～2009 年中国各省区市人均 GDP 的空间分布格局与特征进行测度，结果表明空间溢出效应是中国地区经济发展不可忽视的重要影响因素，同时指出人力资本和区域间市场壁垒影响空间溢出效应的发挥。李敬等（2014）同样测度了中国区域经济增长的空间关联，并指出地理位置的空间邻近、投资消费结构和产业结构的相似可以解释 50.2% 的空间关联。也有研究从某一视角来探讨空间溢出，学者们运用 Moran's I 统计数据，为工资的空间相关性提供了实证证据,认为工资的空间溢出对地方工资起着重要作用,指出人力资本和经济增长是我国工资跨省溢出的两个决定因素(Huang & Chand,2015)。也有学者认为城市规模、人口年龄结构、外商直接投资与服务业和制造业的空间集聚紧密相关(Zheng & Zhao,2017)。

以上研究对我国区域经济的理论和实践提供了重要参考,特别是对空间经济研究的兴起为我国的区域协调发展提供了新的理论支撑。值得注意的是,有关长三角空间溢出效应的研究相对有限,现有文献大多侧重于对长三角区域内部的空间关联和溢出效应进行研究,研究方法主要以传统空间计量方法为主(周韬,2015;孙斌栋,丁嵩,2016;杨水根,王露,2017)。而传统空间计量方法在空间关联上的分析往往局限于地理"相邻"或"相近"的地区。在长三角区域发展一体化上升为国家战略的背景下,长三角一体化的区域带动作用不仅仅局限于长三角内部和"相邻"区域,而是要带动整个长江经济带和华东地区发展。那么长三角与这些区域存在怎样的关联,以及彼此之间又存在怎样的空间溢出效应?已有文献都没有进行过相关分析。基于此,本章尝试运用网络分析方法,以长三角区域、长三角两翼区域以及长江经济带轴线区域为研究对象,全面分析长三角与"一轴两翼"之间经济增长的空间关联以及溢出效应,从而为形成高质量发展的区域集群提供决策上的理论支持。

接下来,本章的第 2 节为理论模型与方法;第 3 节为长三角与" 轴两翼"空间网络关联分析;第 4 节探讨影响长三角与"一轴两翼"空间溢出的影响因素——基于 QAP 方法;第 5 节为结论与启示。

第 2 节 理论模型与方法

从已有研究来看,近年来运用社会网络分析方法来研究中国区域经济增长的空间关联比较流行(李敬等,2014;刘华军等,2015 和 2016;马丽君和龙云,2017;王悦,2019)。本章也将在这一理论框架和方法的基础上对长三角与"一轴两翼"的空间关联关系和空间网络特征进行研究。

一、空间关联网络的构建方法

区域之间空间联系的建立和空间溢出效应的测度是构建区域经济增长空间网络关联的关键。由于事先不能判定各区域之间是否存在相互关系,通过建立两区域经济增长的向量自回归（VAR）模型，并通过 VAR 模型的格兰杰因果关系检验（Granger causality test）可以判断区域之间是否存在相互关联。如果 A 区域对 B 区域有影响，则通过 A 向 B 画一条带箭头的线，表明两区域之间存在显著关联关系。通过这种方法——画出整个区域间的显著关联关系，这样，便可构造出区域经济增长的空间关联网络。

二、空间关联网络的特征刻画

1. 网络关联性分析

网络关联性反映网络自身的稳健性和脆弱性，主要用网络密度、网络关联度、网络等级、网络效率等指标进行刻画。

（1）网络密度。网络密度反映的是整个空间关联网络的紧密程度，网络中关联关系的数量越多，则网络密度越大，取值范围为[0,1]，计算公式为：

$$D_n = L/N(N-1) \tag{9.1}$$

其中，D_n 表示网络密度，L 表示网络中实际存在的网络关联数量，N 为网络中的子区域个数。

（2）网络关联度。对于一个网络来说，如果一个网络中的任何两个区域都可以建立联系，则说明该网络的空间关联性较好。用关联度来测度关联性的大小，数值越大说明关联度越高，取值范围为[0,1]，测量公式为：

$$D_c = 1 - V/[N(N-1)/2] \tag{9.2}$$

其中，D_c 表示空间关联度，V 表示网络中不可达的点对数，N 为网络中的子区域个数。

（3）网络等级。网络等级表示区域间在多大程度上是非对称可达的，其值越高则网络中"核心"区域支配力越强，取值范围为[0,1]，计算公式为：

$$D_h = 1 - K/\max(K) \tag{9.3}$$

其中，D_h 表示网络等级，K 表示网络中对称可达的点对数。

（4）网络效率。网络效率指网络中所包含的成分数确定的情况下，网络在多大程度上存在多余的线，其值越大表明空间联系越弱，取值范围为[0,1]，计算公式为：

$$D_e = 1 - M/\max(M) \tag{9.4}$$

其中，D_e 表示网络效率，M 表示网络中多余线的条数。

2. 网络中心性分析

中心性分析是研究网络中某个区域所处的地位和作用的指标。网络中心性可以采用绝对中心度、相对中心度以及中间中心度三个指标来进行分析。一般来说，一个区域在网络中越处于中心的位置，在整个网络中的影响力也越大，越能实现区域间的溢出效应，也越能带动其他区域的发展。

具体来说，假设区域 j 和区域 k 之间存在的捷径数为 g_{jk}，区域 j 和区域 k 之间存在经过第三区域 i 的捷径数为 $g_{jk}(i)$，i 控制 j 和 k 关联的能力为 $b_{jk}(i)$，它等于 i 处于 j 和 k 之间的捷径上的概率，即：$b_{jk}(i) = g_{jk}(i)/g_{jk}$。把区域 i 相应于网络中所有的点对的中间度相加便得到区域 i 的绝对中间中心度，计算公式为：

$$AB_i = \sum_j^n \sum_k^n b_{jk}(i), j < k \qquad (9.5)$$

三、网络板块关联互动分析

网络角色关联互动分析常用的方法是块模型分析方法。根据块模型理论，可以对各子区域在经济增长中的角色进行分析。主要分为四种角色：一是主受益板块，表现为板块内部发生关系较多，接收外部关系远大于对外部的发出关系，对其他板块的溢出效应较弱；二是净溢出板块，表现为板块内部存在的联系较少，对其他板块发出的关系远大于接收到其他板块的关系，对其他板块的溢出效应较强；三是双向溢出板块，表现为板块内部成员之间存在的联系较多，同时对其他板块发出的关系也较多，但接收到其他板块的关系较少；四是经纪人板块，表现为板块内部成员之间存在的联系较少，而对其他板块同时存在明显的发出和接收关系，在区域经济增长的空间溢出中发挥桥梁作用（见表 9-1）。

表 9-1   块模型分析中的网络角色分类

位置内部的比例关系	位置接收到的比例关系	
	≈0	>0
≥$(g_k-1)/(g-1)$	双向溢出板块	主受益板块
<$(g_k-1)/(g-1)$	净溢出板块	经纪人板块

注：g_k 为某子板块中成员个数，g 为总体网络中成员个数，$(g_k-1)/(g-1)$ 为某子板块的总关系的期望关系比例。

第 3 节 长三角与"一轴两翼"空间网络关联分析

一、数据来源

从 1982 年"以上海为中心建立长三角经济圈"提出以来，长三角的概念和空间范围一直处于持续的变化和调整之中。为了充分研究长三角和其他区域的空间相关性，同时考虑到现有区域发展规划，以及行政区域的完整性，本章的区域选择包括长三角城市群、长江经济带沿线城市（"一轴"区域）、长三角城市群 26 个城市外的江浙沪皖其他城市（"两翼"区域）①，共有 2 个直辖市和 57 个地级市（州）。数据来源于 2001～2016 年国研网区域经济数据库以及各地区的统计年鉴，个别年份、城市的缺失数据通过插值法补齐。

二、长三角与"一轴两翼"经济增长关联网络的建立

利用 EViews 8.0，通过对 2001～2016 年各个地区的人均 GDP 进行两区域 Granger 因果关系检验确定彼此之间的关联。第一，为了避免物价的影响，使用各年 GDP 缩减指数对数据进行处理，并对数据进行对数化处理以便消除异方差影响；第二，对数值进行 ADF 检验，发现原样本数据是不平稳的，经过二阶差分处理后，所有数据变为平稳，因此，该时间序列数据为 I（2）；第三，建立两两区域间的 VAR 模型，并采用 AIC、SC 和 HQ 等多个检验结果相同的方式选择最优滞后期，进而确定最优时滞为 2；第四，在最优时滞的 VAR 模型下，进行格兰杰因果检验，在检验结果的分析中，为使得到网络结构更全面、完整，本章选择 10% 为检验标准，即当 P < 10% 时，说明两者之间存在 Granger 因果关系；最后，通过因果检验的关系确定空间关联个数（因篇幅有

---

① 长三角城市群：上海市，江苏省南京、无锡、常州、苏州、南通、扬州、镇江、泰州、盐城，浙江省杭州、宁波、嘉兴、湖州、绍兴、舟山、台州、金华，安徽省合肥、芜湖、马鞍山、铜陵、安庆、滁州、池州、宣城。

"一轴"区域（前文标注城市重合部分未列）：江西省九江、南昌，湖北省黄石、鄂州、武汉、荆州、宜昌、黄冈、咸宁、恩施，湖南省岳阳、常德、益阳，重庆市，四川省泸州、攀枝花、成都、宜宾。

"两翼"区域：江苏省徐州、连云港、淮安、宿迁，浙江省温州、衢州、丽水，安徽省蚌埠、淮南、淮北、黄山、阜阳、宿州、六安、亳州。

限，相关检验的原始数据和结果本章没有列出）。

三、长三角与"一轴两翼"空间关联网络的特征分析

为了能对长三角与"一轴两翼"的空间网络特征进行全面分析比较，同时避免同一板块内长三角区域内部相互之间以及其他区域相互之间的关联网络影响，使结果更直观，本章构建五个不同的空间关联网络，分别为：长三角城市群空间关联网络、长三角与"一轴"空间总体（净）关联网络、长三角与"两翼"空间总体（净）关联网络，根据格兰杰因果检验结果画出的空间关联网络如图 9 – 1 ~ 图 9 – 3 所示。

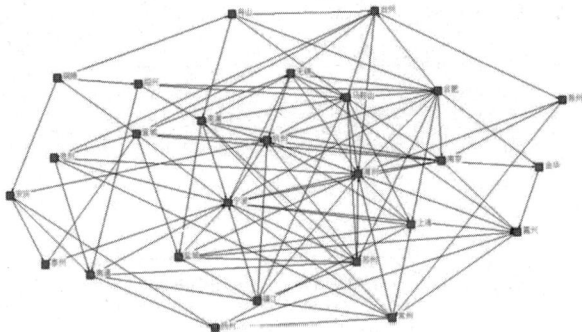

图 9 – 1　长三角城市群空间关联网络

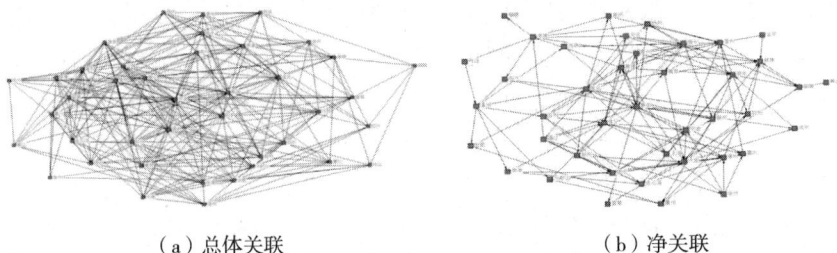

（a）总体关联　　　　　　　　　　　　　（b）净关联

图 9 – 2　长三角与"一轴"空间关联网络

从以上空间关联网络图可以看出，每个板块内区域经济增长呈现非常明显的空间关联网络结构特征，长三角城市群不仅内部联系紧密，与"一轴两翼"的空间网络也普遍关联。基于网络结构图和式（9.1）~式（9.4），对网络密度、网络关联度、网络等级和网络效率进行测度，测度结果如表 9 – 2 所示。

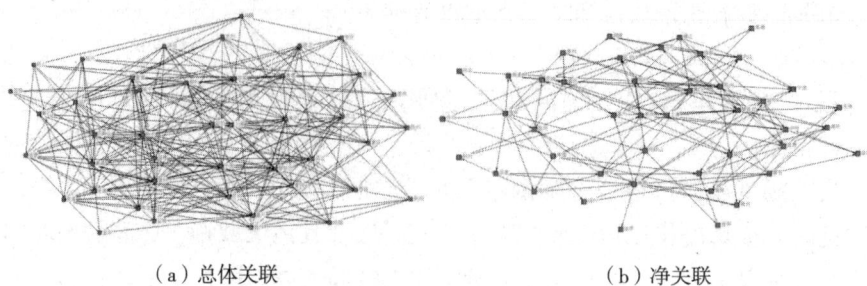

（a）总体关联 （b）净关联

图 9 – 3 长三角与"两翼"空间关联网络

表 9 – 2 长三角与"一轴两翼"的空间关联网络特征

特征	长三角城市群	长三角与"一轴"板块		长三角与"两翼"板块	
		总体网络	净网络	总体网络	净网络
网络关联数	114	326	151	312	148
网络密度	0.175	0.172	0.080	0.190	0.090
网络关联度	1	1	1	1	1
网络等级	0.720	0.477	0.818	0.341	0.707
网络效率	0.703	0.688	0.880	0.651	0.850

1. 空间网络强度的地理邻近相关性

由图 9 – 1 和表 9 – 2 可以看出，长三角城市群 26 个地市的空间关联个数为 114 个，而理论上可能存在的最大关联个数为 650 个，长三角城市群的网络密度为 0.175。同样从图 9 – 2 和图 9 – 3 可以看出，长三角与"一轴"和"两翼"的空间总体关联个数分别为 326 和 312 个，理论上可能存在的最大关联个数分别为 1 892 个和 1 640 个，对应的网络密度分别为 0.172 和 0.190。进一步分析发现，从图 9 – 2 和图 9 – 3 可以看出，长三角与"一轴"和"两翼"的空间净关联个数分别为 151 个和 148 个，在对应板块中的网络密度分别为 0.080 和 0.090。总体来看，各板块的区域之间关联的紧密程度并不高，各区域经济协作还有很大的提升空间。但总体网络密度最高的并不是经济实力最强的长三角城市群，而是长三角与"两翼"地区组成的板块，同时长三角与"两翼"地区的网络净关联也明显高于"一轴"地区。之所以存在这种现象，是因为"两翼"都是与长三角城市群邻近的周边地区，而"一轴"上的很多地区与长三角并不邻近，相距较远，根据区域间的空间关联规律：不同地区间距离间隔越短，地区间的相关程度越强；随着地区间距离间隔的扩大，地区间的相关性会逐渐减弱（潘文卿，2012），上述计算结果与现实相吻合。这也说明长三角与周边地区的经济协作程度远大于其他板块，"两翼"地区与长三角经济协作存在"近水楼台先得月"的区位优势。

2. 网络关联的区域差异性

表9-2的结果表明，每个板块的空间关联网络（包含长三角与"一轴两翼"的净空间关联网络）的关联度都为1，说明各板块内部经济增长空间关联网络的关联程度很高，连通效果好，网络具有很好的通达性，长三角与"一轴两翼"地区存在普遍的空间溢出效应。通过对网络等级和网络效率的研究发现，三个板块存在明显的差异，网络等级的差异更加明显。从网络等级来看，长三角城市群达到了0.720，明显高于其他两个板块的0.477和0.341，这说明长三角城市群存在的空间溢出效应是更加"等级森严"的，在不同经济发展水平上产生溢出效应的可能性更低。从网络效率来看，其与网络等级的排序一致，这说明各板块经济增长的空间溢出虽然存在明显的多重叠加现象，但网络的稳定性各不相同，长三角与"两翼"板块的稳定性最强，与"一轴"板块的稳定性次之，长三角城市群稳定性最差。进一步分析发现，长三角与"两翼"板块的净空间网络的溢出效应和稳定性都要强于长三角与"一轴"板块。

3. 中心城市空间溢出的非对称性

利用式（9.5），对长三角与"一轴两翼"的空间网络中心性进行测算，结果如表9-3所示。通过对比分析发现，一些长三角中心城市与长三角城市群内部和"一轴两翼"区域的网络关联存在较大差异性。从关联总数来看，上海、杭州、南京、苏州、宁波等城市在总体网络关联总数都排在前列，但在"一轴两翼"的净网络关联总数排名却大幅下降。以杭州和宁波为例，它们在两个板块总体网络关联总数中分别位列1、2位和2、4位，但净网络关联总数排名分别位列13、25位和24、18位。这说明长三角一些城市与其城市群内部的关联比较紧密，但是与"一轴两翼"区域的关联并不强。从溢出关系和受益关系来看，长三角城市群对"一轴"区域的总体和净网络溢出关联总数分别为187和73，而受益关联总数分别为192和78，总体上是受益的，而对"两翼"地区的溢出关联总数分别为189和75，受益关联总数分别为187和73，总体上是溢出的。进一步分析中心度发现，一些长三角城市的中心度并不是太高，与其经济地位并不匹配，其发挥"桥梁"和"中介"作用并不明显。

表9－3 长三角与"一轴两翼"的空间网络中心性

地区	总体网络				净网络			
	溢出关联	受益关联	关联总数	中心度	溢出关联	受益关联	关联总数	中心度
攀枝花	11	11	22	72.99	7	7	14	147.39
上海	16	5	21	45.48	11	2	13	124.24
南昌	11	8	19	124.22	8	5	13	374.88
黄冈	7	13	20	114.87	3	10	13	167.20
常州	15	7	22	223.95	8	4	12	207.25
宜宾	12	9	21	173.90	11	0	11	0
苏州	12	8	20	52.96	7	3	10	215.74
宜昌	11	7	18	62.51	6	4	10	59.32
益阳	16	5	21	68.63	7	3	10	97.65
嘉兴	3	15	18	151.80	2	7	9	92.65
台州	13	5	18	63.56	7	2	9	211.96
滁州	4	9	13	62.91	3	6	9	251.43
杭州	4	20	24	37.36	0	8	8	0
黄石	7	6	13	53.12	5	3	8	166.39
鄂州	10	9	19	105.62	4	4	8	133.36
阜阳	19	9	28	192.41	13	6	19	291.91
淮北	12	12	24	170.13	9	9	18	407.02
淮安	10	10	20	52.24	6	6	12	85.46
宿州	15	3	18	33.96	9	3	12	111.89
亳州	12	9	21	54.63	5	6	11	76.40
丽水	3	13	16	24.81	2	8	10	117.02
淮南	5	9	14	93.26	4	6	10	140.40
六安	7	7	14	30.80	4	6	10	114.72
南通	7	10	17	50.47	3	6	9	87.19
滁州	6	7	13	36.10	5	4	9	158.16
连云港	4	12	16	7.64	3	6	9	66.22
宿迁	6	10	16	18.07	4	5	9	51.41
蚌埠	8	12	20	112.99	2	7	9	62.65
南京	12	7	19	79.25	5	3	8	57.67
盐城	6	10	16	14.29	3	5	8	73.14

续表

地区	总体网络				净网络			
	溢出关联	受益关联	关联总数	中心度	溢出关联	受益关联	关联总数	中心度
咸宁	5	9	14	64.21	3	5	8	67.29
常德	14	5	19	47.99	6	2	8	50.66
泸州	8	5	13	20.23	6	2	8	55.72
成都	6	7	13	33.50	4	4	8	47.28
南京	10	8	18	57.96	3	4	7	75.25
镇江	12	4	16	19.54	7	0	7	0
马鞍山	12	8	20	98.81	5	2	7	6C.22
九江	4	9	13	23.15	2	5	7	55.33
重庆	3	9	12	18.45	2	5	7	40.60
宁波	4	19	23	74.59	1	5	6	105.32
武汉	2	9	11	27.66	0	6	6	175.24
恩施	4	9	13	70.58	2	4	6	0
南通	7	6	13	65.69	3	2	5	6.47
无锡	9	5	14	19.73	3	2	5	29.91
安庆	7	4	11	24.53	3	2	5	17.81

地区	总体网络				净网络			
	溢出关联	受益关联	关联总数	中心度	溢出关联	受益关联	关联总数	中心度
镇江	11	6	17	26.80	6	2	8	58.38
泰州	4	7	11	14.87	3	5	8	100.93
宁波	7	18	25	77.37	4	4	8	79.24
安庆	9	5	14	45.12	5	3	8	51.44
温州	8	4	12	32.57	6	2	8	153.38
苏州	9	8	17	27.15	4	3	7	65.67
扬州	5	7	12	8.52	3	4	7	37.64
上海	10	5	19	18.88	5	2	7	42.39
杭州	7	16	23	87.04	3	4	7	98.82
嘉兴	3	13	16	63.69	2	5	7	70.27
湖州	8	15	23	56.84	3	4	7	35.08
台州	10	5	15	57.17	4	2	6	35.25
无锡	9	5	14	21.85	3	2	5	27.14
徐州	4	6	10	5.78	3	2	5	10.44
衢州	4	5	9	60.58	2	3	5	58.09

续表

地区	总体网络 溢出关联	受益关联	关联总数	中心度	净网络 溢出关联	受益关联	关联总数	中心度	地区	总体网络 溢出关联	受益关联	关联总数	中心度	净网络 溢出关联	受益关联	关联总数	中心度
池州	3	9	12	48.13	1	4	5	8.65	常州	10	4	14	65.35	3	1	4	29.38
宣城	7	8	15	33.30	0	5	5	0	绍兴	5	4	9	42.47	1	3	4	93.99
泰州	3	4	7	7.08	2	2	4	11.21	芜湖	10	4	14	30.19	3	1	4	11.70
湖州	6	14	20	28.35	1	3	4	21.45	马鞍山	8	9	17	60.85	1	3	4	66.22
铜陵	4	4	8	24.29	1	3	4	5.16	合肥	11	5	16	47.32	1	2	3	34.52
荆州	4	3	7	25.16	1	3	4	50.43	池州	3	7	10	11.53	1	2	3	3.87
扬州	2	6	8	8.75	0	3	3	0	金华	3	2	17	1.29	2	0	2	0
盐城	3	8	11	4.48	0	3	3	0	舟山	5	2	7	25.81	1	1	2	22.39
绍兴	5	3	8	25.90	1	2	3	54.76	宣城	8	4	12	20.24	1	1	2	1.54
合肥	12	4	16	34.22	2	1	3	3.54	铜陵	3	2	5	7.04	0	1	1	0
舟山	4	3	7	23.25	2	0	2	0	黄山	6	4	10	14.67	1	0	1	0
芜湖	9	3	12	26.15	2	0	2	0									
岳阳	4	1	5	1.14	1	1	2	0.67									
金华	1	3	4	0.32	0	1	1	0									

注：左栏为长三角与"一轴"板块，右栏为长三角与"两翼"板块。为了便于分析长三角与"一轴两翼"的净关联关系，本表选择净网络的关联总数排序。

四、长三角对"一轴两翼"的溢出效应分析

本章采用 Concor 方法，选择最大分割深度为 2、收敛标准为 0.2 进行板块划分，板块分类和结果如表 9－4 所示。在长三角与"一轴"的板块中，第一个经济增长板块有 9 个，第二个经济增长板块有 6 个，第三个经济增长板块有 14 个，第四个经济增长板块有 15 个。在 326 个关联关系中，四个板块内部的关系数为 114 个，四个板块之间的关联关系数为 212 个，说明板块各区域之间的溢出效应非常明显。根据表 9－4 的关系可以判定各板块的类型，其中，板块 1 为经纪人板块，板块 2 为双向溢出板块，板块 3 为主受益板块，板块 4 为净溢出板块。同样的，在长三角与"两翼"的板块成员数中，第一个经济增长板块有 14 个，第二个经济增长板块有 12 个，第三个经济增长板块有 11 个，第四个经济增长板块有 4 个。板块 1 为经纪人板块，板块 2 为主受益板块，板块 3 为净溢出板块，板块 4 为双向溢出板块。

表 9－4　　　　　　　　长三角与"一轴两翼"的溢出效应分析

板块		板块1	板块2	板块3	板块4	板块成员数	期望的内部关系比例（%）	实际内部关系比例（%）	板块特征
一轴板块	板块1	18	3	13	10	9	18.7	40.9	经纪人板块
	板块2	12	8	4	11	6	11.6	22.8	双向溢出板块
	板块3	24	11	38	7	14	30.2	47.5	主受益板块
	板块4	19	16	81	50	15	32.6	30.1	净溢出板块
两翼板块	板块1	56	25	16	8	14	32.5	53.3	经纪人板块
	板块2	45	30	4	3	12	27.5	36.6	主受益板块
	板块3	20	63	25	0	11	25	23.1	净溢出板块
	板块4	3	0	12	2	4	7.5	11.8	双向溢出板块

进一步分析发现，不论是在"一轴"还是"两翼"区域，长三角各城市呈现出基本一致的板块特征，如：上海、苏州、常州、台州、合肥、芜湖、马鞍山等城市都位于净溢出板块，南京、杭州、宁波、盐城、湖州、金华等城市

都位于主受益板块，南通、扬州、泰州、嘉兴等城市都位于经纪人板块，绍兴、舟山、铜陵都位于双向溢出板块。而无锡、滁州、安庆、宣城等城市在两个区域中呈现出不同的板块特征。

为了能更直观反映溢出效应在各经济增长板块的传递和溢出情况，根据各板块关联关系分布情况，进一步可得各板块的密度矩阵和像矩阵，结果如表9-5所示。对长三角与"一轴"板块来说，板块1的溢出效应主要体现于其内部，板块2的溢出效应主要体现于其内部和板块1，板块3的溢出效应主要体现于其内部，板块4的溢出效应主要体现于其内部和板块3。从像矩阵对角线全为1可以说明，各板块内部经济增长具有显著的关联性，板块内部显示出明显的"俱乐部"效应。同样，对长三角与"两翼"板块来说，板块1和板块2的溢出效应与前文分析相一致，板块3的溢出效应体现于其内部和板块2，板块4的溢出效应主要体现于板块3。

表9-5　　　　　　　　长三角与"一轴两翼"的密度矩阵和像矩阵

板块		密度矩阵				像矩阵			
		板块1	板块2	板块3	板块4	板块1	板块2	板块3	板块4
一轴板块	板块1	0.250	0.056	0.103	0.074	1	0	0	0
	板块2	0.222	0.267	0.048	0.122	1	1	0	0
	板块3	0.159	0.131	0.231	0.038	0	0	1	0
	板块4	0.119	0.111	0.414	0.252	0	0	1	1
两翼板块	板块1	0.302	0.149	0.104	0.143	1	0	0	0
	板块2	0.268	0.227	0.030	0.063	1	1	0	0
	板块3	0.130	0.477	0.218	0	0	1	1	0
	板块4	0.054	0	0.273	0.167	0	0	1	0

注：长三角与"一轴"板块网络的密度为0.172，如果板块密度大于0.172，赋值为"1"，如果板块密度小于0.172，则赋值为"0"；长三角与"两翼"板块网络的密度为0.190，如果板块密度大于0.190，赋值为"1"，如果板块密度小于0.190，则赋值为"0"。

进一步研究发现，两个区域大网络中各板块间并没有形成一个闭合的回路，在长三角与"一轴"的网络中呈现出溢出传递中断的情况，而在与"两翼"的网络中呈现出线性溢出传递特征，如图9-4所示。为此，需要根据网络传递特征，在长三角与"一轴"网络中需要加强板块3、4同板块

1、2 的互动，在与"两翼"的网络中需要加强板块 4 同板块 1、2 的互动。这可以为长三角区域一体化发展战略相关政策的制定提供有针对性的决策依据与支持。

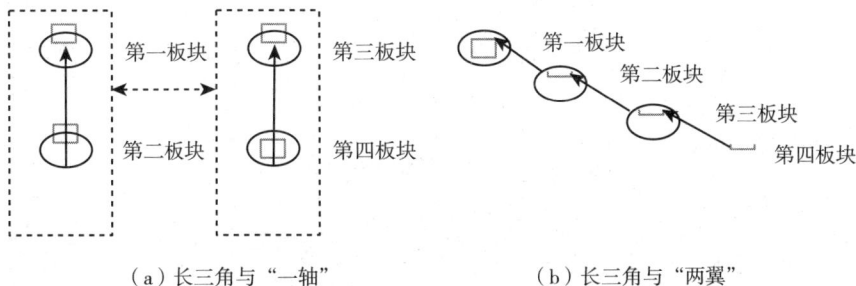

（a）长三角与"一轴"　　　　　　　　（b）长三角与"两翼"

图 9-4　四类经济板块的相互溢出关系

第4节　长三角与"一轴两翼"空间溢出的影响因素

由前面的块模型分析可以发现，发展水平相近或者空间邻近的地区更容易聚于同一板块，由此可以推测，空间邻近与空间关联和溢出有一定关系。那么还有哪些因素影响空间溢出呢？综合已有文献，产业结构差异、经济开放差异、投资差异、从业人员结构差异、交通网络差异等可能会引起各地区经济发展的差异性。为此，本章假设各地区空间关联矩阵 R（relation）主要受六个关系矩阵的影响，分别是空间相邻矩阵 S（space adjacency）、产业结构差异矩阵 I（industrial structure）、经济开放差异矩阵 O（openess）、投资差异矩阵 K（capital）、从业人员结构差异矩阵 E（employee）、交通网络差异 T（transportation）。建立模型如下：

$$R = f(S, I, O, K, E, T) \tag{9.6}$$

式（9.6）中因变量矩阵 R 直接来源于前文的空间关联矩阵；空间相邻矩阵 S 来源于地理相邻关系，各区域相邻取 1，否则取 0；产业结构差异矩阵 I 来源于第三产业产值占地区生产总值的比例差异、经济开放差异矩阵 O 来源于外商直接投资占地区生产总值的比例差异、投资差异矩阵 K 来源于固定资产投资占地区生产总值的比例差异、从业人员结构差异矩阵 E 来源于非农业人口占总人口的比例差异、交通网络差异 T 来源于铁路运输人数占客运总人数的比例差异，计算各地区对应指标的平均值，然后用各地区对应指标平均值的绝对差异组建差异矩阵，差异在平均值 10% 以内取 1，否则取 0。

考虑到关联数据的特殊性，常规的统计检验方法不能判断两组变量之间是否存在相关性，本章采用社会网络分析法中二次指派程序（Quadratic Assignment Procedure，QAP）① 来对各因素进行检验。相关性分析结果表明，交通网络差异矩阵与产业和人口结构差异矩阵存在相关关系，故在回归分析中将该指标剔除。继续选择 5 000 次随机置换得到回归结果，如表 9 - 6 所示。

表 9 - 6　　　　　　　　　影响因素矩阵的 QAP 相关结果分析

变量	非标准化回归系数	标准化回归系数	显著性水平	标准差	概率1	概率2
截距	0.095	0				
S	0.099	0.075	0.002	0.031	0.002	0.999
I	0.066	0.080	0.004	0.022	0.004	0.997
O	0.020	0.018	0.226	0.027	0.226	0.775
K	0.010	0.012	0.302	0.021	0.302	0.698
E	0.090	0.087	0.003	0.026	0.003	0.998

QAP 估计结果表明，邻域差异、产业结构差异和人口结构差异都满足 5% 的显著性水平，说明地理邻近、产业结构和人口结构是构建长三角与"一轴两翼"空间关联的重要影响因素，三者可以分别解释 7.5%、8% 和 8.7% 的空间关联关系。而对外开放差异和投资差异没有通过显著性检验，但也不能否定这两个因素对空间关联的影响，这可能与长三角区域对外开放程度远高于其他区域，而其他区域的投资比例又远高于长三角区域有关。

第 5 节　结 论 与 启 示

本章通过收集 2001 ~ 2016 年有关数据，利用格兰杰因果关系检验、社会网络分析法，比较分析长三角与"一轴"和"两翼"经济增长的空间关联性，

① QAP 是一种对两个方阵中各个元素的相似性进行比较的方法，即它对方阵的各个元素进行比较，给出两个矩阵之间的相关系数，同时对系数进行非参数检验，它以对矩阵数据的置换为基础，具体内容可参见《整体网分析——UCINET 软件实用指南》（刘军，2014）。

探索各区域经济增长的空间网络特征，各区域在整体网络中地位和作用，以及空间网络溢出效应等，并使用QAP回归分析方法揭示了影响长三角与"一轴两翼"空间关联的相关因素，主要结论如下。

第一，从总体网络特征来看，长三角与"一轴两翼"空间网络普遍关联，但是关联程度总体还不高，各区域经济协作还有很大的提升空间。通过对比发现，长三角城市群虽然综合实力最强，但是内部总体关联强度却低于长三角与"两翼"地区。同时，长三角与"两翼"地区的总体关联和净关联强度也都要高于长三角与"一轴"地区，这也印证了区域间的空间关联规律。进一步分析发现，长三角城市群的网络等级远高于其他两个网络，同时网络的稳定性也最差。

第二，从网络中心性来看，一些长三角中心城市与长三角城市群和"一轴两翼"的网络关联存在非对称性。从关联总数来看，上海、杭州、南京、苏州、宁波等城市在总体网络关联总数都排在前列，但在"一轴两翼"的净网络关联总数排名却大幅下降。进一步分析发现，一些长三角城市的中心度并不是太高，与其经济地位并不匹配，其发挥"桥梁"和"中介"作用并不明显。

第三，从板块的溢出效应来看，不论是在长三角与"一轴"网络，还是在长三角与"两翼"网络，上海、合肥、苏州、常州、芜湖、马鞍山等城市都位于"净溢出"板块，南京、杭州、宁波、湖州、盐城等城市则属于主受益板块，南通、扬州、泰州、嘉兴、宣城等城市扮演了"经纪人"角色，绍兴、舟山、铜陵等城市承担了"双向溢出"的作用。进一步研究发现，两个空间大网络中板块溢出效应存在非循环性，在长三角与"两翼"的网络中呈现出线性溢出传递特征，而与"一轴"的网络中则出现溢出传递中断的情况。

第四，从影响区域空间关联的因素来看，地理位置相邻、产业结构相近和人口结构相似是长三角与"一轴两翼"空间关联的重要影响因素。QAP相关分析发现，3个自变量矩阵与因变量矩阵之间有显著正向相关关系，三者可以分别解释7.5%、8%和8.7%的空间关联关系。

上述结论的启示在于：第一，在长三角区域一体化发展上升为国家战略的背景下，长三角既要进一步加强区域内部的分工与协作，也要加强同长江经济带轴线以及华东两翼地区的互动，形成更加密集的区域空间网络。应该进一步加强区域合作协调机制，在长三角区域合作办公室"3＋1"的基础上，吸纳更多的长江经济带沿线省市参与，建立统一规划、统一管理、合作共建、利益共享的合作新机制，为增进长三角与"一轴两翼"区域经济空间联系消除行政壁垒，创造更多、更便捷的区域经济溢出通道。

第二，在"共抓大保护，不搞大开发"的理念引领下，充分发挥"一龙头两依托三城市群四都市圈"的联动和引领作用，即：以上海大都市圈为龙头，在"两翼"上以沪宁合杭甬发展带为依托，进一步扩大南京都市圈和合肥都市圈对"北翼"的辐射范围，以及杭州都市圈和宁波都市圈对"南翼"的辐射范围；在"一轴"上以长江经济带为依托，充分发挥以武汉为中心的中游城市群，以及以重庆和成都为核心的上游成渝经济区的辐射带动作用，促进辐射范围进一步延伸。最终形成区域联动、结构合理、绿色低碳的大中小城市协调发展的区域一体化新格局。

第三，针对影响区域空间关联的因素特点，有针对性地补齐溢出效应短板。充分发挥长三角与"一轴两翼"的区位优势，构建多层次、立体化的交通网络，为产业结构转型升级，以及人力资本、技术资本等生产要素的自由转移和合理流动提供支撑。但在促进产业转型升级和要素流动的过程中，既要避免由于产业布局不合理而产生区域间同质化竞争，又要避免大城市对中小城市的"虹吸效应"。

第10章

长三角地区商业模型创新
及其引领作用

　　长三角地区作为当今中国经济现代化程度最高、承接能力最强和参与国际竞争最多的地区，其经济的高速发展离不开活跃的商业模式创新。长三角地区之所以能够产生大量的商业模式创新，主要是因为长三角地区的资源禀赋因素、产学研合作因素、需求因素、制度创新因素以及非正式制度因素。长三角地区的商业模式创新主要有基于价值创造的商业模式创新、基于价值获取的商业模式创新和基于价值主张的商业模式创新。长三角地区的商业模式创新引领企业成为创新主体、带动产品优化升级、引领平台构建，对自身的经济发展产生了引领作用。

第 1 节　研究背景

　　长三角一体化发展战略离不开企业的商业模式创新。马哈德万（Mahadevan, 2000）对商业模式进行概括，提出商业模式是企业与合伙人以及顾客之间价值流、收入流和物流的特定组合。当今，商业模式创新是企业竞争的重要表现形式。作为我国经济最发达的地区之一，长三角地区丰富的人才、先进的制度、高新科技水平与创新文化孕育了活跃的商业模式创新。在互联网时代下，大数据、云计算、物联网、人工智能冲击了以往的商业模式，传统意义上的进入壁垒被打破。苹果公司成为市值最高的公司，中国的字节跳动公司成立八年市值已达到 5 600 亿。而诺基亚等传统商业模式中取得成功的电子厂商倒闭或被兼并，杰西潘尼等传统百货公司宣布破产，大批传统"明星"企业轰然倒下。在充满不确定性和企业边界变得模糊的互联网时代，过去需要几十年甚至更久才能实现的行业转型和主导企业更替，现在可能只需要短短数年。长三角地区企业积极开展基于价值主张、价值创造和价值获取的商业模式创新，带给企业更旺盛的生命力，促进长三角地区创新发展。由于区域间经济活动联系日益紧密，商业模式创新具有带动作用和知识溢出效应。长三角地区的商业模式创新对长三角地区乃至全国的经济发展具有一定的影响。

本章通过探索长三角地区孕育商业模式的区域环境，讨论长三角地区商业模式创新的主要方式与归纳长三角商业模式创新的影响，对长三角地区具有先导意义的商业模式创新案例进行研究和总结。

第2节　长三角商业模式的创新沃土

一、资源禀赋

长三角地区经济发达，地域辽阔，有着各种孕育商业模式创新的资源禀赋。长三角区域内不同地区有着不同的资源禀赋，在商业模式创新上有着不同的比较优势。长三角地区资源禀赋中最重要的有三个方面。

首先，长三角地区存在丰富的科技资源与人才优势，能够为商业模式创新提供技术支撑。蒂姆斯（Timmers，1998）提出，技术进步是商业模式创新的主要动力。王鑫鑫和王宗军（2009）总结了技术对商业模式创新在多个领域的推动作用，提出通用型技术和特殊领域的专业技术对商业模式创新的推动作用不同。

长三角地区具有丰富的科教资源，且长三角地区科教水平整体较为一致，科技投入产出效率较优。长三角地区大学和科研场所相对集中，创新能力强，高水平原创性创新成果丰硕。长三角地区具有25所"211工程"高校，8所"双一流"高校，其中8所"双一流"高校分别坐落在上海、南京、杭州、合肥。沪宁杭合汇集了长三角地区最丰富的科教资源，具有大量的大学及科研场所，高水平原创性科研创新成果丰富，为科技创新分别提供了通用型和特殊领域的专业技术优势。上海积极利用高校、研究所等优势，建立上海材料研究所、上海免疫学研究所等机构，同时大力实施人才引进和补贴政策，对13个重点领域的高水平人才实施"高峰人才全责负责制"等政策，充分发挥人才的创新能力，成功获取了大量的科研成果。2018 年上海的专利申请授权数为92 460 件，占全国总专利申请授权数的 4%，其中申请专利授权率为 61.5%，高于 56.3% 的全国水平①。目前上海在人工智能、生物制药等方面取得了一定的成就，为人工智能、生物制造等行业企业进行商业模式创新提供了技术优势。2020 年上海签约 36 个人工智能产业项目，获取超过 300 亿元总投资，打造创新策源、人才集聚的全方位人工智能"上海高地"。同时，上海大力发挥大科学装置和高端人才密集的优势，集中攻关高端核心产品，大力攻关脑科学与类脑科学等学术前沿及大数据、云计算、人工智能和生物医药产业交叉融合等热点方向，推动抗体药物、新冠疫苗等生物制品创新成果产业化；建设一批定位清晰、绿色生态的高端制造园区，推动"张江药谷"拓容，全面巩固了上海生物医药创新研发的领先地位。②

其次，长三角地区具有竞争优势，能够吸引有技术竞争力的跨国公司区域集聚，建设高科技产业集群。其中上海、苏州、杭州国际化程度高，国际化创新元素集聚能力强，吸引了大量外资入驻。苏州市经济发达、营商环境好、开放程度高，2019 年 1 月至 11 月，苏州市实际使用外资 45.72 亿美元，同比增长 4.3%，新设外资项目 900 个，新增注册外资 99.9 亿美元，增长 1%。截至 2019 年 11 月，已聚集 1.7 万家外资投资企业，约占我国外资投资企业总数的 1/10，153 家境外世界 500 强企业在苏州市投资 400 多个项目，目前苏州累计使用外资超过 1 320 亿美元③。外资投资成为苏州高新产业发展的主要力量。苏州大仓生物医药产业园揽资 33.45 亿元，其中外资3.8 亿美元。

最后，长三角地区地域辽阔，一体化程度高，产业大量集聚，利于发展高科技特色产业、绿色产业，建立现代化产业体系。江苏省苏北地区、浙江省浙西地区及安徽省正在进入经济增长期，地理位置优越，能够利用苏南、浙东等地区的创新优势，建立能发挥比较优势的高新技术产业基地。安徽省利用劳动力成本、产业集群匹配性等方面的比较优势，从创新策源地打造作为突破口，促进产业链与创新链的对接，并积极发展优势产业，如安徽省通过建立科大讯飞语音产业基地，打造"中国声谷"，做强智能语音产业链。

长三角地区建立开拓式新兴产业布局，区域内部进行产业分工，错位发

---

① 资料来源：中经网统计数据库。
② 资料来源：上海市人民政府网站。
③ 资料来源：江苏省人民政府网站。

展高新产业。上海建立张江科技园和绿色产业园区，在打造生物医药等新兴产业的同时大力打造"绿色产业链"，发展循环经济；苏州促进电子产品、新材料等高新技术产业集群发展；无锡创办惠山生命科技园区，建立汽车零部件工业集群；常州建立现代制造业产业基地，对上海市产业集群配套，健全高新技术产业链，完善现代化产业体系。阿米特和佐特（Amit & Zott，2010）强调在经济快速发展期，企业应该根据生态系统及利用周围的产业环境（Shafer，Smith & Linda，2005）开展不同方式的商业模式创新来创造价值。长三角地区通过建立现代化产业集群，为企业进行商业模式创新提供了良好的创新环境。

二、产学研合作

长三角地区产学研结合紧密，原始创新成果转化顺利。产学研合作指企业、大学和科研机构以共同的发展目标为基础，发挥各自优势，形成强大的研究、开发、生产一体化的先进系统并在运行过程中体现出综合优势。在我国创新体系中，高校是创新的重要力量。在对国家知识产权局中的专利申请情况的研究中可以发现，高校作为知识创造的重要主体，其拥有的专利数量正在逐年增加，并且与各机构进行协作创新的现象日趋频繁。

洪银兴（2014）指出，产学研协同创新不仅仅是科研院所和大学作为技术供给方，企业作为技术需求方之间技术转移的关系，而是在以科学新发现为导向的技术创新中，大学、科研机构和企业各方都要共同参与研发新技术，特别是大学和企业各方共同建立研发新技术的平台与机制，在研发新技术过程中，企业家和科学家要交互作用。这是产学研协同创新的真谛。产学研协同不完全是企业、大学和科研院所三方机构问题，而是指人才培养、产业发展和科学研究三方功能的协同与集成化。具体来说，一方面作为"学"的大学中包含了科学研究机构，同时也承担着科学研究的功能；另一方面"产"也不只是企业，而是指产业发展，或者产业创新。因此产学研协同从总体来说是大学与产业界的合作，涉及科学研究、人才培养的职能与产业界的合作创新。

长三角地区丰富的科教资源和高科技产业发展相辅相成。长三角地区既有南京大学、复旦大学、上海交通大学、浙江大学等名校，也有东南大学、河海大学、上海财经大学等富有特色的本科院校，而依靠强大产业优势的高职院校则每年都为长三角地区输送大量专业型技术人才。长三角不断发展的经济与高水平、多层次的大学群紧密结合，前者为后者打开市场，开拓研究领域，后者为前者输送人才和科研成果。文卡特拉曼（Venkatraman，2008）提出技术和经营方式变化带来的竞争压力是企业进行商业模式创新的重要动力。通过长三角地区产学研紧密合作，长三角地区的原始创新成果能够顺畅转化为高新技术，为商业模式创新与新兴产业发展奠定了基础。

高科技及创意产业是长三角未来重点发展的领域，其中微电子、软件、生物科学等行业对高科技人才极其依赖。最典型的是位于上海浦东新区的张江高科技园区，作为中国国家级高新技术园区，张江高科技园区构建了软件产业链与生物医药创新链，被称为"中国的硅谷与药谷"。张江高科技园区积极开展校区合作，搭建张江金山园人才服务平台，在通过"双自"联动吸引海外人才的同时大量引进本土人才。同时张江科技园积极打造产学研联盟，建立以政府为主导的中药现代化产业联盟，由多家自主创新企业主导建立的移动视音频（AVS）产业联盟，通过校企共建研发机构开展合作，建立武汉大学张江研究生培养基地等联合培养基地，使高校最新的科研成果迅速进入产品研发阶段，进而转化为产品。在 2020 年度国家科学技术奖初评中，张江高科技园区有 6 个项目入选，涵盖"基础医学组""医药卫生组""作物遗传育种与园艺组""计算机与自动控制组""中医中药组"5 组。张江高科技园通过产学研合作，创新成果涵盖各方面、多领域。

长三角领先的产学研合作水平，促进了长三角地区的商业模式创新，有利于企业攀升产业链，打造高端产业和新兴产业，带动以产业模式创新、技术模式创新为主导的商业模式创新。南京大学通过搭建产学研合作平台，大力攻克化学药物、太阳能、软件等领域，现有 37 个重点实验室，299 名专家，3 468 项研究成果，大力推动创新成果向高新技术产品转化。

三、需求拉动

在互联网时代下，以供给为导向的商业模式逐渐走向消亡，以需求为导向的商业模式创新成为新的趋势。提供给消费者新的产品与服务，满足消费者被忽视的需求是开展商业模式创新的重要驱动因素。长三角地区经济发达，人均可支配收入在全国处于较高水准，对中高端产品和服务的需求旺盛，为商业模式创新提供了需求驱动力。

消费是社会生产循环的起始点，一切经济活动的目的都是为了满足人们不断增长的消费需求。19 世纪德国统计学家恩格尔根据统计资料进行整理，提出了恩格尔系数（Engel's Coefficient）的概念。恩格尔系数指的是食品支出占总消费支出的比例。在总支出不变的条件下，恩格尔系数越小，则居民用于食用支出的金额越少；恩格尔系数越大，则居民用于食物支出的金额越多。因此，恩格尔系数是衡量家庭区域或者国家富裕程度的主要标准之一。一个区域越穷，区域中居民的平均支出中用于购买食物的支出所占比例就越大，随着居民收入的增高，这个比例呈下降趋势。当一个区域绝大多数的居民仅能维持温饱时，居民平均支出中较大比例的部分用于基本的生存需求，因此人们对创新产品、创新服务的购买力将会不足。反之，当一个区域绝大多数居民的收入在温饱水平以上时，居民平均支出中较大比例的部分用于生存需求之外的消费，人们会迫切渴望购买创新产品、创新服务来改善生活质量。同时，人均可支配收入较高的区域往往居民对中高端产品消费需求更强，人们对于改善生活质量、提高工作效率的创新产品或服务有着更高的需求。

根据中经网统计数据库统计，2019 年全国平均居民可支配收入为 70 892 元，同比增长 7.74%。上海市、江苏省、浙江省、安徽省平均居民可支配收入分别为 157 300 元、123 607 元、107 624 元及 79 892 元，同比增长分别是 16.5%、7.3%、9.1% 及 22.6%。总体而言，长三角区域人均可支配收入在全国属于中上水平，除江苏省外经济增长速度高于全国平均水平。较高的人均可支配收入和较高的创新产品需求是很多商业模式创新在长三角地区萌生成长的土壤。以网易严选、达人店为代表的新零售行业企业在长三角地区兴起。网易严选通过与 ODM（Original Design Manufacturer）合作的发展模式，挖掘居家等生活类消费需求，严格把控产品质量，大量入驻线上电商平台，并在杭州地区开办线下门店，通过商业模式创新带来了较高的净利润增长，成为新零售行业的代表性企业。

四、激励创新的正式制度安排

制度经济学认为，制度是由正式制度和非正式制度两种规则要素构成。正式制度是人们有意识地对社会行为确定的规范，具有一定的强制性。非正式制度，也称非正式约束，是指自发形成并被人们无意识接受的行为规范，包括价值道德规范、风俗文化习惯、意识形态等。与正式制度安排相比，非正式制度安排具有非强制性、自发性、持续性和广泛性的特点。

制度安排通过作用于宏观经济因素可以影响企业的商业模式。李东和苏江华（2011）提出，商业模式在进化到均衡状态时，具有两种动因：一是商业模式所支撑的业务运营规模、目标的改变；二是构成商业模式的规则由于政治、经济、文化等宏观因素的影响而发生改变。长三角地区通过在行政区划、市场管制、国际规则建设等方面进行制度创新促进商业模式创新。

首先，通过破除行政区划带来的经济分割，甚至是诸侯经济现象，促进长三角高质量一体化发展。由于长三角地区三省一市行政区域上的割裂，各地各自为政，难以统筹协同发展。长三角地区通过功能、规划上进行行政区间整合，如推进长三角生态绿色一体化进程破除行政区域一体化；三省一市通过联合制定发展战略，设立示范区，减少行政区划对经济一体化发展的阻碍，在长三角区域内形成合作创新机制，推动长三角创新中心如上海、南京等地和外部的有效对接，为长三角商业模式创新减少阻碍。此外，长三角三省一市通过精准定位区域功能进行优势互补，建立合作创新机制。安徽省规划建设重点开发、限制开发和禁止开发三类主体功能区，根据主体功能定位明确开发方向，构建以江淮城市群为主体的城镇化战略格局，以"五区十五基地"为主体的农业发展战略格局和以"三屏三网"为主体的生态安全战略格局。安徽省主体功能区利用位于长三角腹地的区位优势，同时集中发挥安徽省作为首批三个国家技术创新工程试点省之一的创新潜力，大力开发合芜蚌自主创新综合试验区，打造承接产业转移的示范区、区域性的战略性新兴技术产业基地，和上海、南京等长三角创新中心相对接，促进长三角区域商业模式创新发展。

其次，长三角地区加快转变政府职能，深化"放管服"改革，降低市场门槛，优化营商环境，建立要素自由流动的现代市场体系，并通过"双创"政策和人才政策打造创新高地，加大长三角核心区的科技内核，并围绕区域产业链打造创新链，形成区域内的商业模式创新风潮。长三角地区打破政策桎梏，积极开展创新产业实践，举办"双创"活动，充分发挥"双创"示范基地的带动作用，建立长三角"双创"生态地图，以大数据为基础建立线上平台，充分利用长三角地区丰富的线上、线下创新资源，积极推动创业风潮。

最后，长三角地区在法制建设上进行一体化改革，共同搭建合作平台，瞄准最高的国际规则和国际标准，通过与国际规则相衔接，加强长三角地区的开放性。苏州工业园区作为"试验田"布局苏州自贸片区，开展具有特色化突破性的制度创新，深化投资领域改革、推动贸易转型升级、深化金融领域开放创新，对区域营商环境实施再升级，通过更加开放的贸易和投资政策促进苏州工业园区的转型发展。

五、崇尚创新并宽容失败的文化氛围

新制度经济学认为，人们行为选择的大部分空间是由非正式制度来约束的。非正式制度因素和正式制度一样，都对长三角地区的商业模式创新有着深刻的影响。长三角地区开放包容、务实诚信的区域文化营造了良好的商业模式和创新氛围。

田园和王铮（2016）在研究了国家统计局 2009～2013 年关于私营企业和人口就业的数据后证明，中国的创业活动活跃程度在区域之间存在明显的差异。私营企业创业活动最活跃的地区是上海、浙江、江苏以及北京、重庆等城市，最不活跃的是辽宁、河北、河南等城市。他们认为这与东部地区儒家文化的传播有关。

创新的过程中，风险与收益同在。企业进行商业模式创新，往往会面对比固守原有商业模式更大的风险。因此，社会是否具有鼓励冒险、宽容失败的创新氛围对于企业进行商业模式创新具有重要意义。创新氛围的形成与国家经济政策、政府宣传引导有直接的关系。例如 2014 年 9 月，李克强在公开场合发出"大众创业、万众创新"的号召。在政府的"双创"号召下，长三角地区的创业氛围浓厚，积极开展技术创新。张鑫晨等（2019）指出，江浙沪三地创新创业综合指数呈现出上升趋势，江苏省位列第一；江苏省和上海市基础设施和商业环境优良。

除了宏观经济政策与政策宣传引导外，创新氛围的形成还与区域历史文化有着深刻的关系。例如浙江宁波的商帮文化。宁波市与宁波人历来以"商"著称，宁波商帮是中国十大商帮之一。宁波人的从商观念从"无宁不成埠"的传统观念，到近代宁波商帮的"义利观"是一脉相承的。不少宁波商人先后在上海、宁波经商后再到港澳台地区经商，事业成功之后又对宁波老家进行"反哺"，投资宁波的教育、文化、卫生事业。20 世纪 80 年代港资企业大量拥入宁波，到 90 年代台资成为到宁波投资的主力军，而这些宁波帮第二代、第三代都是承袭宁波商业文化传统。十大商帮中，除宁波商帮外，安徽徽商、江苏苏商也发端于长三角。历史悠久的商业文化使长三角地区形成了宽容失败、鼓励创新的良好氛围，使得长三角成为中国企业商业模式创新的大本营。

第 3 节　长三角商业模式创新的主要类型

　　长三角地区企业开展商业模式创新的主要目的是为了攀升全球价值链，为企业创造最大的利润。切斯布洛和罗森布鲁姆（Chesbrough & Rosenbloom，2002）首次将商业模式分为以下六种：价值主张，市场区隔、价值链、价值结构、潜在利润、价值网和竞争策略。孙宁华等（2015）提出商业模式创新主要通过三个方面达到目的：涉及改变产品和服务的价值主张，即对产品和服务进行开发或衍生；进行供应链的创新；对目标顾客的创新，即通过挖掘被忽视的需求或创造新的需求打开商品市场。通古尔和英格瓦克（Tongur & Eng-wakk，2014）提出商业模式的三大分类：价值主张、价值创造和价值获取。基于对商业模式的划分，下文主要通过价值主张、价值创造和价值获取视角总结长三角商业模式创新的主要类型。

一、基于价值创造的商业模式创新

　　价值创造是企业建立、协调与商业伙伴的关系，把各方资源转化为顾客价值并传递给顾客的过程（张敬伟，王迎军，2010）。在价值创造过程中，技术创新推动商业模式创新。创新的技术作用于企业的生产资料，会对企业的商业模式构成要素产生影响（李志强、赵卫军，2012）。在"互联网＋"和数字经济的浪潮下，商业模式创新迎来了新的发展方向。

　　"十三五"规划指出，要促进新一代信息技术与经济社会各领域融合发展，培育"互联网＋"生态体系。"互联网＋"是互联网现代化应用的进一步实践成果，推动着经济形态不断发生转变，从而促发社会各行业经济实体的生命力，为改革创新提供了广阔的可能性。通俗地讲，"互联网＋"就是"互联网＋各个传统行业"，但并非是简单的两者相加，而是通过信息通信技术以及利用互联网平台，让互联网与传统行业深度融合，从而产生新的发展生态。"互联网＋"代表一种新的社会形态，即最大化发挥互联网在社会资源配置中的集成和优化作用，将互联网思维的创新成果深度融合于经济社会各领域之中，从而提升全社会的创新和生产力，形成更加广泛的以互联网为基础设施和实现工具的经济形态和商业模式。

　　近年来，"互联网＋"驱动数字经济崛起，数字经济日益成为推动国民经济增长的新动能。长三角地区作为数字经济的发展高地，出现了以阿里巴巴为代表的全球性的数字经济企业，并大力开展以信息基础设施、融合基础设施、创新基础设施为代表的新型基础设施建设。长三角地区数字经济发展在全国处于领先的位置。技术革新是数字经济发展的根本动力，大数据、计算机技术是最具有代表性的手段。数字经济下，利用大数据、人工智能、云计算等技术，长三角地区主要开展了以下五种具有代表性的商业模式创新。

第一是基于人工智能的商业模式创新。人工智能（AI）在"新基建"时代具有重要意义，通过改变产业形式的方法带动了商业模式创新。本部位于合肥的科大讯飞是人工智能领域的先行者，是亚太地区智能语音和人工智能上市企业，通过深耕中文语音识别、合成等技术，进入语音技术领域并创造语音技术相关的新兴产业，开展"AI＋生活"，实现智能语音输入及跨语言智能实时翻译；同时通过"AI＋工业"打造面向工业企业的专业化人工智能平台。

第二是基于云计算的商业模式创新。云计算的本质是将"计算能力"像提供水、电等公共必需品一样以经济合算的价格有偿提供给企业和个人。因为云计算的诞生，计算能力的壁垒被消除，信息的流动更加便捷，数据的计算更加高效。云计算使传统行业被颠覆，过去只有大型企业才能拥有的计算能力现在中小企业也能够便捷获取，从而产生了过去无法想象的商业模式创新。云计算通过产生新的用户价值，从而在技术上提供商业模式创新的契机。无锡华云数据是国内领先的云计算服务提供商和一站式云化合作平台，通过华云数据在IT基础建设和云平台建设的资源和经验帮助企业进行业务创新，并通过企业级云平台和双技术栈的企业级超融合产品，为企业上云提供方便。

第三是基于"大数据"的商业模式创新。"大数据"以各种方式影响企业的商业形态，它是企业进行商业模式创新的基本时代背景。李文莲和夏健明（2015）总结了"大数据"驱动商业模式创新的方式：大数据资源与技术的工具化运用、大数据资源和技术商品化推动"大数据"产业链的形成、以"大数据"为中心的扩张引发行业跨界与融合。新冠疫情期间，阿里巴巴与浙江省政府合作，一天内搭建出一套"数字防疫系统"，通过大数据分析行动轨迹、建立个体关系图谱等，在精准定位疫情传播路径、防控疫情扩散上做出了重要的贡献。

第四是基于5G技术下的商业模式创新。《中国制造2025》指出应全面突破第五代移动通信（5G）技术，推动核心信息通信设备体系化发展与规模化应用。5G带来的技术变革为商业模式创新提供了可能性。目前长三角地区有10个城市入围5G首批开通城市名单，成为全国5G探索的先行者。目前由博信智联和中国联通合作开发的 5G 自动微公交已经在乌镇投放使用，以此拉动"5G 智能驾驶"新兴产业。基于 5G 技术的线上购物、远程教育等领域的新型商业模式方兴未艾。

第五是基于"互联网＋医疗"等"互联网＋传统行业"的商业模式创新。阿里健康是"互联网＋医疗"发展的典例，体现了阿里巴巴的医疗布局，开启了"智慧医疗"版图，建立医院集团信息化系统，同时首发医疗 AI 系统"Doctor You"进行智能诊治。在新冠疫情下，阿里健康起到了重要的作用，通过阿里云的计算功能和达摩院的 AI 在疫情诊断、临床诊断等方面投入使用，并上线了疫情地图等产品，大量减少了疑似病例的确认时间，为健康新基建提供了技术支撑。

二、基于价值获取的商业模式创新

价值获取是企业为获取盈利进行机构调整与创新的过程。刘舒（2014）认为商业模式的价值获取包括收入模式和成本结构。价值获取视角下开展的长三角地区商业模式创新主要表现在企业生产方式创新、组织方式和合作模式创新中。企业通过生产方式创新，提高生产率进行大规模生产的同时，丰富产品品种，做到多样化生产。同时鼓励企业家发挥创新精神，实现柔性生产方式，创造企业之间既合作又竞争的良好环境。衢州东方集团是通过企业生产方式创新进行商业模式创新的典型案例。衢州东方集团总部位于浙江省衢州市，是衢州市首家新三板创新层企业。衢州东方集团在发展数字经济的国家战略下，积极进行生产方式创新与商贸流通领域的数字化转型，打造长三角和全国的"衢州样本"。东方集团的生产方式顺应个性化消费的主流，着眼于差异化的细分市场，运用互联网技术建立集成创新的弹性工作方式，全面推动数字化建设和供应链提升。在疫情防控期间，东方集团创新推出"共享员工"方式，在内让酒店员工加入超市、粮食产业园等，对人手紧张的岗位进行补充；对外与好梦来等多家急需用工的企业"共享"近 300 名员工[①]。

组织方式创新包括扁平化管理、外包创新等方式。如浙江省多家企业采取劳务外包的方式，降低劳动成本和管理费用，减少改革成本，提高劳动效率，将工作重心转移到有创新发展潜力的核心业务中。

此外，基于企业合作的商业模式创新重要性日渐突出。当今世界技术进步

---

① 资料来源：开化县人民政府网站。

日新月异，长三角地区一体化已经上升为国家战略，洪银兴（2018）提出在长三角地区，企业为了促进技术创新，广泛开拓市场，降低经营风险，互相合作结成战略联盟成为一种趋势。迈克尔·波特（1997）在《竞争优势》一书中提出："联盟是超越了正常的市场交易但并非直接合并的长期协议。联盟的例子包括技术许可生产、供应协定、营销协定和合资企业。联盟无须扩大企业规模而可以扩展企业市场边界。"① 这里战略联盟涵盖了产品价值创造的全过程，即在设计、生产、销售等各个环节，均有创造战略联盟的机会。

从商业模式创新的角度来看，企业战略联盟是企业主动整合外部资源，打通价值链上下游或者在技术上构建统一标准的过程。战略联盟的形成不仅可以使企业减少外部的交易成本，而且能够促进隐性和显性知识的溢出，使企业能够更快地形成某种共识。一般而言，企业战略联盟是产权独立、生产相同或相似产品，或者在同一条价值链上有着密切关联的企业和组织进行的集合。企业战略联盟通常是以某一个主导企业或组织为核心，大量相关企业和组织为了追求产业间的范围经济和规模经济，形成联盟竞争力而联合在一起。

作为国内创新活动最活跃的地区，长三角地区每年都会在各个领域形成企业战略联盟。如在文化创意领域，长三角文化创意产业联盟是由上海创意产业中心组织发起并担任常务主席，跨省域的非官方组织。联盟旨在建立更加公开和常态的长三角城市对话机制，搭建更加专业和有效的长三角资源对接渠道，开创更加创新和永续的长三角区域经济模式，营造更加友善和团结的长三角睦邻合作关系。为了加快长三角文化创意产业的协作与融合，进一步优化长三角信息、技术、人才、资本的流通与共享，2011 年，由上海创意产业中心牵头组织，上海、南京等 23 个城市的相关行业协会、园区和企业，共同组建了"长三角文化创意产业联盟"，通过推行长三角文化创意产业推进计划，组织考察互访、产业论坛、讲座培训、"文化创意产业金鼎奖"评选等活动，助力长三角地区的产业升级和经济转型。经过几年的发展，长三角文化创意产业联盟已经走出长三角区域，不断加强与国内其他城市以及国际上文化创意产业发达城市之间的交流与合作。②

在物流领域，长三角地区也有国内最大的物流行业的企业联盟——菜鸟物流。菜鸟网络科技有限公司成立于 2013 年 5 月，公司位于杭州西湖区，由阿里巴巴集团、银泰集团联合复星集团、富春集团、申通集团、圆通集

---

① ［美］迈克尔·波特：《竞争优势》，华夏出版社 1997 年版。
② 资料来源：长三角文化创意产业联盟网站。

团、中通集团、韵达集团等共同组建。菜鸟的愿景是建设一个数据驱动、社会化协同的物流及供应链平台。它是基于互联网思考、基于互联网技术、基于对未来判断而建立的创新型互联网科技企业。它致力于提供物流企业、电商企业无法实现，但是未来社会化物流体系必定需要的服务，即在现有物流业态的基础上，建立一个开放、共享、社会化的物流基础设施平台，在未来中国任何一个地区可实现 24 小时内送货必达。2017 年 9 月，阿里巴巴宣布，未来五年与菜鸟一起，继续投入 1 000 亿元，加快建设全球领先的物流网络，实现中国 24 小时、全球 72 小时必达，为全球消费者提供普惠、极致的物流体验。2018 年 6 月，菜鸟宣布在杭州、香港等地建设 eHub（数字贸易中枢），形成智能物流骨干网全球雏形。[①] 长三角地区企业通过组建战略联盟，有效达到打通价值链上下游和在技术上构建统一标准的目的。企业战略联盟能够帮助企业获取合作伙伴、增强外部竞争力，是长三角地区企业重要的商业模式创新。

三、基于价值主张的商业模式创新

长三角地区企业的商业模式创新可以由价值主张变动引发。价值主张反映企业为解决目标顾客的需求而提供产品或服务，体现在针对目标顾客的需求展开的新型营销模式创新与产品设计、销售模式创新上。

采用不同的营销模式进行推广有利于把握住顾客新的需求。通过淘宝等线上电商直播以及抖音等短视频公司进行营销带货是一种近年来崛起的新兴电子商务营销模式。直播主要分为三种模式：通过网红、明星直播；素人直播；品牌直播。在新冠疫情期间，线下购物受创，"直播带货"成为新的潮流。农民通过网络直播、短视频的形式对农产品进行线上营销，补齐了传统农产品营销不足的缺点。

随着"O2O"（Online to Office）商业模式兴起，线上线下一体化进行商品销售成为一种新的趋势，如网易严选在 2016 年成立后，入驻了天猫、拼多多等各大电商品牌，并从杭州开始布局线下直营店，通过线上线下营销模式相结合的方法，瞄准生活、家居用品等商品市场，严格把控产品质量，通过与各大供应商直接合作的方式降低成本，扩大产品的需求市场。此外，在 2016 年"6·18"活动中，网易严选采取了"3 件生活美学"的特色方案，即 3 件及

---

① 资料来源：菜鸟物流官方网站。

以下商品可以享受折扣，鼓励适度消费，以满足顾客的"少量购买、物美价廉"的需求。网易严选这种从确认用户新的需求入手，有针对性地通过确认用户需求而提供产品的商业模式创新获得了成功。

商业模式创新也体现在营销模式、销售模式创新上。安徽省"徽派三雕"传人查嵘及其创造团队为打造非物质文化遗产"徽派三雕"的国际品牌，将手工业与旅游、金融等领域有机结合。他们利用"互联网＋徽派三雕"模式，在黄山、宏村等地设置中国徽州三雕传承艺术馆，并通过在视频网站上传三雕工艺纪录片等方式进行三雕文化展示和宣传，并搭建三雕云平台，实现线上展示交易结算、跨境交易等功能。

第4节 长三角商业模式创新的引领作用

党的十九大报告指出，要创新引领率先实现东部地区优化发展，建立更加有效的区域协调发展新机制。"十三五"规划指出，要发挥长三角城市群对长江经济带的引领作用，以上海、南京、杭州、合肥、苏锡等都市圈为支点，构筑点面结合、链群交融的产业发展格局。改革开放以来，长三角地区获得了飞速的发展，已成为当今中国科技实力最强，创新最活跃的地区。长三角地区的商业模式创新对长三角乃至全国其他地区的经济发展产生驱动作用，具体表现在以下几点。

一、商业模式创新带动创新创业

商业模式创新开辟了新兴的、有潜力的成功样本。个体通过观察"成功榜样"的行为来实现其社会学习的过程，从而积累起创新必需的知识和技能，当知识积累到一定程度时，便会引起个体潜在的创业行为。领先创业家的成功案例会引起大量的模仿者，大量模仿者的出现，又加速了所模仿的创业模式的成熟化，从而大大降低了潜在创业家的进入门槛和创业风险。在"双创"时代，企业成为创新主体，以市场为导向，带动了科技创新和产业优化升级，为经济增长带来了动力。

在互联网高度发展的时代，长三角地区成功的创业创新案例和商业模式创新能够便捷地被其他地区的潜在创业者获知，从而产生创新创业的带动效应。例如南京珠江路曾经是华东地区最大的电子电脑产品集散地，有"北有中关村，南有珠江路"的美誉。珠江路周边大学、科研院所云集，有南京大学、东南大学、南京航空航天大学、中科院南京分院55所等，人才资源和技术资源极为丰富。南京珠江路科技街成立于1992年，以市场为导向，以IT卖场行业为核心，以产业和技术为依托实现超常规发展。在个人电脑迅速普及的21世纪初，珠江路的卖场模式在全国各地区风靡，出现了大量的模仿创业者。

二、商业模式创新带动产品创新升级

技术变革带来的商业模式创新体现在产品创新升级上。产品升级是指通过引进技术含量高的新产品或者提高已有产品的生产效率来提升竞争力，如科大讯飞引入AI语音开发智能语音产品。

产品创新往往意味着客户价值主张的转变。客户价值主张是指某种为客户创造价值的方法，赢利模式指公司在为客户创造价值的同时为自己创造价值的计划。从商业模式的角度来看，精准的客户价值主张是商业成功的前提。客户价值主张不明晰，或者在企业战略中不被重视，那么取得商业成功就无从谈起。这是因为即使技术是先进的，如果企业不能向消费者提出一个引人注目的价值主张，并以合适的价格满足消费者对高质量商品的需求，那么这样的战略终将失败。

长三角地区经济活动比较发达，产品更新换代的速度也比较快。能够适应市场的产品创新往往在资金、途径、技能和时间上能够给客户带来价值。长三角地区的产品创新往往在适应本地市场后逐渐向其他地区扩散，带动其他地区的商业模式升级。

如"饿了么"总部位于上海，是中国知名的在线外卖订餐平台。截至2020年8月，"饿了么"已经覆盖全国2 000个城市，加盟餐厅130万家，用户达2.6亿。作为"互联网+"的产品创新，"饿了么"切合了商家招揽生意和消费者追求就餐便利的需求，在2008年创建后首先在上海实现市场突破，很快在全国范围占领市场。而"饿了么"的发展模式也很快被其他创业者复制，出现了"美团外卖""百度外卖"等多家相似的外卖平台。产品创新不仅是新产品的普及和复制，也可能是对整条价值链的带动。在"饿了么"案例中，商家在使用"饿了么"接收订单时，不仅自身实现了招揽生意方式的升级，而且激发了整条餐饮产业链的活力。尤其是疫情期间，传统的餐饮行业正向"互联网+"、在线交易的营销方式转变。

三、商业模式创新促进平台构建

在互联网、大数据的时代，信息化产品有时并不是传统意义上的商品和服务，而是超越了一般商品的范畴，成为一种"平台"。在过去，平台主要指计算机的操作环境，后来被引入经济和管理领域，出现了技术平台、商业平台等名词。如今平台在管理学中已经是商业模式理论中的重要概念。平台式的商业模式是指企业同时面向两个或者更多有显著区别但又互相关联的客户，并将这些客户群体集合在一起，为不同的群体提供互动的机会，并通过互动来创造价值。平台降低了信息的不对称性，打破了以往由信息不对称带来的商业壁垒。在平台中，客户互动的程度越高，就会吸引更多的客户，从而创造更多价值。

由于平台的参与者具有广泛性，平台式商业模式不仅能够促进长三角地区经济发展，还对其他地区的不同行业有着带动作用。总部位于杭州的淘宝网是一个大型的销售和购物平台。目前，我国农村地区出现了一种依托淘宝网进行生产、加工和销售的农村电子商务产业集群，称之为淘宝村。阿里研究院对淘宝村的定义是："大量网商聚集在某个村落，以淘宝为主要交易平台，以淘宝生态系统为依托，形成规模效应和协同效应的网络商业集聚现象。"淘宝村的认定标准包括以下三条原则：（1）交易场所。经营场所在农村地区，以行政村为单元。（2）交易规模。电子商务年交易额达到 1 000 万元以上。（3）网商规模。本村活跃网店数量达到 100 家以上，或活跃网店数量达到当地家庭户数的 10% 以上。一个镇、乡或街道出现的淘宝村大于或等于 3 个，即为"淘宝镇"。这是在淘宝村的基础上发展起来的一种更高层次的农村电子商务生态现象。截至 2019 年 12 月，在全国共发现 4 310 个淘宝村，1 118 个淘宝镇。①

类似基于地域的集聚效应，平台的集聚效应能够促进行业价值链条的整体升级。在产品创新上，淘宝村网商通过分析消费需求、加强自主设计、寻找伙伴联合研发、采用新设备和工艺等，提升品质和推出新产品。在 2019 年淘宝村和淘宝镇网店年销售额总计超过 7 000 亿元，在全国农村网络零售额中占比接近 50%，带动就业机会超过 683 万个。在品牌构建上，随着经营规模扩大，淘宝村部分网商向企业化方向发展，注册公司和商标重视团队、品牌和客户服务。②

综上所述，平台构建是长三角地区商业模式创新带动其他地区经济发展的

---

①② 资料来源：阿里研究院网站。

重要途径。通过平台构建的方式，能够降低了其他地区商业模式升级的进入门槛和成本，带动经济主体迅速获取知识和技能，转变赢利模式，使不同区域实现经济发展的"双赢"。

第 5 节　结　论

　　长三角地区的经济繁荣与活跃高效的商业模式密切相关。基于价值创造的商业模式创新、基于价值获取的商业模式创新和基于价值主张的商业模式创新是长三角地区商业模式创新的重要表现形式。长三角地区之所以能够产生大量的商业模式创新案例，主要原因在于：长三角地区丰富的资源禀赋为商业模式创新提供了可能性，制度创新为良好的竞争环境打下了基础，较高的人均可支配收入为商业模式创新带来了市场需求，长三角地区具有宽容失败、鼓励冒险的创新创业氛围，以及大量的高水平大学和科研机构与领先的产学研合作水平。此外，长三角地区的商业模式创新从创新创业、产品创新和平台构建等几个方面驱动了长三角以外地区乃至全国的经济发展。

第11章

长三角极化效应与扩散效应
实证研究

长三角对周边地区同时存在着两种反向的空间溢出效应。一种是极化效应，即长三角凭借自身优势不断"虹吸"周边地区的资源，抑制周边地区经济发展，造成区域经济在空间上两极分化；另一种是扩散效应，即长三角通过知识溢出、要素流动、产业转移等渠道辐射带动周边地区，缩小与周边地区的发展水平差异。当扩散效应占据主导地位时，长三角自身的发展将会推动区域经济的均衡发展，反之，则会加剧区域经济的不平衡。本章从城市群层面考察长三角对长江中游经济增长的极化效应和扩散效应，在"极化—涓滴"等理论基础上构建空间溢出理论模型，并使用空间滞后计量模型（SAR）实证检验长三角对周边地区经济影响的总体效应。

第1节　研究背景与文献回顾

区域经济的均衡发展有助于提高生产要素的配置效率，促进产业的合理布局，缩小区域间发展水平差异，推动我国经济持续、健康、高质量的发展。然而，改革开放40多年来，我国经济高速增长的背后也伴随着区域发展不平衡的加剧（Kanbur & Zhang，2005；Chen，2010）。在我国主要矛盾转变以及经济新常态的大背景下，推进区域经济均衡发展已成为我国经济增长新旧动能转换的应有之义。党的十八大以来，习近平总书记多次强调要继续实施区域发展总体战略，促进区域协调发展。2019年，李克强总理在政府工作报告中指出：

"促进区域协调发展，提高新型城镇化质量。围绕解决发展不平衡不充分问题，改革完善相关机制和政策，推动区域优势互补、城乡融合发展。"

当前，我国正处于经济发展的转型期，各地区的要素禀赋、地理区位和历史条件存在显著差异，客观上要求政府在制定区域经济政策时既要注重区域间的协调发展，也要将某些特定区域打造成增长极，辐射带动其他地区，而不能一味追求"平均主义"（洪银兴，2004；孙宁华，覃筱珂，2018）。2019 年的政府工作报告中指出了"将长三角区域一体化发展上升为国家战略"，随后，中央审议通过了《长江三角洲区域一体化发展规划纲要》。长三角的一体化战略体现了政府通过核心城市的点轴联动打造经济增长极的思想。

随着长三角一体化的推进，可以预期该区域内阻碍要素自由流动的制度壁垒将会被逐步破除，经济的均衡发展水平将显著提高，"组内趋同"的趋势将愈发明显。与此同时，长三角的一体化进程将会使该区域更多地作为一个整体对周边地区产生溢出效应。这种整体的溢出效应是否会拉大长三角与周边地区的发展水平差距，导致"组间趋异"？局域的一体化是否会加剧全局发展的不均衡？如何在推动区域经济均衡发展与打造增长极之间寻求一种动态平衡？这些问题对于我国制定区域经济发展战略具有重要的理论和现实意义。

国内外学者围绕区域经济的极化扩散效应以及非平衡增长开展了大量研究。从理论层面来看：米达尔（Myrdal，1957）提出了地理二元结构论，他指出增长极对周边区域存在着回波效应（backwash effects）和扩散效应（spread effects）的双重影响，这两种反向力量的循环积累因果运动将最终导致回波效应大于扩散效应，形成地理上的二元结构。赫希曼（Hirschman，1958）提出了与之相对应的极化效应（polarization effects）与涓滴效应（trickling-down effects）。与米达尔（Myrdal）不同的是，赫希曼（Hirschman）认为，从长远来看，涓滴效应最终将大于极化效应而占据主导地位。威廉姆森（Williamson，1965）提出了倒"U"型理论，他认为，不同发展阶段，极化与扩散效应的主导地位不尽相同。早期阶段，极化效应占据主导地位，区域经济呈现非平衡增长；到了成熟阶段，扩散效应占据主导地位，经济呈现出均衡发展趋势。威廉姆森（Williamson）的理论一定程度上调和了区域经济平衡增长与非平衡增长的两种观点的对立，指明了极化扩散两种效应强弱的变化趋势（葛宝琴，2010）。

从实证层面来看，学者们从不同的地理尺度出发，使用多种研究方法对我国区域经济的极化扩散进行了系统性的研究。其中，地理尺度的选择主要集中在四个层面：地理上的东中西部层面（Brun et al.，2002；柯善咨，2009）；

三大增长极与周边区域层面（孙红玲，2009；郭晔，2010；陈玉、孙斌栋，2017）；城市群内部层面（毕秀晶、宁越敏，2013）；省区市级行政区划层面（Chen et al.，2011；Bai et al.，2012）。在研究方法上，学者们使用了探索性空间数据分析（ESDA）（Ying，2000；张伟丽等，2011）、面板计量模型（Brun et al.，2002）、向量自回归（VAR）模型（Groenewold et al.，2005）以及空间计量模型（López-Bazo et al.，2004；覃成林等，2012；覃成林、杨霞，2017）。基于不同的研究区域和地理尺度，学者们的研究也不尽相同，布鲁恩等（Brun et al.，2002）检验了1981～1998年我国东部沿海地区对内陆地区的扩散效应，发现东部对中西部的扩散效应具有异质性，短期的溢出效应不足以缩小各省的发展水平差距。格罗恩沃尔德等（Groenewold et al.，2005）研究发现长江和黄河流域对其他地区有空间溢出效应，西南地区则无明显的溢出效应，东南地区的溢出效应主要存在于区域内部。陈玉、孙斌栋（2017）借鉴检验了京津冀地区大城市对小城市的扩散效应，发现核心城市对周边小城市的极化效应大于扩散效应，抑制了小城市的经济发展，形成了"集聚阴影"（agglomeration shadow）。

通过对现有文献的梳理，我们发现尚未有学者从区域一体化的视角考察发达地区是否会通过极化扩散效应影响周边地区进而加剧整体区域经济发展的不平衡。此外，学者们在分析空间溢出效应时，大多忽略了受影响区域内部可能存在的空间相关性，从而造成估计结果的偏误。本章从城市群这一地理尺度出发，将长三角视为一个整体，选择长江中游作为受影响区域，充分考虑长江中游内部的空间相关性，以此考察长三角对长江中游的极化扩散效应和对区域经济均衡发展的影响，以期在一定程度上弥补现有研究的不足。

第2节 长三角促进区域经济均衡发展的典型事实

为考察长三角对周边区域经济的影响，本章借鉴了叶长华等（2018）的研究，选取长三角城市群（以下简称长三角）的26个地级市和长江中游城市群（以下简称长江中游）的31个地级市作为观测区域（见表11-1）。长三角城市群与长江中游城市群同属长江经济带，二者地理位置相邻，水陆交通发达，考虑到空间相互作用对地理尺度具有较强的敏感性，过大尺度的空间作用研究不具备特别的现实价值（孙斌栋，丁嵩，2016），因而将长江中游设定为受影响区域是一个合适的选择。

表 11 –1 长三角城市群和长江中游城市群主要城市

城市群	主要城市
长三角城市群	上海、南京、无锡、常州、苏州、南通、盐城、扬州、镇江、泰州；杭州、宁波、嘉兴、湖州、绍兴、金华、舟山、台州；合肥、滁州、马鞍山、芜湖、宣城、铜陵、池州、安庆。
长江中游城市群	武汉、黄石、鄂州、黄冈、孝感、咸宁、宜昌、荆州、荆门、襄阳、仙桃、潜江、天门；长沙、株洲、湘潭、岳阳、益阳、常德、衡阳、娄底、南昌、九江、景德镇、鹰潭、新余、宜春、萍乡、上饶、抚州、吉安。

　　本章首先考察了长三角和长江中游2007～2018年人均GDP及其增长率的时空演化。随着时间的推移，长三角和长江中游的人均GDP显著提高。2007年整个区域的人均GDP增长率较高，且区域间存在着较大的差异，而到了2018年，整体的人均GDP增长率出现下降趋势，区域间差异缩小，经济增长呈现出一定程度上的"空间趋同"。由此可以初步判断出整个区域的极化程度在不断下降。

　　进一步，我们采用Dagum基尼系数分解方法来测度长三角对区域经济发展不平衡的影响。达格姆（Dagum，1997）提出将整体区域划分为若干子群，进而可以将整体基尼系数分解为子群内部基尼系数、子群间基尼系数和超变密度（Super Intensity），该方法能够较好地解决样本数据间的交叉重叠以及区域差异来源问题，并能从总体基尼系数中分离出子群的贡献率（刘军华等，2012）。根据该方法，我们将长三角城市群和长江中游城市群视为一个整体，计算出人均GDP的基尼系数及其分解结果（见表11–2）。

表 11 –2 基尼系数及其分解结果

年份	整体基尼系数	地区内差距 长三角城市群	地区内差距 长江中游城市群	地区间差距	贡献率（%）地区内	贡献率（%）地区间	贡献率（%）超变密度
2007	0.3264	0.2519	0.2206	0.4098	36.45	35.65	27.90
2008	0.3195	0.2449	0.2225	0.4000	36.64	34.01	29.35
2009	0.3071	0.2318	0.2195	0.3852	36.58	32.70	30.72
2010	0.2917	0.2181	0.2096	0.3667	36.46	31.56	31.98

续表

年份	整体基尼系数	地区内差距		地区间差距	贡献率（%）		
		长三角城市群	长江中游城市群		地区内	地区间	超变密度
2011	0.2847	0.2325	0.2075	0.3454	38.75	28.22	33.03
2012	0.2798	0.2276	0.2069	0.3389	38.86	28.30	32.84
2013	0.2776	0.2249	0.2046	0.3370	38.72	28.57	32.71
2014	0.2758	0.2234	0.2037	0.3349	38.73	28.32	32.95
2015	0.2707	0.2255	0.2015	0.3244	39.53	27.28	33.19
2016	0.2700	0.2244	0.2002	0.3242	39.42	26.38	34.20
2017	0.2682	0.2236	0.1964	0.3226	39.32	26.99	33.69
2018	0.2646	0.2231	0.1940	0.3167	39.61	26.84	33.55

由表 11-2 可知，整体区域的人均 GDP 基尼系数不断下降，从 2007 年的 0.3264 下降至 2018 年的 0.2646，降幅高达 20%，由此可知，整体区域的经济极化水平呈不断下降趋势，区域经济发展的均衡水平有了显著提升。其中，长三角城市群和长江中游城市群的组内基尼系数均呈下降趋势，长三角地区人均 GDP 的基尼系数由 2007 年的 0.2519 下降至 2018 年的 0.2231，降幅约 11.4%。此外，长三角城市群与长江中游城市群的组间基尼系数也在不断缩小，由 2007 年的 0.4098 下降至 2018 年的 0.3167，降幅高达 22.7%。由此可知，长三角在区域经济均衡发展的过程中起到了重要推动作用，这一推动作用一方面是通过缩小长三角地区自身的经济极化水平，另一方面则是通过缩小与长江中游城市群的地区间极化水平来实现的。在了解上述典型事实后，我们将从"极化—涓滴"理论出发，探讨长三角对长江中游极化扩散效应的内在机理，并尝试从空间外部性角度将这一机理模型化。

第3节 长三角极化扩散效应的内在机理与理论模型

一、长三角对长江中游极化扩散效应的内在机理

1. 长三角对周边地区的极化效应

根据赫希曼的"极化—涓滴"理论，在初始条件下长三角地区在地理区

位、要素禀赋以及政策支持上具有优势，使得该地区的经济发展水平和要素生产率高于周边地区，导致该地区要素的价格水平（工资和资本收益率）高于周边区域，引起了生产要素向长三角地区的集聚。要素（产业）集聚降低了企业的运输成本，提高了生产的专业化程度，促进了劳动者之间的知识溢出，逐渐形成规模经济。在规模经济的作用下，长三角地区企业的扩张速度加快，对周边地区要素需求不断增长，进一步增强了对周边地区劳动力和资本的"虹吸效应"。这种自我强化的"循环累积因果运动"抑制周边地区经济增长，即长三角对周边地区的极化效应。

2. 长三角对周边地区的扩散效应

从要素层面来看，随着长三角集聚水平的不断提高，"市场拥挤效应"开始出现，要素价格（土地价格、资本租金率和工资）上升导致了企业生产成本的不断攀升，激烈的本地市场竞争也削弱了企业的盈利能力，当集聚给企业带来的收益不足以抵消其产生的成本时，规模经济开始转变为规模不经济。此外，极化效应抑制了周边区域的经济增长和市场需求，损害了长三角地区企业的"市场潜能"。为降低成本和开拓市场，企业开始向周边地区转移，通过投资、技术扩散等渠道，促进周边地区经济增长。

从产业层面来看，长三角产业结构的高级化程度要远大于周边地区，长三角与周边地区的产业互补性要大于替代性。伴随着长三角产业结构的转型升级，部分缺乏比较优势的产业不可避免地向周边地区转移，而这部分落后产业可以由周边地区根据自身要素资源情况进行承接，长三角与周边地区在产业链的上下游分工越发明显，产业转移同时优化了长三角和周边的产业结构。促进了长三角与周边地区的协调发展，进而在很大程度上扭转了区间经济发展的不平衡性。

按照赫希曼（Hirschman，1958）的理论，在区域经济的发展中，涓滴效应最终会大于极化效应而占据优势，长三角的发展从长远来看将带动长江中游发展。而米达尔（Myrdal，1957）则认为，市场机制的作用总是倾向于扩大而不是缩小地区间的差距，这就意味着回波效应大于扩散效应，从而形成长三角和长江中游在地理上的二元经济结构。理论上的冲突使得我们有必要通过实证手段来检验长三角对长江中游的空间溢出效应中极化效应与扩散效应谁占主导。

二、理论模型

长三角通过要素和产业两个层面向长江中游施加溢出效应，这种溢出效应很大程度上体现在对长江中游全要素生产率（TFP）的影响上，例如溢出效应提高了长江中游的要素配置效率和生产的技术水平，推动了长江中游产业结构的优化升级。为了保持理论模型的简洁性，本章借鉴了曼昆等（1992）的经济增长模型，洛佩斯－巴佐等（López-Bazo el at.，2004）和覃成林等（2012）的经济收敛的空间外部性模型，重点从溢出效应对 TFP 的影响上构建理论模型。

假定 i 为长江中游城市，j 为长三角城市。城市 i 在 t 时期的生产函数服从规模报酬不变的柯布－道格拉斯形式：

$$Y_{i,t} = A_{i,t} K_{i,t}^{\alpha} H_{i,t}^{\beta} L_{i,t}^{1-\alpha-\beta} \tag{11.1}$$

其中，K、H、L 为分别为资本、人力资本和劳动力投入①，α、β、$1-\alpha-\beta$ 为各要素的产出弹性。$A_{i,t}$ 为城市 i 的全要素生产率（TFP），假定长三角区域的物质与人力资本的积累会对周边地区产生外部影响。这种影响既可以表现为通过极化效应抑制长江中游城市群的 TFP（如长江中游高技能劳动力者的流失制约本地 TFP 的增长），也可以表现为通过扩散效应促进长江中游 TFP 的增长。为简洁刻画长三角经济发展给长江中游地区带来的空间外部性（Spatial Externalities），本章将长江中游城市群的 TFP 分解为本地因素和外部因素两个部分，具体设定如下：

$$A_{i,t} = \Delta_{i,t}^{1-\alpha-\beta} (k_{j,t}^{\alpha} h_{j,t}^{\beta})^{\gamma} \tag{11.2}$$

式（11.2）中，$\Delta_{i,t}$ 为影响长江中游 TFP 的本地因素，为简化分析，假定其外生并以不变速率 g 增长（$\Delta_{i,t} = \Delta_{i,0} e^{gt}$）。$(k_{j,t}^{\alpha} h_{j,t}^{\beta})^{\gamma}$ 为长三角对 i 区域 TFP 施加的外部影响，其中 $k_{j,t}$、$h_{j,t}$ 分别为长三角地区有效劳动的人均资本和人均人力资本②。参数 γ 用于刻画长三角对长江中游的空间溢出效应。当 $\gamma > 0$ 时，长三角对长江中游的经济存在正向的空间溢出效应，长三角自身的经济增长会促进长江中游 TFP（经济）增长，进而缩小二者间经济发展水平差距，即长三角对长江中游的扩散效应占主导地位。反之，当 $\gamma < 0$ 时，长三角对长江中游的经济存在负向的空间溢出效应。长三角的经济增长会抑制长江中游 TFP（经济）的增长，进而拉大二者的差距，即长三角对长江中游的极化效应占主导地位。

为了使经济增长模型具有哈罗德中性特点，我们将有效劳动（effective

---

① 假定物质资本与人力资本投资具有相同形式：即：$\dot{K}_{i,t} = s_{k_i} Y_{i,k} - \delta K_{i,t}$，$\dot{H}_{i,t} = s_{h_i} Y_{i,k} - \delta H_{i,t}$。

② 假定长三角地区和周边地区具有相同的要素产出弹性（α 和 β）。

labor）界定为 $\Delta_{i,t}L_{i,t}$ ①，则有效劳均产出为：

$$y_{i,t} = \frac{Y_{i,t}}{\Delta_{i,t}L_{i,t}} = \frac{(k_{j,t}^{\alpha}h_{j,t}^{\beta})^{\gamma}K_{i,t}^{\alpha}H_{i,t}^{\beta}(\Delta_{i,t}L_{i,t})^{1-\alpha-\beta}}{\Delta_{i,t}L_{i,t}} = k_{i,t}^{\alpha}h_{i,t}^{\beta}(k_{j,t}^{\alpha}h_{j,t}^{\beta})^{\gamma} \quad (11.3)$$

由式（11.3）不难推导长江中游物质资本与人力资本的稳态增长率为：

$$\begin{cases} g_{k_{i,t}} = \dfrac{\dot{k}_{i,t}}{k_{i,t}} = s_{k_i}k_{i,t}^{\alpha-1}h_{i,t}^{\beta}(k_{j,t}^{\alpha}h_{j,t}^{\beta})^{\gamma} - (n+g+\delta) \\[3mm] g_{h_{i,t}} = \dfrac{\dot{h}_{i,t}}{h_{i,t}} = s_{h_i}k_{i,t}^{\alpha}h_{i,t}^{\beta-1}(k_{j,t}^{\alpha}h_{j,t}^{\beta})^{\gamma} - (n+g+\delta) \end{cases} \quad (11.4)$$

式（11.4）表明，当长三角地区的劳均物质资本和人力资本上升时，会通过参数 γ 影响长江中游劳均资本的增长率进而影响经济增长率。

根据式（11.4），可以推导出城市 i 的稳态劳均资本和劳均人力资本：

$$\begin{cases} k_i^* = \left(\dfrac{s_{k_i}^{1-\beta}s_{h_i}^{\beta}(k_{j,t}^{\alpha}h_{j,t}^{\beta})^{\gamma}}{n+g+\delta} \right)^{\frac{1}{1-\alpha-\beta}} \\[5mm] h_i^* = \left(\dfrac{s_{k_i}^{\alpha}s_{h_i}^{1-\alpha}(k_{j,t}^{\alpha}h_{j,t}^{\beta})^{\gamma}}{n+g+\delta} \right)^{\frac{1}{1-\alpha-\beta}} \end{cases} \quad (11.5)$$

进而推出城市 i 稳态的人均产出水平：

$$y_i^* = \left(\frac{s_{k_i}^{\alpha}s_{h_i}^{\beta}(k_{j,t}^{\alpha}h_{j,t}^{\beta})^{\gamma}}{(n+g+\delta)^{\alpha+\beta}} \right)^{\frac{1}{1-\alpha-\beta}} \quad (11.6)$$

对 $\dot{y}_{i,t}$ 在稳态（y_i^*）附近进行一阶泰勒展开可以得到刻画长三角对长江中游极化扩散效应的理论模型②：

$$gy_{i,t} = \varepsilon + \gamma\, gy_{j,t} + \frac{1-e^{-\beta t}}{1-(\alpha+\beta)}\ln y_{j,0} - (1-e^{-\beta t})\ln y_{i,0} \quad (11.7)$$

其中：

$$\varepsilon = (1+\gamma)g + (1-e^{\beta t})\left(1 - \frac{\gamma}{1-(\alpha+\beta)}\right)(\ln\Delta_{i,0} + gt)$$

$$+ \frac{1-e^{-\beta t}}{1-(\alpha+\beta)}\left[\alpha(\ln s_k - \ln(n+g+d)) + \beta(\ln s_k - \ln(n+g+d))\right]$$

---

① 假定劳动的增长率为常数 n，即 $L_{i,t} = L_{i,0}e^{nt}$。

② $\dfrac{\dot{y}_{i,t}}{y_{i,t}} = \alpha\dfrac{\dot{k}_{i,t}}{k_{i,t}} + \beta\dfrac{\dot{h}_{i,t}}{h_{i,t}}$

自此，我们从理论模型中推导出可以用于实证检验的计量模型。式 (11.7) 表明：长江中游城市 i 在 t 时期的经济增长率取决于长三角城市 j 的经济增长率 ($\gamma\, gy_{j,t}$)，长三角人均产出的初始水平 ($\ln y_{j,0}$) 以及长三角城市 i 人均 GDP 的初始水平 ($\ln y_{i,0}$)。

第4节　长三角极化扩散效应的实证检验

一、计量模型的初步设定

上述理论模型中，由于自变量 $\ln y_{i,0}$ 的系数项 $(1 - e^{-\lambda t})$ 具有时变特性，为便于实证检验，参考朱发仓、苏为华 (2006) 的设定，将自变量 $\ln y_{i,0}$ 替换为 $\ln y_{i,t-1}$，消去系数项的时间下标。我们在式 (11.7) 的基础上将计量模型初步设定为：

$$gy_{i,t} = \gamma \sum_{j}^{m} \frac{1}{d_{ij}} gy_{j,t} + \phi \sum_{j}^{m} \frac{1}{d_{ij}} \ln y_{j,t-1} + b\ln y_{i,t-1} + X'_{i,t}\beta + u_i + \varepsilon_{i,t}$$

$$(11.8)$$

其中：$b = 1 - e^{-\beta}$，$\phi = \dfrac{-1 + e^{-\beta}}{1 - (\alpha + \beta)}$。

式 (11.8) 中，$gy_{i,t}$、$gy_{j,t}$ 分别为长江中游城市 i 和长三角城市 j 在 t 时期的环比经济增速。$y_{i,t-1}$ 和 $y_{j,t-1}$ 为分别为长江中游 i 城市和长三角 j 在 $t-1$ 期的人均实际 GDP，$X'_{i,t}$ 为一组控制变量。为了从整体角度刻画长三角对长江中游的极化扩散效应，本章以长江中游城市 i 到长三角城市 j 的地理距离 (d_{ij}) 的倒数为权重，采用了加权平均的方式 $\left(\sum_{j}^{m} \frac{1}{d_{ij}} gy_{j,t} \right)$。来衡量长三角的整体溢出效应，这种设定主要考虑了溢出效应随地理距离的增加而衰减 (覃成林，杨霞，2017)。系数 γ 用于检验长三角对长江中游的极化扩散效应。当 $\gamma > 0$ 时，长三角对长江中游的扩散效应大于极化效应，长三角通过正向空间溢出效应促进了区域经济均衡发展。系数 b 用于检验长江中游各城市的经济增长是否存在条件收敛，若 $b < 0$，则存在空间上的条件收敛。系数 ϕ 用于检验长三角人均 GDP 的初始水平对长江中游经济增长率的影响。

二、变量说明和数据来源

1. 变量说明

根据式（11.8）的计量模型，选取长江中游各城市的经济增长率为被解释变量，选取长三角各城市的经济增长率作为核心解释变量，选取长三角和长江中游的人均实际 GDP 作为非核心解释变量。在数据处理上，以 2006 年为基期，利用 GDP 指数将名义 GDP 折算成实际 GDP 并除以当年的常住人口获得人均实际 GDP 数值，通过对数差分得到长三角和长江中游各城市人均实际 GDP 的增长率。

考虑到投资、人口集聚、市场范围、对外开放程度等因素对长江中游各城市经济增长的影响，参考国内外相关文献，选取了固定资产投资增长率、人口密度、市场潜力、外商直接投资（*FDI*）、货运总量和社会总用电量六个控制变量。其中，固定资产投资增长率通过对前后两年固定资产投资完成额的对数差分得到；人口密度为城市常住人口数量除以区域面积；市场潜力（market potential）参考了黑德和麦耶（Head & Mayer，2002）、郭晔（2010）的方法，将长江中游城市 j 的市场潜力定义为：$MP_i = \sum_j \frac{1}{d_{ij}} Y_i$，其中 $\frac{1}{d_{ij}}$ 代表长江中游城市 i 与整个区域（长三角和长江中游）的其他城市 j 之间地理距离的倒数，Y_i 为长江中游城市 i 的地区生产总值；外商直接投资通常以美元为单位，用以衡量对外开放水平，本章按当年平均汇率将其折算为人民币进行计算；货运总量通过加总当年铁路、公路等运输方式的货运总量得到，货运总量和社会总用电量可以反映地区经济的活跃度，是促进区域经济增长的重要因素。此外，为消除异方差，对人均实际 GDP、人口密度、货运总量和社会总用电量进行了对数化处理。

2. 数据来源

本章研究的时间范围为 2007~2018 年，选取了长三角城市群的 26 个地级市、长江中游城市群的 31 个地级市的相关统计数据（描述性统计结果见表 11－3），资料来源包括：Wind 宏观数据库、《中国统计年鉴》《中国城市统计年鉴》《中国人口与就业统计年鉴》、各省市统计年鉴、各地级市地方政府的政府工作报告与《国民经济和社会发展统计公报》，个别年份、城市的缺失数据通过插值方法补全。

表 11 –3   描述性统计结果

变量类型	变量名称	变量符号	均值	标准差	最小值	最大值
因变量	长江中游城市经济增长率	gy_i	0.1078	0.0258	0.0237	0.1823
自变量	长三角城市经济增增长率	gy_j	0.1076	0.0247	0.0761	0.1401
	长三角人均实际GDP	$\ln(y_j)$	10.6632	0.3078	10.0350	11.1358
	长江中游城市人均GDP	$\ln(y_i)$	10.0849	0.3814	9.2815	10.7211
控制变量	固定资产投资增长率	G_{inv}	0.2057	0.1239	-0.2118	0.8280
	人口密度	$\ln(pop_d)$	420.11	194.96	188.73	1304.56
	市场潜力	MP	7.8611	0.3541	6.9097	8.4227
	对外开放水平	FDI	0.0223	0.0149	0.0006	0.0824
	货运总量	$\ln(Trans)$	9.0444	0.8721	6.5653	11.0553
	社会用电量	$\ln(EL)$	12.69	0.9416	10.6136	15.4629

三、长江中游经济增长的空间相关性检验

从现有文献来看，学者们在研究区域经济空间溢出效应时通常将受影响区域经济指标作为被解释变量，将施加影响的区域的经济指标作为解释变量，引入若干控制变量后进行回归，这类计量模型的设定容易忽略受影响区域内部可能存在的空间相关性，导致估计结果的偏误，因而有必要对长江中游的经济增长进行空间相关性进行检验，以决定是否引入空间计量模型。本章首先对长江中游城市群的人均 GDP 增长率进行莫兰检验，其公式如下：

$$I = \frac{\sum_{i=1}^{n}\sum_{j=1}^{n} w_{ij}(x_i - \bar{x})(x_i - \bar{x})}{\sum_{i=1}^{n}(x_i - \bar{x})^2} \tag{11.9}$$

式（11.9）中，w_{ij} 为行标准化空间权重矩阵的任一元素。x_i 为长江中游第 i 个城市的人均 GDP，$\bar{x}$ 为该区域人均 GDP 的均值。本章采用行标准化的

二元（逆）地理距离矩阵来进行莫兰检验如式（11.10）所示。为获得长江中游城市群内各城市的地理距离，使用 GeoDa 软件提取长江中游各城市的质心经纬度坐标（Centroid Coordinates），并通过 MATLAB 的距离（Distance）函数计算出城市间的球面距离（d_{ij}）。

$$w_{ij} = \begin{cases} \dfrac{1}{d_{ij}}, & d_{ij} \leq d \\ 0, & \text{否则} \end{cases} \qquad (11.10)$$

其中：阈值 d 为区域内各城市间距离的均值。

由图 11 - 1 可知，2007 年长江中游城市群人均 GDP 的莫兰指数为 0.0028，2012 年为 0.0498，2018 年为 0.0260，均大于 0，由此可见，长江中游城市群内部的经济增长存在一定程度的空间自相关。

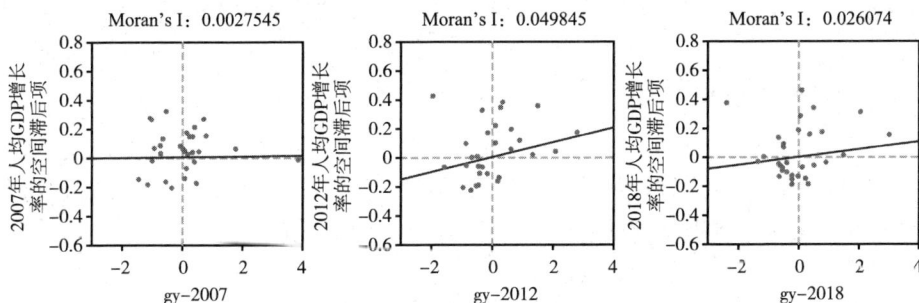

图 11 - 1　长江中游城市群人均 GDP 增长率 Moran's I 散点图

进一步，为选择适当的空间计量模型形式，需要进行拉格朗日乘数检验（LM 检验），若 LM-Lag（Robust LM-Lag）显著则选择空间滞后模型（SAR），若 LM-error（Robust LM-error）显著，则选择空间误差模型（SEM），若二者均不显著，则采用非空间面板计量模型的估计结果如表 11 - 4 所示（张可云、王裕瑾，2016）。

表 11 - 4　　　　　　　　　　　　　　　LM 检验结果

检验	混合 OLS	个体固定效应	时间固定效应	双向固定效应
LM-lag test	5.99 **	5.52 **	2.77 *	2.78 *
LM-error test	11.04 ***	10.25 **	0.78	0.01
Robust LM-lag test	2.39	0.97	4.48 **	12.23 ***
Robust LM-error test	7.45 ***	5.70 **	2.48	9.46 ***

注：*** 、** 、* 分别表示在 1%、5% 和 10% 的显著性水平下通过检验。

由表 11 - 4 的 LM 估计结果可知，面板混合 OLS 和个体固定效应情形下，仅有 Robust LM-lag 检验结果不显著。在时间固定效应情形下，LM-error（Robust LM-error）不显著，而 LM-Lag（Robust LM-Lag）显著，在双向固定效应情形下，除 LM-error 检验不显著，其他检验结果均显示。结合莫兰检验、LM 检验以及模型的估计结果，并考虑到我们在理论模型的设定中剔除了时间效应，最终，本章选取个体固定效应的空间滞后（SAR）模型得出：

$$gy_{i,t} = \gamma \sum_j^m \frac{1}{d_{ij}}g_{y_j} + \phi\ln\sum_j^m \frac{1}{d_{ij}}y_{j,t-1} + b\ln y_{i,t-1} + X'_{i,t}\beta + \rho W_i gy_{i,t} + u_i + \varepsilon_{i,t}$$

(11.11)

式（11.11）中，$W_i gy_{i,t}$ 为长江中游城市 i 人均 GDP 增长率的空间滞后项，其中 W_i 为基于地理距离的二元空间权重矩阵。ρ 为空间滞后项的估计系数，表示长江中游城市 i 周边近邻的经济增长对城市 i 的空间溢出效应。

四、实证结果分析

根据式（11.9）的计量模型，结合 2007 ~ 2018 年观测数据，通过极大似然估计（MLE）获得实证检验结果（见表 11 - 5）。

表 11 - 5　　　　　　　　长三角极化扩散效应实证结果

变量	模型 1 SAR-FE	模型 2 SAR-FE	模型 3 SAR-FE	模型 4 SAR-FE	模型 5 SAR-FE	模型 6 SAR-FE	模型 7 OLS-FE
gy_j	0.6670 *** (6.87)	0.6733 *** (6.90)	0.7084 *** (7.17)	0.7177 *** (7.42)	0.7147 *** (7.28)	0.7661 *** (7.51)	1.0095 *** (20.56)
$\ln(y_i)$	0.0467 * (1.91)	0.0469 * (1.93)	-0.0171 (-0.53)	-0.0210 (-0.6651)	-0.0375 (-1.10)	-0.0161 (-0.60)	-0.0139 (-0.41)
$\ln(y_j)$	-0.311 (-1.52)	-0.0309 (-1.51)	-0.0591 *** (-2.64)	-0.0466 ** (-2.09)	-0.0468 ** (-2.11)	-0.0629 *** (-2.79)	-0.0754 *** (-3.48)
G_{inv}	0.0303 *** (6.19)	0.0303 *** (6.19)	0.0320 *** (6.59)	0.0292 *** (6.10)	0.0308 *** (6.16)	0.0319 *** (6.62)	0.0345 *** (7.64)
$\ln(pop_d)$		-0 (-0.61)	-0 (-0.38)	-0 (-0.47)	-0 (-0.39)	-0 (-0.34)	-0 (-0.27)

续表

变量	模型 1 SAR-FE	模型 2 SAR-FE	模型 3 SAR-FE	模型 4 SAR-FE	模型 5 SAR-FE	模型 6 SAR-FE	模型 7 OLS-FE
MP			0.0936 *** (2.96)	0.0858 *** (2.76)	0.1016 *** (3.06)	0.1014 *** (3.09)	0.1141 *** (3.57)
FDI				0.2441 *** (3.32)	0.2317 *** (3.13)	0.2318 *** (3.17)	0.2195 *** (3.06)
$\ln(Trans)$					-0.0007 (-1.28)	-0.0017 *** (-2.68)	-0.0020 *** (-3.19)
$\ln(EL)$						0.0017 *** (2.99)	0.0020 *** (3.49)
$W_i gy_{i,t}$	0.3340 *** (3.90)	0.3280 *** (3.82)	0.3000 *** (3.45)	0.3200 *** (3.79)	0.3140 *** (3.66)	0.3000 *** (3.45)	
σ^2	0.0001	0.0001	0.0001	0.0001	0.0001	0.0001	0.0001
Log-like	1277.82	1277.96	1282.77	1288.67	1289.57	1294.08	
Hausman	115.87 ***	112.34 ***	79.11 ***	56.20 ***	56.69 ***	38.71 ***	11.25
R^2	0.9002	0.9004	0.9039	0.9059	0.9074	0.9122	0.9137
N	372	372	372	372	372	372	372

注：括号内为估计系数对应的 t 值；*** 、** 、* 分别表示在 1%、5% 和 10% 的显著性水平下通过检验。

表 11-5 中，模型 1~6 为逐步引入控制变量的空间滞后模型（SAR）估计结果，其中，模型 6 为本章的基准模型，模型 7 为非空间面板的固定效应模型估计结果。从上表的估计结果可知，长三角城市群对长江中游城市群的空间溢出效应系数 γ 在 1% 水平上显著为正，逐步引入控制变量并未改变外溢系数估计值的符号与显著性，由此可见，模型的估计结果较为稳健。实证结果表明长三角城市群对长江中游城市群的扩散效应显著大于极化效应，从而缩小了长三角与长江中游的经济增长的差距，促进了整个区域经济的均衡增长。这一实证研究结论与前文中长三角城市群与长江中游城市群人均 GDP 的基尼系数的组间差异不断下降的典型事实相吻合。通过对比模型 1~6 和模型 7 不难发现，在未引入长江中游城市群人均 GDP 增长率的空间滞后项时，长三角空间溢出系数的估计值为 1.0095，当引入空间滞后项时，这一系数的估计值位于 0.6~0.8 之间，显著小于 1.0095。由此可见，未引入长江中游内部的空间溢出效应

会高估长三角对长江中游的扩散效应，而这一点通常为多数实证研究所忽略。

在模型1和模型2中，系数 b 在10% 水平上显著为正，在模型 3 ~ 7 中，该系数值为负数，且未通过显著性检验，由此可见，长江中游城市群内部是否存在空间趋同具有不确定性。在模型1和模型2中系数 φ 为负且不显著，在模型 3 ~ 模型 7 中，该系数在1% 水平显著为负，由此可见，长三角人均 GDP 的初始水平对长江中游的经济增长具有抑制作用。此外，控制变量中，市场潜力、固定资产投资增速、对外开放水平、能源消费对长江中游的人均 GDP 具有显著的正向影响，货运总量的影响为负数，人口密度的影响非常微弱，且未通过显著性检验。

考虑到长三角城市群内部各城市对长江中游城市群的空间溢出效应会因经济规模和地理距离的差异而具有异质性，本章按 GDP 规模将长三角各城市划分为三类，即 GDP 排名前 30%、中间 40% 和后 30% 的城市如表 11 - 6 所示，以此考察不同规模城市的空间溢出效应差异①。

表 11 - 6　　　　　　　　　　分城市规模回归结果

变量	GDP 排名前 30% 城市	GDP 排名 中间 40% 城市	GDP 排名 后 30% 城市
gy_j	0.4593 *** (6.37)	0.5991 *** (6.84)	0.4507 *** (5.18)
$\ln(y_i)$	− 0.0174 (− 0.83)	− 0.0082 (− 0.31)	0.0759 (3.96)
$\ln(y_j)$	− 0.0783 *** (− 3.70)	− 0.0928 *** (− 4.34)	− 0.0873 *** (− 3.46)
G_{inv}	0.0358 *** (7.25)	0.0268 *** (5.60)	0.0262 *** (5.33)
$\ln(pop_d)$	− 0.0000 (− 0.30)	− 0.0000 (− 0.09)	− 0.0000 (− 0.45)
MP	0.1088 *** (3.45)	0.1258 *** (3.95)	0.0320 (1.29)

① 长三角 GDP 排名前 30% 城市：上海、苏州、杭州、南京、无锡、宁波、南通、合肥；长三角 GDP 排名中间 40% 城市：常州、绍兴、盐城、扬州、台州、嘉兴、泰州、金华、镇江、芜湖；长三角 GDP 排名后 30% 城市：湖州、安庆、马鞍山、滁州、舟山、宣城、铜陵、池州。

续表

变量	GDP 排名前 30% 城市	GDP 排名 中间 40% 城市	GDP 排名 后 30% 城市
FDI	0.2174 *** (2.92)	0.3063 *** (4.07)	0.2685 *** (3.46)
$\ln(Trans)$	-0.0020 *** (-3.14)	-0.0012 * (-1.93)	-0.0011 (-1.63)
$\ln(EL)$	0.0013 ** (2.17)	0.0015 *** (2.54)	0.0012 ** (2.11)
$W_i g y_{i,t}$	0.3890 *** (4.85)	0.3950 *** (4.95)	0.5200 *** (7.60)
σ^2	0.0001	0.0001	0.0001
Log-like	1 290.17	1 292.27	1 289.78
Hausman	41.1883 ***	91.2993 ***	75.6413 ***
R^2	0.9080	0.9073	0.8897

注: ***、**、*分别表示在1%、5%和10%的显著性水平下通过检验。

表11-6的估计结果显示，长三角 GDP 排名前 30% 的城市的外溢系数为 0.4593，中间 40% 城市的外溢系数为 0.5991，后 30% 城市的外溢系数为 0.4507，各类城市的系数在 1% 水平上显著为正。从地理距离来看，三类城市到长江中游城市平均距离分别为 561.04 公里、553.64 公里和 442.79 公里①。GDP 排名中间 40% 的城市的外溢系数要大于排名前 30% 和后 30% 的城市，导致这一情况的可能原因是外溢系数同时受地理距离和经济规模的双重作用。虽然 GDP 排名前 30% 的城市经济规模大于中间 40% 的城市，但其到长江中游城市群的平均距离也大于中间 40% 的城市，溢出效应受地理距离的影响而衰减。GDP 排名后 30% 的城市到长江中游城市群的地理距离相较于中间 40% 的城市近，但是其经济规模较小，空间溢出能力较小，对长江中游的扩散效应小于中间 40% 的城市。由此可见，长三角内不同城市对长江中游的溢出效应受经济规模和地理距离的双重影响，呈现出非线性特征。

为进一步考察长江中游内部经济增长在空间上的均衡程度是否影响长三角对长江中游的扩散效应，本章参考覃成林、杨霞（2017）的方法，将二元

---

① 数据来自笔者自行总结。

（逆）距离空间权重矩阵的阈值以 300 公里为起点，按每 10 公里间隔设定一次，得到一个空间权重矩阵序列，再将该矩阵序列代入式（11.9）的计量模型，由此得到估计系数序列（见图 11-2）。这一设定的基本思想是：随着空间权重矩阵阈值的上升，距离较远的城市将被纳入近邻，然而，当地理距离的增加时，近邻间的空间相关性会出现衰减，长江中游内部经济增长的高—高（High-High）、低—低（Low-Low）分化集聚现象将得到缓解，空间上的均衡程度将会上升，由此可以分析长江中游内部均衡程度对长三角扩散效应的影响。

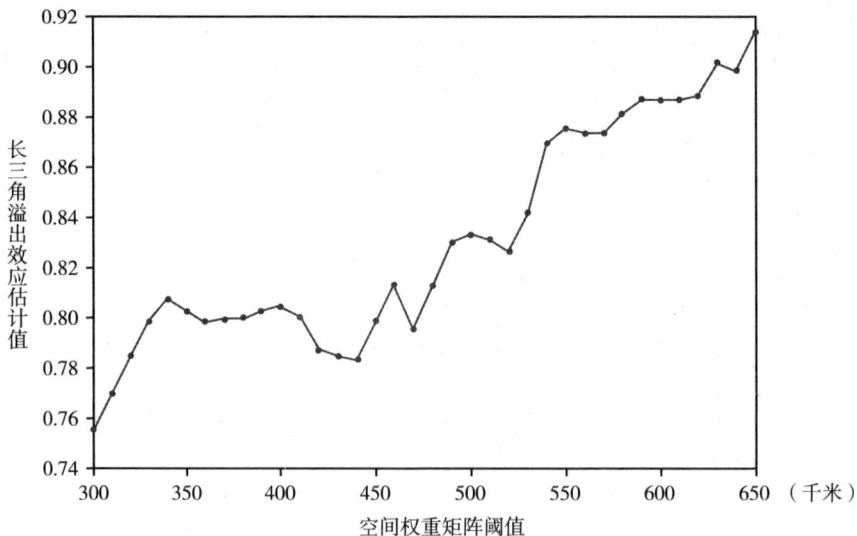

图 11-2　长江中游经济增长的空间均衡程度对长三角扩散效应的影响

图 11-2 表明，随着空间权重矩阵阈值的上升，长三角城市群的扩散效应整体上呈上升趋势。由此可知，长江中游内部的经济增长越均衡，越有助于长三角扩散效应的发挥，进而缩小长三角与长江中游的不均衡，这一结论与前文中长江中游组内基尼系数与长三角—长江中游组间基尼系数均呈下降趋势的典型事实相契合。造成这一情况的主要原因是：当长江中游城市群内部的经济增长越均衡，长三角的扩散效应能够充分惠及长江中游城市群的各个城市，进而使扩散效应得到充分发挥。

此外，需要指出的是，长三角对长江中游各城市的影响通过直接扩散和间接扩散两个渠道。其中，间接扩散表现为长三角通过空间溢出效应影响长江中游某个城市的近邻的经济增长，再由近邻将这种影响溢出给该城市。实证结果显示，随着权重矩阵阈值的上升，长三角对长江中游各城市的直接扩散效应不断上升，间接扩散效应不断下降。①。

上文的实证过程均建立在长江中游城市群的二元逆距离空间权重矩阵的基础上，通常，空间权重矩阵的选择不同，对模型的估计结果有较大影响。因而，为检验模型在不同空间权重矩阵下的稳健性，本章分别选取了300公里阈值、450公里阈值、一阶近邻和经济距离四种不同类型的空间权重矩阵，估计结果见表11-7。

表11-7   稳健性检验结果

变量	300公里阈值	450公里阈值	一阶近邻	经济距离
gy_j	0.7555 *** (7.31)	0.7988 *** (6.45)	0.8267 *** (10.31)	0.8071 *** (7.95)
$\ln(y_i)$	-0.0166 (-0.48)	-0.0158 (-0.45)	-0.0207 (-0.60)	-0.0113 (-0.33)
$\ln(y_j)$	-0.0629 *** (-2.80)	-0.0698 *** (-3.08)	-0.0600 *** (-2.67)	-0.0668 *** (-2.97)
G_{inv}	0.0319 *** (6.60)	0.0333 *** (6.83)	0.0306 *** (6.50)	0.0328 *** (6.83)
$\ln(pop_d)$	-0 (-0.3331)	-0 (-0.31)	-0 (-0.40)	-0 (-0.37)
MP	0.1018 *** (3.10)	0.1093 *** (3.31)	0.1023 *** (3.12)	0.1017 *** (3.10)
FDI	0.2324 *** (3.18)	0.2286 *** (3.10)	0.2538 *** (3.49)	0.2261 *** (3.08)
$\ln(Trans)$	-0.0017 *** (-2.66)	-0.0018 *** (-2.86)	-0.0017 *** (-2.63)	-0.0018 *** (-2.78)
$\ln(EL)$	0.0017 *** (2.92)	0.0018 *** (3.15)	0.0020 *** (2.80)	0.0018 *** (3.10)
$W_i gy_{i,t}$	0.2670 *** (2.90)	0.2200 *** (1.90)	0.2020 *** (3.17)	0.2100 ** (2.30)

---

① 限于文章篇幅，此处未给出长三角直接扩散效应和间接扩散限于的实证结果，感兴趣的读者可向作者索取。

续表

变量	300 公里阈值	450 公里阈值	一阶近邻	经济距离
σ^2	0.0001	0.0001	0.0001	0.0001
Log-like	1294.1687	1292.28	1295.32	1293.45
Hausman	37.0294***	42.6350***	37.2829***	43.1955***
R^2	0.9120	0.9120	0.9136	0.9125

注：***、**、*分别表示在1%、5%和10%的显著性水平下通过检验。

表 11 − 7 显示，不同类型空间权重矩阵下，空间溢出系数 γ 估计值均在 1% 水平上显著为正，其中，300 公里阈值、450 公里阈值、一阶近邻和经济距离的空间权重矩阵对应的外溢系数分别为 0.7555、0.7988、0.8267、0.8071，均小于非空间面板的估计结果。由此可见，在不同类型空间权重矩阵下，模型的估计结果较为稳健。

第 5 节   结论与政策启示

本章从城市群的地理尺度上考察了长三角对长江中游的极化扩散效应。典型事实显示，2007～2018 年长三角和长江中游两大城市群整体的人均 GDP 增长率出现了空间趋同，长三角在区域经济发展均衡的过程中起到了重要的促进作用，这一促进作用主要体现在长三角内部极化水平的下降以及长三角和长江中游两大城市群之间极化水平的下降。

随后，本章在赫希曼（Hirschman, 1958）极化—涓滴的理论基础上构建了长三角对长江中游空间溢出的理论模型，并进行了实证检验。实证结果表明，长三角城市群对长江中游城市群的扩散效应大于极化效应，即长三角通过正向的空间溢出带动了长江中游的经济发展，缩小了长三角与长江中游的差距。值得注意的是，如果忽略长江中游内部的空间相关性，否则会高估长三角的溢出效应，而这一点通常为现有研究所忽略。

分城市规模的实证结果表明，长三角城市群中，GDP 规模排名中间 40% 的城市溢出效应最大，排名前 30% 的城市次之，而距离长江中游城市群最近的排名后 30% 的城市的溢出效应最小。由此可见，长三角的溢出效应受经济规模和地理距离的双重影响，呈现出非线性特征。进一步的研究表明，长江中游经济增长在空间上的均衡程度会影响长三角的扩散效应，即随着长江中游经济增长的极化水平不断下降，长三角对该地区各城市的扩散效应会将显著增强。此外，长三角对长江中游扩散效应主要通过直接扩散和间接扩散两个渠道，随着长江中游内部均衡水平的不断提高，长三角的直接扩散效应呈上升趋势，间接扩散效应呈下降趋势。

从上述结论中，我们可以得到一定的政策启示。首先，从要素和产业两个层面全面推进长三角一体化，不断破除阻碍要素流动的政策和制度壁垒，提高劳动、资本、技术等要素在区域内的配置效率，优化产业链布局，推动长三角内部产业结构的转型升级，"形成功能互补的产业竞合机制"，以此促进长三角内部的均衡增长。其次，充分发挥长三角的扩散效应，需要破除周边区域经济增长高低分化集聚的空间格局。长江中游应充分利用长三角的技术扩散、人力资本溢出以及投资带动效应，结合自身的比较优势承接长三角的产业转移，通过"内力"和"外力"协同作用，不断消除长江中游内部经济发展的不平衡。

参 考 文 献

［1］白小明：《我国产业区域转移粘性问题研究》，载《北方论丛》2007年第1期。

［2］贝多广、黄为、李京晔：《金融发展的金融相关比率分析》，载《中央财经大学学报》2005年第7期。

［3］［美］彼得·德鲁克：《德鲁克日志》，蒋旭峰、王珊珊等译，上海译文出版社2006年版。

［4］毕秀晶、宁越敏：《长三角大都市区空间溢出与城市群集聚扩散的空间计量分析》，载《经济地理》2013年第1期。

［5］蔡昉、王美艳：《中国城镇劳动参与率的变化及其政策含义》，载《中国社会科学》2004年第4期。

［6］曹威麟、谭敏：《社会网络视角下跨区域技术转移绩效影响因素研究——基于我国30个省区关系数据的实证检验》，载《中国科技论坛》2012年第1期。

［7］曹霞、张路蓬：《金融支持对技术创新的直接影响及空间溢出效应——基于中国2003－2013年省际空间面板杜宾模型》，载《管理评论》2017年第7期。

［8］车欣薇、部慧、梁小珍等：《一个金融集聚动因的理论模型》，载《管理科学学报》2012年第3期。

［9］陈长石、刘和骏、刘晨晖：《中国省际发展不平衡动因及变化解析》，载《数量经济与技术经济研究》2015年第11期。

［10］陈静、雷厉：《中国制造业的生产率增长、技术进步与技术效率——基于DEA的实证分析》，载《当代经济科学》2010年第4期。

［11］陈晓红、万光羽、曹裕：《我国金融机构效率及其与经济水平相关性研究》，载《科研管理》2011年第6期。

［12］陈秀山、徐瑛：《中国区域差距影响因素的实证研究》，载《中国社会科学》2004年第5期。

[13] 陈彦光：《基于 Moran 统计量的空间自相关理论发展和方法改进》，载《地理研究》2009 年第 6 期。

[14] 陈玉、孙斌栋：《京津冀存在"集聚阴影"吗——大城市的区域经济影响》，载《地理研究》2017 年第 10 期。

[15] 陈元志，《长三角跨域合作的商业模式创新——以异地联合建设开发区为例》，载《改革与战略》2012 年第 5 期。

[16] 成祖松、王先柱、冷娜娜：《区域产业转移粘性影响因素的实证分析》，载《财经科学》2013 年第 11 期。

[17] 成祖松：《我国区域产业转移粘性的成因分析：一个文献综述》，载《经济问题探索》2013 年第 3 期。

[18] 程必定：《产业转移"区域粘性"与皖江城市带承接产业转移的战略思路》，载《华东经济管理》2010 年第 4 期。

[19] 程进文、杨利宏：《空间管理、劳动集聚与工资分布》，载《世界经济》2018 年第 2 期。

[20] 崔建刚、孙宁华：《产业关联、结对扶贫与区域协调发展——对江浙沪及其帮扶地区的投入—产出分析》，载《经济问题》2019 年第 3 期。

[21] 单豪杰：《中国资本存量 K 的再估算：1952～2006 年》，载《数量经济技术经济研究》2008 年第 10 期。

[22] 邓曲恒、约翰·奈特：《中国的民工荒与农村剩余劳动力》，载《管理世界》2011 年第 11 期。

[23] 董大朋、陈才：《交通基础设施与东北老工业基地形成与发展——VAR 模型的研究》，载《经济地理》2009 年第 7 期。

[24] 都阳、陆旸：《中国的自然失业率水平及其含义》，载《世界经济》2011 年第 4 期。

[25] 樊小钢：《二元经济结构下的劳动供给》，载《财经论丛》2002 年第 4 期。

[26] 冯根福、刘志勇、蒋文定：《我国东中西部地区间工业产业转移的趋势、特征及形成原因分析》，载《当代经济科学》2010 年第 2 期。

[27] 冯华、单丽曼：《中国技术转移效率评价研究——基于 Malmquist 指数和 Bootstrap-DEA 的实证分析》，载《学习与实践》2016 年第 2 期。

[28] 傅晓霞、吴利学：《技术效率、资本深化与地区差异——基于随机前沿模型的中国地区收敛分析》，载《经济研究》2006 年第 10 期。

[29] 葛宝琴：《城市化、集聚增长与中国区域经济协调发展》，博士论

文，浙江大学 2010 年。

[30] 宫义飞、彭欢、皮天雷：《中国区域经济增长和收敛的决定性因素——基于省际面板数据的证据》，载《宏观经济研究》2012 年第 3 期。

[31] 顾六宝、肖红叶：《基于消费者跨期选择的中国最优消费路径分析》，载《统计研究》2005 年第 11 期。

[32] 顾晓雪、王涛、陈卓：《基于 DEA 方法的我国产学研专利技术转移效率研究——以四川省为例》，载《决策咨询》2015 年第 4 期。

[33] 郭丽：《产业区域转移粘性分析》，载《经济地理》2009 年第 3 期。

[34] 郭晔：《我国三大经济区的发展比较——基于城市与区域集聚效应的面板数据分析》，载《中国工业经济》2010 年第 4 期。

[35] 韩彪：《交通经济论——城市交通理论，政策与实践》，经济管理出版社 2000 年版。

[36] 韩增林、杨荫凯、张文尝，尤飞：《交通经济带的基础理论及其生命周期模式研究》，载《地理科学》2000 年第 4 期。

[37] 何亦名、朱卫平：《我国大学毕业生工作搜寻行为的实证分析与逻辑推演》，载《学习与实践》2008 年第 8 期。

[38] 贺灿飞、梁进社：《中国区域经济差异的时空变化》，载《管理世界》2004 年第 8 期。

[39] 洪银兴：《产学研协同创新的经济学分析》，载《经济科学》2014 年第 1 期。

[40] 洪银兴、王振、曾刚等：《长三角一体化新趋势》，载《上海经济》2018 年第 3 期。

[41] 洪银兴：《允许部分地区先富和统筹区域发展的衔接》，载《经济学家》2004 年第 6 期。

[42] 胡玫：《浅析中国产业梯度转移路径依赖与产业转移粘性问题》，载《经济问题》2013 年第 9 期。

[43] 胡绪华、蒋苏月、权晓艳：《产业转移驱动区际技术创新协同的实证研究——以安徽承接长三角地区制造业转移为例》，载《科技管理研究》2016 年第 14 期。

[44] 胡志鹏：《中国货币政策的价格型调控条件是否成熟？——基于动态随机一般均衡模型的理论与实证分析》，载《经济研究》2012 年第 6 期。

[45] 黄建欢、吕海龙、王良健：《金融发展影响区域绿色发展的机理——基于生态效率和空间计量的研究》，载《地理研究》2014 年第 3 期。

[46] 黄解宇：《金融集聚的内在动因分析》，载《工业技术经济》2011年第3期。

[47] 惠树鹏：《生产效率视觉下发达地区制造业转移的实证分析——以江苏省制造业为例》，载《南京航空航天大学学报（社会科学版）》2015年第1期。

[48] 姜铭、李利：《技术转移服务效率评价研究——基于DEA效率的青岛实证分析》，载《青岛科技大学学报（社会科学版）》2015年第2期。

[49] 柯善咨：《东西部经济增长决定因素和扩散与回流的比较研究》，载《统计研究》2009年第1期。

[50] 柯善咨：《扩散与回流：城市在中部崛起中的主导作用》，载《管理世界》2009年第1期。

[51] 李泊溪，刘德顺：《中国基础设施水平与经济增长的区域比较分析》，载《管理世界》1995年第2期。

[52] 李超、张玉华：《基于空间面板数据模型的中国省域金融集聚及其影响因素研究》，载《金融管理研究》2013年第3期。

[53] 李东、苏江华：《技术革命、制度变革与商业模式创新——论商业模式理论与实践的若干重大问题》，载《东南大学学报（哲学社会科学版）》2011年第2期。

[54] 李红、王彦晓：《金融集聚、空间溢出与城市经济增长——基于中国286个城市空间面板杜宾模型的经验研究》，载《国际金融研究》2014年第2期。

[55] 李敬、陈澍、万广华、付陈梅：《中国区域经济增长的空间关联及其解释——基于网络分析方法》，载《经济研究》2014年第11期。

[56] 李林、丁艺、刘志华：《金融集聚对区域经济增长溢出作用的空间计量分析》，载《金融研究》2011年第5期。

[57] 李迁、陈荣虎：《动态随机一般均衡模型微观基础分析及其改进》，载《南京社会科学》2013年第2期。

[58] 李善同：《2007年中国地区扩展投入产出表：编制与应用》，经济科学出版社2015年版。

[59] 李文莲、夏健明：《基于"大数据"的商业模式创新》，载《中国工业经济》2013年第5期。

[60] 李小平、朱钟棣：《国际贸易、R&D溢出和生产率增长》，载《经济研究》2006年第2期。

[61] 李志强、赵卫军：《企业技术创新与商业模式创新的协同研究》，载《中国软科学》2012 年第 10 期。

[62] 林光平、龙志和、吴梅：《我国地区经济收敛的空间计量实证分析：1978—2002 年》，载《经济学（季刊）》2005 年第 1 期。

[63] 刘斌：《我国 DSGE 模型的开发及在货币政策分析中的应用》，载《金融研究》2008 年第 10 期。

[64] 刘城：《广东专业镇向创新型产业集群转型的模式研究》，载《科技管理研究》2014 年第 16 期。

[65] 刘飞仁、栾贵勤、刘超：《区域产业转移"滞后成本"假说探讨》，载《技术与创新管理》2010 年第 6 期。

[66] 刘红：《金融集聚对区域经济的增长效应和辐射效应研究》，载《上海金融》2008 年第 6 期。

[67] 刘华军、何礼伟：《中国省际经济增长的空间关联网络结构——基于非线性 Granger 因果检验方法的再考察》，载《财经研究》2016 年第 2 期。

[68] 刘华军、刘传明、孙亚男：《中国能源消费的空间关联网络结构特征及其效应研究》，载《中国工业经济》2015 年第 5 期。

[69] 刘华军、赵浩、杨骞：《中国品牌经济发展的地区差距与影响因素——基于 Dagum 基尼系数分解方法与中国品牌 500 强数据的实证研究》，载《经济评论》2012 年第 3 期。

[70] 刘军、黄解宇、曹利军：《金融集聚影响实体经济机制研究》，载《管理世界》2007 年第 4 期。

[71] 刘满平：《"泛珠江"区域产业梯度分析及产业转移机制构建》，载《经济理论与经济管理》2004 年第 11 期。

[72] 刘强、冈本信广：《中国地区间投入产出模型的编制及其问题》，载《统计研究》2002 年第 2 期。

[73] 刘清海、史本山：《技术转移效率及产权治理——基于不完全契约的视角》，载《工业技术经济》2013 年第 1 期。

[74] 刘舒：《电子商务商业模式价值创造和价值获取模块的变革和匹配——以阿里巴巴 B2B 电子商务为例》，载《现代商业》2014 年第 3 期。

[75] 刘卫东、陈杰、唐志鹏：《中国 2007 年 30 省区市区域间投入产出表编制理论与实践》，中国统计出版社 2012 年版。

[76] 柳明、宋潇：《石油价格波动对中国宏观经济的影响——基于 DSGE 模型的分析》，载《南开经济研究》2013 年第 6 期。

［77］卢中原：《西部地区产业结构变动趋势、环境变化和调整思路》，载《经济研究》2003 年第 3 期。

［78］陆铭：《城市、区域和国家发展——空间政治经济学的现在与未来》，载《经济学（季刊）》2017 年第 4 期。

［79］罗德明、周嫣然、史晋川：《南北技术转移、专利保护与经济增长》，载《经济研究》2015 年第 6 期。

［80］罗珉、赵红梅：《中国制造的秘密：创新＋互补性资产》，载《中国工业经济》2009 年第 5 期。

［81］罗钰：《四川省承接东部产业转移的对策措施研究》，载《经济体制改革》2012 年第 2 期。

［82］马丽君、龙云：《基于社会网络分析法的中国省际入境旅游经济增长空间关联性》，载《地理科学》2017 年第 11 期。

［83］［美］迈克尔·波特：《竞争优势》，陈小悦译，华夏出版社 1997 年版。

［84］倪鹏飞、刘伟、黄斯赫：《证券市场、资本空间配置与区域经济协调发展——基于空间经济学的研究视角》，载《经济研究》2014 年第 5 期。

［85］牛润盛：《基于空间计量模型的广东区域金融溢出效应研究》，载《区域金融研究》2013 年第 1 期。

［86］牛艳莉：《"互联网＋"战略下城乡一体化商业模式的创新研究》，载《中国经贸导刊》2017 年第 8 期。

［87］潘文卿、李子奈：《三大增长极对中国内陆地区经济的外溢性影响研究》，载《经济研究》2008 年第 6 期。

［88］潘文卿、李子奈：《中国沿海与内陆间经济影响的反馈与溢出效应》，载《经济研究》2007 年第 5 期。

［89］潘文卿：《中国区域关联与经济增长的空间溢出效应》，载《经济研究》2012 年第 1 期。

［90］彭峰、李燕萍：《技术转移方式、自主研发与高技术产业技术效率的关系研究》，载《科学学与科学技术管理》2013 年第 5 期。

［91］钱明辉、胡日东：《中国区域性金融中心的空间辐射能力》，载《地理研究》2014 年第 6 期。

［92］茹乐峰、苗长虹、王海江，《我国中心城市金融集聚水平与空间格局研究》，载《经济地理》2014 年第 2 期。

［93］山社武、刘志勇、张德生：《劳动力自由流动是阻碍传统产业区域

转移的根本原因吗？——基于 27 个产业的实证分析》，载《财贸研究》2010年第 5 期。

[94] 沈坤荣、耿强：《外国直接投资、技术外溢与内生经济增长——中国数据的计量检验与实证分析》，载《中国社会科学》2001 年第 5 期。

[95] 沈丽娟：《关于长三角产业联盟与企业创新的分析：文献综述》，载《经济研究导刊》2008 年第 10 期。

[96] 沈能：《中国制造业全要素生产率地区空间差异的实证研究》，载《中国软科学》2006 年第 6 期。

[97] 舒元、才国伟：《我国省际技术进步及其空间扩散分析》，载《经济研究》2007 年第 6 期。

[98] 孙斌栋、丁嵩：《大城市有利于小城市的经济增长吗？——来自长三角城市群的证据》，载《地理研究》2016 年第 9 期。

[99] 孙国茂、范跃进：《金融中心的本质、功能与路径选择》，载《管理世界》2013 年第 11 期。

[100] 孙红玲：《论崛起三角向均衡三角的有机扩散——基于"两个大局"战略与大国崛起之路》，载《中国工业经济》2009 年第 1 期。

[101] 孙晶、李涵硕：《金融集聚与产业结构升级——来自 2003—2007年省际经济数据的实证分析》，载《经济学家》2012 年第 3 期。

[102] 孙久文：《论新时代区域协调发展战略的发展与创新》，载《国家行政学院学报》2018 年第 4 期。

[103] 孙宁华、洪银兴、支纪元：《商业模式创新与科技创新的协同》，载《河北学刊》，2015 年第 2 期。

[104] 孙宁华、覃筱珂：《技术空间扩散与长三角地区的辐射带动作用》，载《南大商学评论》2018 年第 1 期。

[105] 孙宁华、张翔：《商业模式创新驱动全球价值链攀升》，载《河北学刊》2018 年第 1 期。

[106] 孙维峰、黄解宇：《金融集聚、资源转移与区域经济增长》，载《投资研究》2012 年第 1 期。

[107] 孙学涛、王振华、张广胜：《全要素生产率提升中的结构红利及其空间溢出效应》，载《经济评论》2018 年第 3 期。

[108] 覃成林、刘迎霞、李超：《空间外溢与区域经济增长趋同——基于长江三角洲的案例分析》，载《中国社会科学》2012 年第 5 期。

[109] 覃成林、杨霞：《先富地区带动了其他地区共同富裕吗——基于空

间外溢效应的分析》，载《中国工业经济》2017年第10期。

［110］覃成林、张华、张技辉：《中国区域发展不平衡的新趋势及成因——基于人口加权变异系数的测度及其空间和产业二重分解》，载《中国工业经济》2011年第10期。

［111］谭余夏：《新经济地理学视角下金融集聚与区域经济增长：理论与实证研究》，西南民族大学博士学位论文，2013年。

［112］滕春强：《金融企业集群：一种新的集聚现象的兴起》，载《上海金融》2006年第5期。

［113］田宇、杨艳玲、卢芬芬：《欠发达地区本地能力、社会嵌入与商业模式构建分析——基于武陵山片区的多案例研究》，载《南开管理评论》2016年第1期。

［114］田园、王铮：《非正式制度因素对创业的影响作用探讨》，载《中国软科学》2016年第3期。

［115］［美］托尼·达维拉：《创新之道》，中译本，中国人民大学出版社2007年版。

［116］王丹、叶蜀君：《金融集聚对经济增长的知识溢出机制研究》，载《北京交通大学学报（社会科学版）》2015年第3期。

［117］王方、李华：《基于DEA的中国区域技术转移效率评价》，载《科研管理》2013年第1期。

［118］王弓、叶蜀君：《金融集聚对新型城镇化影响的理论与实证研究》，载《管理世界》2016年第1期。

［119］王家庭、赵亮：《我国交通运输与经济增长关系的实证研究：1978～2007》，载《四川大学学报》2009年第6期。

［120］王灵、韩东林：《产业转移视角下安徽省制造业技术创新效率评价——基于CPM与DEA》，载《技术经济》2011年第8期。

［121］王锐淇：《我国区域技术创新能力空间相关性及扩散效应实证分析——基于1997～2008年空间面板数据》，载《系统工程理论与实践》2012年第11期。

［122］王守坤：《空间计量模型中权重矩阵的类型与选择》，载《经济数学》2013年第3期。

［123］王小鲁、樊纲：《中国地区差异的变动趋势和影响因素》，载《经济研究》2013年第1期。

［124］王鑫鑫、王宗军：《国外商业模式创新研究综述》，载《外国经济

与管理》2009 年第 3 期。

[125] 王悦：《长江经济带区域经济增长的空间相关性研究》，载《东岳论丛》2019 年第 2 期。

[126] 王兆峰：《湘西凤凰县民族文化旅游创意产业商业模式研究》，载《湖南师范大学社会科学学报》2010 年第 2 期。

[127] 魏后凯：《中国地区经济增长及其收敛性》，载《中国工业经济》1997 年第 3 期。

[128] 吴福象、朱蕾：《中国三大地带间的产业关联及其溢出和反馈效应：基于多区域投入产出分析技术的实证研究》，载《南开经济研究》2010 年第 5 期。

[129] 吴国宝：《东西部结对扶贫困境及其破解》，载《改革》2017 年第 8 期。

[130] 吴玉鸣、徐建华：《中国区域经济增长集聚的空间统计分析》，载《地理科学》2004 年第 6 期。

[131] 徐高：《基于动态随机一般均衡模型的中国经济波动数量分析》，北京大学出版社 2008 年版。

[132] 许永洪、孙梁、孙传旺：《中国全要素生产率重估——ACF 模型中弹性估计改进和实证》，载《统计研究》2019 年。

[133] 许召元、李善同：《近年来中国地区差距的变化趋势》，载《经济研究》2006 年第 7 期。

[134] 薛敏：《技术转移效率的评价指标研究》，载《科技进步与对策》2007 年第 3 期。

[135] 严兵：《效率增进、技术进步与全要素生产率增长——制造业内外资企业生产率比较》，载《数量经济技术经济研究》2008 年第 11 期。

[136] 杨水根、王露：《长三角城市群经济关联、空间溢出与经济增长——基于空间面板计量模型的实证研究》，载《系统工程》2017 年第 11 期。

[137] 叶长华、陈立泰、田园：《长江经济带劳动力市场发展水平的空间非均衡性——基于 Dagum 基尼系数与 Markov 链方法的实证研究》，载《华东经济管理》2018 年第 8 期。

[138] 余永泽、宣烨、沈扬扬：《金融集聚对工业效率提升的空间外溢效应》，载《世界经济》2013 年第 2 期。

[139] [奥] 约瑟夫·熊彼特：《经济发展理论》，中译本，商务印书馆1990 年版。

［140］曾湘泉、于泳：《中国自然失业率的测量与解析》，载《中国社会科学》2006年第4期。

［141］张伯伟、马骆茹：《地方政府引导下的区域创新模式研究——以长三角珠三角为例》，载《南开学报（哲学社会科学版）》2017年第2期。

［142］张车伟：《失业率定义的国际比较及中国城镇失业率》，载《世界经济》2003年第5期。

［143］张存菊、苗建军：《基于Panel-data的区际产业转移粘性分析》，载《软科学》2010年第1期。

［144］张镝、吴利华：《我国交通基础设施建设与经济增长关系实证研究》，载《工业技术经济》2008年第8期。

［145］张浩然：《空间溢出视角下的金融集聚与城市经济绩效》，载《财贸经济》2014年第9期。

［146］张虎、韩爱华：《金融集聚、创新空间效应与区域协调机制研究——基于省级面板数据的空间计量分析》，载《中南财经政法大学学报》2017年第1期。

［147］张华胜、薛澜：《中国制造业知识特性、规模、经济效益比较分析》，载《中国工业经济》2003年第2期。

［148］张辉、刘鹏、于涛等：《金融空间分布、异质性与产业布局》，载《中国工业经济》2016年第12期。

［149］张经强：《我国区域技术扩散效应：基于面板数据的实证研究》，载《科学学研究》2009年第11期。

［150］张敬伟、王迎军：《基于价值三角形逻辑的商业模式概念模型研究》，载《外国经济与管理》2010年第6期。

［151］张可云、王裕瑾：《区域经济β趋同的空间计量检验》，载《南开学报（哲学社会科学版）》2016年第1期。

［152］张伟丽、覃成林、李小建：《中国地市经济增长空间俱乐部趋同研究——兼与省份数据的比较》，载《地理研究》2011年第8期。

［153］张新香、胡立君：《面向农村地区商业模式创新的实施机理及策略启示——一个跨案例的研究》，载《经济管理》2013年第4期。

［154］张鑫晨、罗坤、程华：《基于GEM模型的长三角创新创业环境评价分析——以浙江、江苏和上海为例》，载《统计科学与实践》2019年第11期。

［155］张学良、孙海鸣：《交通基础设施、空间聚集与中国经济增长》，

载《经济经纬》2008 年第 2 期。

[156] 张学良：《中国交通基础设施与经济增长的区域比较分析》，载《财经研究》2007 年第 8 期。

[157] 张学良：《中国区域经济收敛的空间计量分析——基于长三角 1993～2006 年 132 个县市区的实证研究》，载《财经研究》2009 年第 7 期。

[158] 张志超：《基于空间杜宾模型的金融集聚对经济增长的作用及溢出效应研究》，博士论文，西南财经大学 2016 年。

[159] 赵伟、李芬：《异质性劳动力流动与区域收入差距：新经济地理学模型的扩展分析》，载《中国人口科学》2007 年第 1 期。

[160] 钟昌标：《外商直接投资地区间溢出效应研究》，载《经济研究》2010 年第 1 期。

[161] 周迪：《长三角城市群金融资源空间流动研究》，载《上海经济研究》2016 年第 12 期。

[162] 周凯、刘帅：《金融资源空间集聚对经济增长的空间效应分析》，载《投资研究》2013 年第 1 期。

[163] 周韬：《空间交互视角下的长三角城市群空间溢出效应研究》，载《经济问题探索》2015 年第 6 期。

[164] 周亚、李克强：《人力资本投资与经济增长》，载《北京师范大学学报（自然科学版）》2006 年第 2 期。

[165] 朱承亮、岳宏志、李婷：《中国经济增长效率及其影响因素的实证研究：1985－2007》，载《数量经济与技术经济》2009 年第 9 期。

[166] 朱发仓、苏为华：《区域经济收敛与比较优势发展战略——基于行业的动态 Panel 模型分析》，载《管理世界》2006 年第 9 期。

[167] 朱江丽、李子联：《户籍改革、人口流动与地区差距——基于异质性人口跨期流动模型的分析》，载《经济学（季刊）》2016 年第 2 期。

[168] Acemoglu D. , 2001, "Good Jobs versus Bad Jobs", *Journal of Labor Economics*, 19 (1): 1 – 21.

[169] Albrecht J. and S. Vroman, 2002, "A Matching Model with Endogenous Skill Requirements", *International Economic Review*, 43 (1): 283 – 305.

[170] Amit R. , Zott C. , 2010, "Business Model Innovation: Creating Value in Times of Change", *Social ence Electronic Publishing*, 23 (23): 108 – 121.

[171] Anil B. Deolalikar, Robert E. Evenson, 1989, "Technology Production and Technology Purchase in Indian Industry: An Econometric Analysis", *The Review*

of Economics and Statistics, 71 (4): 687 – 692.

［172］ Anselin L. , R. Florax and S. Rey (edsd) , 2004 , "Advanced in spatial Econometrics: Methodology, Tools and Applications", Berlin, Springer-Verlag.

［173］ Anselin L. , 1988 , "Spatial Econometrics: Methods and Models", *Economic Geography*, 65 (2): 160.

［174］ Anselin L. , 1996 , "The Moran Scatterplot as an ESDA Tool to Assess Local Instability in Spatial Association", In M. Fischer, H. J. Scholten and D. Unwin (Eds) , Spatial Analytical Perspectives on GIS. , Lodon, UK: Taylor and Francis.

［175］ Arnulf Grubler, 1990 , "The Rise and Fall of Infrastructures—Dynamics of Evolution and Technological Change in Transport", Physica-Verlag, Heidelberg.

［176］ Aschauer D. A. , 1989 , "Is Public Expenditure Productive?", *Journal of Monetary Economies*, (2): 177 – 200.

［177］ Bai C. E. , Ma H. , Pan W. , 2012 , "Spatial Spillover and Regional Economic Growth in China", *China Economic Review*, 23 (4): 982 – 990.

［178］ Barro R. J. , Sala-I-Martin, 1995 , "Economic Growth", New York, Mc Graw-IIill.

［179］ Battese, G. E. and T. J. Coelli, 1992 , "Frontier Production Functions, Technical Efficient and Panel Data: With Application to Paddy Farmers in India", *Journal of Productivity Analysis*, 3: 153 – 169.

［180］ Bellante D. , 1979 , "The North-South Differential and the Migration of Heterogeneous Labor", *The American Economic Review*, 69 (1): 166 – 175.

［181］ Bian Z. C. , 2018 , "Synchronization of Regional Growth Dynamics in China", *China Economic Review*, https: //doi. org/10. 1016/j. chieco. 2018. 09. 007.

［182］ Blanchard O. and P. Diamond, 1991 , "The Aggregate Matching Function," *NBER Working Paper*, No. 3175.

［183］ Borjas G. J. , J. Grogger and G. Hanson. , 2008 , "Imperfect Substitution between Immigrants and Natives: A Reappraisal", *NBER Working Paper*, No. 13887.

［184］ Brock, William, Xepapadeas A. , 2008 , "Diffusion-Induced Instability and Pattern Formation in Infinite Horizon Recursive Optimal Control", *Journal of Economic Dynamics and Control*, 32 (9): 2745 – 2787.

［185］ Brun J. F, Combes J. L, Renard M. F. , 2002 , "Are there Spillover

Effects between Coastal and Noncoastal Regions in China?", *China Economic Review*, 13 (2): 161 – 169.

[186] Buurman J. , Rietveld P. , 1999, "Transport Infrastructure and Industrial Location: The Case of Thailand", *Review of Urban and Regional Development Studies*, (1): 45 – 62.

[187] Chassamboulli A. and T. A. , Palivos, 2014, "Search-Equilibrium Approach to the Effects of Immigration on Labor Market Outcomes", *International Economic Review*, 55 (1): 111 – 129.

[188] Chen A. , 2010, "Reducing China's regional disparities: Is there a growth cost?", *China Economic Review*, 21 (1): 2 – 13.

[189] Chen Z, Lu M, Xu Z. , 2011, "A Core-Periphery Model of Urban Economic Growth: Empirical Evidence using Chinese City-Level Data, 1990 – 2006", Global COE Hi-Stat Discussion Paper Series.

[190] Chesbrough H. and Rosenbloom R. S. , 2002, "The role of the Business Model in Capturing Value from Innovation: Evidence from Xerox Corporation's Technology Spin-off Companies", *Industrial and Corporate Change*, (11) : 529 – 555.

[191] Coe D. T. and Helpman E. , 1995, "International R&D Spillovers", *European Economic Journal*, 39 (5): 859 – 997.

[192] Cuadras-Morató X. and Mateos-Planas X. , 2006, "Skill Bias and Employment Frictions in the US Labor Market 1970 – 1990", *International Economic Review*, 47 (1): 129 – 160.

[193] David Romer, 2012, "Advanced Macroecomics 4th ed", McGraw-Hill Press. Desmet, Klaus, Rossi-Hansberg E. , 2014, "Spatial Development", *American Economic Review*, 104 (4): 1211 – 1243.

[194] Dollar D. and B. F. Jones. , 2013, "China: An Institutional View of an Unusual Macroeconomy", *NBER Working Paper*, No. 19662.

[195] Friedman J. R. , 1966, "Regional Development Policy: A Case Study of Venezuela", MIT Press.

[196] Fujita M. , Krugman P. R. , 2001, "Venables A J. The Spatial Economy", Mit Press.

[197] Gary Jefferson, Albert G. Z. Hu, Xiaojing Guan, Xiaoyun Yu, 2003, "Ownership, Performance, and innovation in China's Large-and Medium-size Industrial enterprise sector" . *China Economic Review*, 14 (1): 89 – 113.

[198] George Apostolakis, 2016. "Spreading Crisis: Evidence of Financial Stress Spillovers in the Asian Financial Markets", *International Review of Economics and Finance*: No. 43.

[199] G. M. Kayani, X. Hui and S. Gulzar, 2013. "Financial Contagion: Mean Spillover Effect of US Financial Market to the Emerging Financial Markets in Perspective of Global Financial Crises", *Journal of Convergence Information Technology*: No. 17.

[200] Goldsmith R. W., 1969, "Financial Structure and Development", *Studies in Comparative Economics*, 70 (4): 31 −45.

[201] Groenewold N., Lee G., Chen A., 2008, "Inter-regional Spillovers in China: The Importance of Common Shocks and the Definition of the Regions", *China Economic Review*, 19: 32 −52.

[202] Gwilliam K., 1997, "Sustainable Transport and Economic Development", *Journal of Transport Economics and Policy*, 31 (3): 325 −330.

[203] Hagerstrand T., 1967, "Innovation Diffusion as a Spatial Process", University of Chicago Press.

[204] Hall R. F. and P. R. Milgrom, 2008, "The Limited Influence of Unemployment on the Wage Bargain", *The American Economic Review*, 98 (4): 1653 − 1674.

[205] Head, K., Mayer, T., 2004, "The Empirics of Agglomeration and Trade". In: Henderson, V., Thisse, J. F. (Eds.), *Handbook of Regional and Urban Economics* (Amsterdam: Elsevier): 2609-2669.

[206] Hirschman A. O., 1958, "The Strategy of Economic Development", Connecticut: Yale University Press.

[207] Holtz-Eakin D., Schwartz A., 1994, "Spatial Productivity Spillovers from Public Infrastructure: Evidence from State Highways", *International Tax and Public Finance*, (2): 459 −468.

[208] Hosios A. J., 1985, "Unemployment and Recruitment with Heterogeneous labor", *Journal of Labor Economics*, 3 (2): 175 −187.

[209] Isard W., 1951, "Interregional and Regional Input-Output Analysis: A model of a Space-Economy", *Review of Economics and Statistics*, 12: 318 −328.

[210] J. F. Brun, J. L., 2002, "Are there Spillover Effects between Coastal and Non-coastal Regions in China", *China Economics Review*, 13, 161 −169.

［211］ Jovanovic B. , 1979, "Job Matching and the Theory of Turnover", *Journal of Political Economy*, 87 (5, Part 1): 972 – 990.

［212］ Kanbur R. , Zhang X. , 2004, "Fifty Years of Regional Inequality in China: A Journey through Central Planning, Reform, and Openness", *WIDER Working Paper Series*.

［213］ Keller W. , 2002, "Geographic Localization of International Technology Diffusion", *The American Economic Review*, 92 (1): 120 – 142.

［214］ Kindleberger C. P. , 1973, "The Formation of Financial Centers: A Study in a Comparative Economic Theory", *NBER Working Papers*, 5 (4): 3395 – 3397.

［215］ Krugman P. , 1991, "Increasing Returns and Economic Geography", *Journal of Political Economy*, 99 (3): 483 – 99.

［216］ Krugnan P. , 1993, "On the Relationship between Trade Theory and Location Theory", *Review of International Economics*, 61 (1): 110 – 122.

［217］ Krusell P. , L. E. , Ohanian J. V. , Ríos-Rull et al. , 2000, "Capital-skill Complementarity and Inequality: A Macroeconomic Analysis", *Econometrica*, 68 (5): 1029 – 1053.

［218］ Kumbhakar SC. , 2000, "Estimation and Decomposition of Productivity change when production is not Efficient: Panel Data Approach", *Econometric Review*, 19: 425 – 460.

［219］ Kumbhakar S. C. , 1990, "Production frontiers, Panel Data and Time-varying Technical Inefficiency", *Journal of Econometrics*, 46: 201 – 212.

［220］ Leontief W. , 1963, "Strout A. Multiregional Input-Output Analysis", St. Martin's Press.

［221］ Lesage J. P. , 2009, "An Introduction to Spatial Econometrics", *Revue Déconomie Industrielle*, 123 (123): 513 – 514.

［222］ López-Bazo E. , Vayá E. , Artís M. , 2004, "Regional Externalities and Growth: Evidence from European Regions", *Journal of Regional Science*, 44 (1): 43 – 73.

［223］ Mahadevan B. , 2000, "Business models for Internet-based E-commerce: An Anatomy", *California Management Review*, 42 (4): 55 – 561.

［224］ Mankiw N. G. , Romer D. , Weil D. N. , 1992, "A Contribution to the Empirics of Economic Growth", *The Quarterly Journal of Economics*, 107 (2):

407 – 437.

［225］Mansfield E. , 1963, "Intrafirm Rates of Diffusion of an Innovation", *The Review of Economics and Statistics*, 45（4）: 348 – 359.

［226］Meeusenm W. and J. Cail den Broeek. , 1997, "Efficiency Estimation from Cob-Douglas Production Functions with Composed Error", *International Economic Reviews*, 18: 2, 435 – 444.

［227］Miller R. E. , 1963, "Comments on the "General Equilibrium" Model of Professor Moses", *Macroeconomic*, 1963（40）: 82 – 88.

［228］Mortensen D. T. , and C. A. Pissarides, 1994, "Job Creation and Job Destruction in the Theory of Unemployment", *The Review of Economic Studies*, 61（3）: 397 – 415.

［229］Mortensen D. T. and C. A. Pissarides, 1999, "New Developments in Models of Search in the Labor Market", *Handbook of labor economics*, 3（1）: 2567 – 2627.

［230］Myrdal G. , 1957, "Economic Theory and Under-developed Regions", Gerald Duckworth Press.

［231］Palmer, Derek, 2001, "Analytical Transport Economics: An International Perspective", *Cheltenham: Edward Elgar Pub*: 235 – 269.

［232］Parrotta P. D. Pozzoli and M. Pytlikova, 2014, "The Nexus between Labor Diversity and Firm's Innovation", *Journal of Population Economics*, 27（2）: 303 – 364.

［233］Perroux, 1950, "Economic Space: Theory and Applications", *Quarterly Journal of Economics*, 64（1）: 89 – 104.

［234］Petrongolo B. and C. A. Pissarides, 2001, "Looking into the Black Box: A survey of the Matching Function", *Journal of Economic literature*, 39（2）: 390 – 431.

［235］Pissarides C. A. , 1985, "Short-run Equilibrium Dynamics of Unemployment, Vacancies, and Real Wages". *The American Economic Review*, 75（4）: 676 – 690.

［236］Quah D. , 2002, "Spatial Agglomeration Dynamics", *American Economic Review*, 92（2）: 247 – 252.

［237］Ricardo D. , 1817, "On the Principles of Political Economy and Taxation", London: John Murray.

［238］Rietveld P. , Nijkamp P. , 2000, "Transport Infrastructure and Regional Development", Analytical Transport Economics: an International Perspective, Cheltenham: Edward Elgar Pub: 235 – 269.

［239］Robert M. Solow, 1956, "A Contribution to the Theory of Economic Growth, Quarterly Journal of Economics", *The Quarterly Journal of Economics*, 70 (1): 65 – 94.

［240］Rogerson R. , Wright S. R. , 2005, "Search-theoretic Models of the Labor market: A survey", *Journal of Economic Literature*, 43 (4): 959 – 988.

［241］Rossi-Hansberg E. , 2005, "A Spatial Theory of Trade", *American Economic Review*, 95 (5): 1464 – 1491.

［242］Round J. I. , 2001, "Feedback Effects in Interregional Input-Output Models: What Have We Learned? " In M. L. Lahr & E. Dietzenbacher (Eds.), Input-Output Analysis: Frontiers and Extensions. *Palgrave*, 2001: 54 – 70.

［243］Sargent T. J. , 1987, "Macroeconomic theory", New York: Academic Press.

［244］Shafer S. M. , Smith H. J. , Linder J. C. , 2005, "The Power of Business Models", *Business Horizons*, 48: 199 – 207.

［245］Smith A. , 1776, "An Inquiry into the Nature and Causes of the Wealth of Nations", University of Chicago Press.

［246］Stelios D. Bekiros, 2014. "Contagion, Decoupling and the Spillover Effects of the US Financial Crisis: Evidence from the BRIC Markets", *International Review of Financial Analysis*, 33: 58 – 69.

［247］Stigler G. J. , 1962, "Information in the Labor Market", *Journal of Political Economy*, 70 (5, Part 2): 94 – 105.

［248］Sun C. Z. , Yang Y. D. , Zhao L. S. , 2015, "Economic Spillover Effects in the Bohai Rim Region of China: Is the Economic Growth of Coastal Counties Beneficial for the Whole Area?", *China Economic Review*, 136.

［249］Timmers P. , 1998, "Business Models for Electronic Markets", *Journal of Electronic Markets*, 8: 3 – 8.

［250］Tongur S. , Engwall M. , 2014, "The Business Model Dilemma of Technology Shifts", *Technovation*, 34 (9): 525 – 535.

［251］Venkatraman N. , Henderson J. , 2008, "Four Vectors of Business Model Innovation: Value Capture in a Network ERA", *From Strategy to Execution*,

259 - 280.

［252］ Walz U. , 1996, "Transport Costs, Intermediate Goods, and Localized Growth", *Regional Science and Urban Economics*, 26 (6): 671 - 695.

［253］ Xueting Zhao, Tiegang Zhang and Bingjie Zhang, 2017. "Research on the Risk Spillover Effect Between Financial Markets in China: Based on Dynamic CoES Model", *International Business and Management*, 15 (1): 15 - 24.

［254］ Yang Y. S. , Ma B. J. , Masayuki K. , 2000, "Efficiency Measuring DEA Model for Production System with independent Subsystems", *Journal of the Operations Research Society of Japan*, 43 (3): 343 - 354.

［255］ Yaseen Ghulam and Jana Doering, 2017. "Spillover Effects Among Financial Institutions within Germany and the United Kingdom", Research in International Business and Finance.

［256］ Yashiv E. , 2007, "Labor Search and Matching in Macroeconomics", *European Economic Review*, 51 (8): 1859 - 1895.

［257］ Ying L. G. , 2000, "Measuring the Spillover Effects: Some Chinese evidence", *Papers in Regional Science*, 79 (1): 75 - 89.

［258］ Ying L. , 2000, "Measuring the Spillover Effects: Some Chinese Evidence", *Papers in Regional Science*, 79 (1): 75 - 89.

［259］ Yu Wang and Lei Liu, 2016, "Spillover effect in Asian financial Markets: A VAR-structural GARCH analysis", *China Finance Review International*, 6 (2): 150 - 176.

［260］ Zhang Q. , Felmingham B. , 2002, "The role of FDI, Exports and Spillover Effects in the Regional Development of China", *Journal of Development Studies*, 38: 157 - 178.

后　记

　　南京大学长江三角洲经济社会发展研究中心（以下简称"长三角研究中心"）是2001年经教育部批准建立的国家级人文社会科学重点研究基地，是南京大学的实体性科研机构。基地的研究重点是长江三角洲地区经济运行、经济发展和有关的社会问题。作为国家级重点科研机构，长三角研究中心的目标是瞄准国内同业领先水平，出一流科研成果，成为名副其实的国家级科研基地，建成全国知名的思想库和咨询服务基地。长三角研究中心成立以来出版了一系列有影响力的研究性丛书，比如，《长三角托起的中国制造》《长三角经济增长的新引擎》《服务业驱动长三角》《创新型省份建设与江苏的探索》《产学研协同创新研究》等。

　　长三角研究中心多次协同江苏省省委省政府举办了江苏发展高层论坛。论坛每次围绕一个主题进行研讨，发言的专家学者和政府官员必须提供一篇具有相当研究水准的、符合当前需要的研究报告。我院教授团队依托江苏发展高层论坛，撰写了一系列重要的政策咨询报告，积极为地方政府和企业解决当下经济问题提供决策咨询。该论坛已经成为江苏发展中重大问题决策咨询的重要平台，为政府决策科学化、民主化作出了有益的探索。

　　通过参与长三角研究中心的课题研究和出书活动，丰富了我们的实践经验，增强了高校学者对中国经济现实的了解。本书是长三角研究中心系列课题研究成果之一，也是教育部人文社会科学重点研究基地重大项目"扭转区域发展不平衡中长三角的角色、任务与机制研究"（项目号15JJD790015）的研究成果。课题研究过程中得到了刘志彪教授的指导，刘老师还帮助我们确定了本书的书名。在此表示感谢！

　　本书各章撰稿人如下：导论，孙宁华；第1章，孙宁华、覃筱珂；第2章，罗樱浦；第3章，孙宁华、周磊、汪玲；第4章，朱莹莹；第5章，周伊威、李芮欣；第6章，孙宁华、王磊；第7章，崔建刚、孙宁华；第8章，王晗；第9章，张曈葆；第10章，崔建刚、孙宁华、李子联；第11章，孙宁华、戴嘉、张翔；第 12 章，周磊、孙宁华、缪烨峰、张舒蕾。孙宁华和周磊对书稿内容进行了统稿和多次的修改。

感谢经济科学出版社的齐伟娜编辑和卢玥丞编辑对本书出版所做的认真细致的编校工作！

孙宁华　周磊
2020 年冬于南京大学安中楼

图书在版编目（CIP）数据

缩小区域发展差距：长三角的使命与作用/孙宁华等著.
—北京：经济科学出版社，2020.12
（长三角经济研究丛书）
ISBN 978 - 7 - 5218 - 1900 - 7

Ⅰ.①缩⋯　Ⅱ.①孙⋯　Ⅲ.①长江三角洲 – 区域经济
发展 – 研究　Ⅳ.①F127.5

中国版本图书馆 CIP 数据核字（2020）第 181285 号

责任编辑：齐伟娜　卢玥丞
责任校对：隗立娜
技术编辑：李　鹏　范　艳

缩小区域发展差距：长三角的使命与作用
孙宁华　周　磊/等著
经济科学出版社出版、发行　新华书店经销
社址：北京市海淀区阜成路甲 28 号　邮编：100142
总编部电话：010 - 88191217　发行部电话：010 - 88191540
网址：www.esp.com.cn
电子邮箱：esp@esp.com.cn
天猫网店：经济科学出版社旗舰店
网址：http://jjkxcbs.tmall.com
北京季蜂印刷有限公司印装
710×1000　16 开　15.75 印张　280000 字
2020 年 12 月第 1 版　2020 年 12 月第 1 次印刷
ISBN 978 - 7 - 5218 - 1900 - 7　定价：62.00 元
（图书出现印装问题，本社负责调换。电话：010 - 88191510）
（版权所有　翻印必究　举报电话：010 - 88191586
电子邮箱：dbts@esp.com.cn）